本书根据国家社科基金项目"认罪认罚从宽处理机制研究"(立项号 16BFX069，结题证书 20221403)研究成果整合而成。

国家社科基金丛书
GUOJIA SHEKE JIJIN CONGSHU

认罪认罚从宽：
一种协商性司法范式

Leniency through Admission of Guilt and Acceptance of Punishment:
A Negotiated Justice Paradigm

贺江华　著

人民出版社

目　　录

导　论　理想与现实之间的认罪认罚从宽制度 ……………… 001

一、认罪认罚从宽制度入法背景:"以审判为中心诉讼
制度"改革需要 ……………………………………… 001

二、认罪认罚从宽制度样貌:以控辩量刑协商为核心的框架
设计 ……………………………………………… 004

三、认罪认罚从宽制度面临的困境:"权利型"制度逻辑
遭遇"权力型"司法环境 ………………………… 009

四、研究思路 …………………………………………… 012

上　篇│协商性司法的全视域考察

第一章　作为政治决策路径的协商——协商民主 ……… 017

一、协商民主的概念 …………………………………… 017

二、协商民主的价值 …………………………………… 020

三、协商民主的特征 …………………………………… 023

第二章 协商向刑事司法领域的拓展：辩诉交易的萌芽

　　　　及兴盛 ……………………………………………… 028

　　一、辩诉交易的基本样式 ………………………………… 028

　　二、辩诉交易的成因 ……………………………………… 030

　　三、辩诉交易向大陆法系国家扩展："协商性司法"范式

　　　　不断成熟 ……………………………………………… 037

第三章 协商性司法范式的基本样貌 …………………… 040

　　一、协商性司法的界定 …………………………………… 040

　　二、协商性司法的主要制度形式 ………………………… 043

　　三、协商性司法的特征 …………………………………… 059

　　四、协商性司法自身潜伏的不公正因素 ………………… 062

　　五、协商性司法的正义性 ………………………………… 065

第四章 协商性司法的运行机理：以辩诉交易为例 …… 071

　　一、美国辩诉交易的制度样貌 …………………………… 071

　　二、辩诉交易的理念基础 ………………………………… 076

　　三、辩诉交易的运行机理 ………………………………… 080

中 篇｜协商性司法在中国

第五章 "协商性司法"在中国的生成：积累与探索 ……… 097

　　一、革命和战争年代中国共产党在司法实践中对"协商"

　　　　机制的探索与运用 …………………………………… 097

　　二、改革开放后对协商性司法的实践探索 ……………… 104

　　三、我国立法对协商性司法的回应：协商性司法范式最终

　　　　形成 …………………………………………………… 109

四、我国对协商性司法范式的价值诉求 ·············· 116

第六章　认罪认罚从宽制度的协商机理 ············· 122

一、认罪认罚从宽制度概貌 ····················· 122

二、认罪认罚从宽制度的运行机理 ·············· 124

第七章　认罪认罚协商之实践审视 ················· 142

一、"可放弃性权利"供给不足 ················· 143

二、弃权自愿性保障机制欠缺充分性 ·············· 145

三、认罪认罚从宽程序缺乏"可协商性" ·········· 153

四、协商程序设计不足以满足参与主体的获利需求 ·············· 162

五、协商程序缺失 ························· 167

下　篇│程序正义之维的认罪认罚　　　　　　　　　　　　协商程序完善路径探索

第八章　刑事案件分类处理程序之构建 ············· 171

一、刑事案件分类程序的构建设想 ·············· 172

二、普通程序的"精细化"提升路径 ·············· 177

三、简易程序的完善对策 ····················· 191

四、轻微犯罪认罪认罚案件处理程序多元化探索 ·············· 193

第九章　审判外协商程序探索 ················· 196

一、三个需要强化的理念 ····················· 197

二、中国特色污点证人制度探索 ·············· 202

三、附条件不起诉制度扩展探索 ·············· 212

第十章 认罪认罚协商自愿性保障机制的完善对策 ………… 218

一、依托公职律师设置公设辩护人 ……………………… 218

二、建立系统、完整的证据开示制度 …………………… 226

三、非自愿性救济机制之探索 …………………………… 231

第十一章 认罪认罚程序的协商性提升路径 ……………… 235

一、认罪认罚从宽制度适用中的双重逻辑正位 ………… 235

二、强化践行检察机关客观公正立场以平抑其"控诉基因" …… 239

三、协商"筹码"的供给增补：科学配置检察裁量权 ………… 244

四、轻松协商环境的营造：被害人救助制度之完善 ………… 248

未竟篇 | 认罪认罚从宽制度框架下的协商程序之构建

第十二章 设立刑事预审程序之构想 ……………………… 257

一、刑事预审程序的概念界定 …………………………… 257

二、预审程序的设置理由 ………………………………… 259

三、预审程序的设置构想 ………………………………… 261

参考文献 …………………………………………………… 264

后　记 ……………………………………………………… 274

导 论 理想与现实之间的
认罪认罚从宽制度

一、认罪认罚从宽制度入法背景："以审判
为中心诉讼制度"改革需要

2014 年《中共中央关于全面推进依法治国若干重大问题的决定》（下文简称《全面依法治国决定》），提出推进"以审判为中心诉讼制度"改革，要求"庭审实质化"。在刑事诉讼中，庭审实质化是指应通过庭审的方式认定案件事实并决定定罪量刑，核心要求是定罪量刑应当在审判阶段，而不是在侦查、起诉或其他环节解决。①

"庭审实质化"的提出是对过去四十年我国在刑事诉讼领域立法成就的肯定性总结。改革开放前，受阶级斗争思想影响，刑事诉讼被赋予"对敌进行无产阶级专政"的功能，刑事诉讼模式的整体设计带有十分明显的"纠问"色彩，侦查是中心，审判的主要职责是将侦查阶段形成的有罪结论以判决的形式固定和呈现出来，整个刑事诉讼成为侦查、起诉、审判紧密配合的"流水作业线"，审判只是"走过场"，庭审被虚化，"先定后审""先判后审"成为常态。②

---

① 汪海燕：《论刑事庭审实质化》，《中国社会科学》2005 年第 2 期。
② 汪海燕：《论刑事庭审实质化》，《中国社会科学》2005 年第 2 期。

在"对敌斗争"的指导思想下，刑事诉讼追求打击犯罪的速度和力度，被追诉人享有的诉讼权利十分有限，基本只能被动接受司法机关对自己的"命运安排"，根本不具备与司法机关对抗的能力。随着改革开放的深入和市场经济建设的加强以及国家治理能力提升，我国对犯罪的认知发生十分重要的变化，犯罪引发的并不是"敌我矛盾"而仅仅只是"人民内部矛盾"，犯罪行为人不是敌人，只是"犯错的公民"，刑法的功能从报应犯罪转向预防犯罪，刑罚的目的也不再是惩罚，而是教育和改造犯罪行为人。① 同时，我国开始注重保障刑事诉讼程序中的当事人的基本权利，已为世界各国普遍认可的"正当程序"和"程序正义"理念逐步进入理论研究者和立法者视野，在这种背景下，1996 年我国对刑事诉讼法进行了第一次修正。这次修正是一次"大刀阔斧"的改革，首先在价值取向层面由过去注重对犯罪的惩罚开始转向更加注重人权保障，其次在改革方向层面较多吸收对抗制因素，尝试推动诉讼结构向当事人主义转变，并改变法官的基本角色定位，革新法庭举证模式，初步构建起"控辩对抗"的庭审模式。② 庭审模式的改变使得侦查、起诉、审判三者之间的关系发生变化，审判不再是简单地确认侦查和起诉结论，而开始相对独立和中立地对审前结论进行司法审查，侦查的中心地位松动，庭审逐步发挥实质作用。此次修正还有一个重大变化就是被追诉人获得较为充分的辩护权，不仅自身获得被推定为无罪的权利，还拥有了及时得到律师有效法律帮助的权利，律师介入时间提前，会见、阅卷、调查取证等权利都得到充实和完善，被追诉方初步能够与控方抗衡。2012 年和 2018 年对刑事诉讼法的两次修正基本延续了 1996 年改革的方向和思路，不断强化约束侦查起诉机关的公权力、扩大辩方权利，控辩双方趋向对等，审判的司法审查功能逐步强化，侦查的中心地位不断弱化，一"强"一"弱"之间，审判从裁判结论形成开始起

---

① 张明楷：《刑法学（第六版）》，法律出版社 2021 年版，第 667—669 页。
② 左卫民：《改革开放与中国刑事诉讼制度的立法变革》，《西南民族大学学报（人文社会科学版）》2019 年第 4 期。

决定作用。

"以审判为中心诉讼制度改革"的提出使得刑事诉讼"第三范式"①在我国得以较为全面地确立,但"庭审实质化"的要求虽然为司法公正提供了有力保障,却带来另一个必须解决的现实问题,即如何提高诉讼效率。

"公正的第二层涵义是效率",②党中央一直把"公正、高效、权威"作为我国司法体制改革的目标,党的二十大报告再次强调"要加快建设公正高效权威的社会主义司法制度"。公正、高效和权威是司法不可或缺的三个基本品质,权威是司法权作为一个专门性国家权力与立法权、行政权共同构成现代国家治理体系的重要基础,只有具备高度权威,司法权才能成为守护社会公平正义的最后防线,而公正和高效是司法权权威属性得以形成的前提,"人民群众不可能信任一个产生不公裁判的司法权,也不可能将自己的正义诉求寄托于一个裁判时间冗长、效率低下的司法权运行体系,因为在很多情况下迟来的正义是非正义,没有公正和高效,就根本无法树立司法的权威"。③

正因为如此,我国始终将公正与效率二者动态平衡作为刑事诉讼的价值追求。"庭审实质化"改革是为了确保司法公正的实现,但其系列具体要求势必使审判程序变得复杂和冗长,诉讼效率降低。与此同时,我国在司法领域进行的员额制改革却导致检察官、法官人数减少,同期叠加的还有"中国刑法正在告别重罪重刑的小刑法逐步走向犯罪圈不断扩大的大刑法,刑事法网不断增大且网眼愈加细密",④刑事诉讼案件数量增多,刑事司法系统需要处理的案件越来越多,程序却越来越复杂,司法官人数增量又十分有限,在这种背景

---

①　熊秋红教授认为,考察世界范围内的刑事诉讼制度发展,人类历史上出现过四种范式,弹劾式诉讼为第一范式,纠问式诉讼为第二范式,资产阶级改革之后所形成的以法德为代表的审问式诉讼模式和以英美为代表的对抗式诉讼模式共同构成了刑事诉讼"第三范式",以美国辩诉交易制度为代表的"放弃审判制度"则意味着刑事诉讼"第四范式"形成。(见熊秋红:《比较法视野下的认罪认罚从宽制度》,《比较法研究》2019 年第 5 期)

②　波斯纳言。

③　章安邦:《司法改革背景下司法权的权威塑造》,《浙江社会科学》2021 年第 9 期。

④　卢建平:《轻罪时代的犯罪治理方略》,《政治与法律》2022 年第 1 期。

下，如果不加区分地对所有案件均追求"庭审实质化"，并适用同样的诉讼程序，刑事司法系统必定不堪重负而面临崩溃。党中央在顶层设计时充分注意到这一点，因此同时提出优化司法职权配置，完善认罪认罚从宽制度，期望以此实现"繁案精办，简案快办"。

由此可见，认罪认罚从宽制度从一开始就承载着分流刑事案件、提升司法效率的功能，它的入法，标志着"放弃审判制度"的刑事诉讼"第四范式"正在我国形成。①

二、认罪认罚从宽制度样貌：以控辩量刑协商为核心的框架设计

党中央作出顶层设计的第二年也就是 2015 年，最高人民法院发布人民法院"四五改革纲要"对认罪认罚从宽制度做出初步界定。② 2016 年 9 月，全国人民代表大会常务委员会授权部分省市开展试点，同年 11 月"两高三部"③联合颁布《关于在部分地区开展刑事案件认罪认罚从宽制度试点工作的办法》（下文简称《试点办法》），2018 年 10 月 26 日刑事诉讼法第三次修正将认罪认罚从宽制度写入总则第一章第十五条，2019 年 10 月 24 日"两高三部"结合实践运行情况发布《关于适用认罪认罚从宽制度的指导意见》（下文简称《指导意见》）对该制度进一步明确和细化。

由于《全面依法治国决定》以及《试点办法》对认罪认罚从宽制度均没有明确定位，试点之初关于认罪认罚从宽制度的性质颇有争论，正式入法之后，理论界率先达成一致，确定认罪认罚从宽制度是检察机关主导的控辩协

---

① 熊秋红：《比较法视野下的认罪认罚从宽制度》，《比较法研究》2019 年第 5 期。
② 纲要第 13 项"完善刑事诉讼中认罪认罚从宽制度。明确被告人自愿认罪、自愿接受处罚、积极退赃退赔案件的诉讼程序、处罚标准和处理方式，构建被告人认罪案件和不认罪案件的分流机制，优化配置司法资源"。
③ 分别是最高人民法院、最高人民检察院、公安部、国家安全部、司法部。

商制度。① 之后官方予以肯定,先是"两高三部"在《指导意见》中直接使用了"协商"一词,②随后最高人民检察院发布《适用认罪认罚从宽制度的若干问题》一文,明确提出认罪认罚从宽制度是检察官主导的合作性司法,是有中国特色的认罪协商制度,该文还多处提到控辩双方应当"平等协商""充分协商"。③

事实上,认罪认罚从宽制度是中国特色的控辩协商制度并非理论界和司法实务界的凭空想象,而是对刑事诉讼法条文进行系统分析之后得出的必然结论。

刑事诉讼法第 15 条是对认罪认罚从宽制度的原则性规定,④建立起认罪认罚从宽制度解决刑事案件的基本模型即"认罪+认罚=从宽"。从立法技术层面,该条文罕见地使用了两个表达主观意愿的词汇即"自愿""愿意",用以强调被追诉人的"意志自由"在认罪认罚从宽制度中的重要地位和作用,仅此就可以推断出认罪认罚从宽制度与以往宽严相济刑事政策的落实路径存在较大差异。很长一段时间,宽严相济的刑事政策在司法实践中被表述为"坦白从宽、抗拒从严",具体制度依托是自首和坦白制度,但无论是自首从宽还是

---

① 曾任最高人民检察院副检察长的朱孝清认为"法律规定的这个程序(认罪认罚从宽制度),实质上是控辩双方就案件处理意见进行协商的程序。"(朱孝清:《检察机关在认罪认罚从宽制度中的地位和作用》,《检察日报》2019 年 5 月 13 日第 003 版);最高人民检察院检察官曹东认为"认罪认罚从宽制度的关键在协商"(曹东:《论检察机关在认罪认罚从宽制度中的主导作用》,《中国刑事法杂志》2019 年第 3 期);陈瑞华教授认为"自 2014 年司法体制改革启动时开始,直至2018 年《刑事诉讼法》修订完成,一种具有中国特色的控辩协商制度在法律上逐步得到建立。"(陈瑞华:《刑事诉讼的公力合作模式——量刑协商制度在中国的兴起》,载《法学论坛》2019 年第 4 期)樊崇义教授认为"认罪认罚从宽程序进法典,标志着我国刑事诉讼类型的历史性转型,即由权利型诉讼转入协商型诉讼。"(樊崇义:《理性认识"认罪认罚从宽"》,载《检察日报》2019年 2 月 16 日第 003 版)。

② 指导意见第 33 条规定"人民检察院提出量刑建议前,应当充分听取被追诉人、辩护人或者值班律师的意见,尽量协商一致"。

③ 最高人民检察院在《适用认罪认罚从宽制度的若干问题》(2019 年 11 月 27 日)一文中指出:"认罪认罚案件中量刑建议是控辩协商合意的结果""确定刑量刑建议有助于达成控辩协商";"这种量刑沟通和协商充分体现了合作性司法的精神,是有中国特色的认罪协商制度";"这种量刑协商程序系在检察官主导下进行的平等协商"。

④ 刑事诉讼法第 15 条规定"被追诉人、被告人自愿如实供述自己的罪行,承认指控的犯罪事实,愿意接受处罚的,可以依法从宽处理"。

坦白从宽，制度设计都没有将被追诉人的主观意愿纳入考量范围，自首或坦白后如何处理由司法机关单方面决定。更重要的，以"抗拒从严"为后盾的"坦白从宽"常常被司法行政机关解读为不坦白，哪怕保持沉默即为抗拒，应当从严处理，所以以往的"坦白从宽"基本上可以概括为一种"压制型"认罪从宽模式。刑事诉讼法对认罪认罚从宽制度的基础性规定反复强调被追诉人的主观意愿，实际上苛以司法行政机关必须充分尊重被追诉人的选择权，不能使用"威权"逼迫其认罪认罚，以协商"换取"认罪认罚的意味十分明显。

在具体的制度设计中，第173条和174条体现了认罪认罚从宽制度的协商性特征。法律规定该制度在刑事诉讼全过程均适用，但被追诉人在侦查阶段的认罪认罚更多是表明一种"端正的态度"，并不产生确定性结果。认罪认罚对案件结果产生实质性影响是在审查起诉中，被追诉人签署具结书等同于对指控事实作出"自认"并确认同意接受量刑建议。这种确认能够一定程度约束起诉和审判，一般情况下，检察机关会依照具结书记载的事实和罪名提起公诉以及量刑建议，法院也会接受具结书的内容并据其做出裁判。仅从形式上看，认罪认罚具结书是刑事被追诉人作出的一种单方承诺，但实质上，它是控辩双方"合意"的书面表现，这从刑事诉讼法第173条和174条的规定可以推导出。

根据第173条，被追诉人表示愿意认罪认罚的，检察机关首先要履行权利告知和风险提示义务，不仅要告知其享有的诉讼权利，还要提示认罪认罚的后果。但检察机关的义务远不止这些，它还要听取辩方意见，范围包括涉嫌的犯罪事实，也包括罪名、量刑情节、审理适用的程序以及其他必要事项。之后第174条规定了签署具结书，[①]从法条排列顺序和逻辑来看，检察机关听取意见在前，具结书签署在后，也就是说，被追诉人签署具结书是在控辩双方交换意

---

① 刑事诉讼第174条规定"被追诉人自愿认罪，同意量刑建议和程序适用的，应当在辩护人或者值班律师在场的情况下签署认罪认罚具结书。被追诉人认罪认罚，有下列情形之一的，不需要签署认罪认罚具结书：(一)被追诉人是盲、聋、哑，或者是尚未完全丧失辨认或者控制自己行为能力的精神病人的；(二)未成年被追诉人的法定代理人、辩护人对未成年认罪认罚有异议的；(三)其他不需要签署认罪认罚具结书的情形"。

见之后作出的选择。而依据第 15 条司法机关是不允许采取威胁、强迫等方式让刑事被追诉人违背自己意愿作出认罪认罚意思表示的,这就意味着控辩双方交换意见的过程中控方无法动用"威权",辩方也拥有足够的抵御"威权"的能力,传统"压制型"认罪模式无法发挥作用,在这种情况下,控诉一方只能通过适度的妥协、让步来平衡双方诉求以促成被追诉人签署具结书,"协商型"认罪从宽模式形成。2019 年出台的《指导意见》十分明确地肯定了这一点,第 33 条规定量刑建议提出前,检察机关应当尽量同辩方协商一致。

围绕第 15 条、第 173 条和第 174 条架构的"控辩量刑协商"基本框架,刑事诉讼法在保障协商的自愿性、平等性、明智性方面作出系列规定:第一,为保障刑事被追诉人认罪认罚是自愿和明智选择的结果,第 36 条增加值班律师为被追诉人提供法律帮助,并规定签署具结书必须有辩护律师(值班律师)在场,之后《指导意见》为保证值班律师的帮助是有效的法律帮助而赋予其会见权和阅卷权。① 第二,在第 120 条规定侦查机关应当第一时间告知被追诉人认罪认罚从宽制度的相关规定,便于被追诉人具有充足的时间考虑并作出选择;为实现侦查和起诉阶段的顺利衔接,第 162 条规定侦查机关应当将认罪认罚情况写进起诉意见书,以保障较早认罪认罚的被追诉人获得更大的"从宽优惠"。第三,作为检察机关同辩方协商的主要"筹码",第 176 条明确检察机关的量刑建议权,同时第 81 条将认罪认罚情况纳入批准或决定逮捕时被追诉人是否具有羁押必要性的裁量条件,并在第 182 条增设核准不起诉和选择不起诉制度,②使得控方同辩方协商的"筹码"更加丰富多样。第四,为实现"控

---

① 最高人民法院、最高人民检察院、公安部、国家安全部、司法部《关于适用认罪认罚从宽制度的指导意见》第 12 条规定:值班律师可以会见被追诉人、被告人,看守所应当为值班律师会见提供便利。危害国家安全犯罪、恐怖活动犯罪案件,侦查期间值班律师会见在押被追诉人的,应当经侦查机关许可。自人民检察院对案件审查起诉之日起,值班律师可以查阅案卷材料、了解案情。人民法院、人民检察院应当为值班律师查阅案卷材料提供便利。

② 刑事诉讼法第 182 条规定:被追诉人自愿如实供述涉嫌犯罪的事实,有重大立功或者案件涉及国家重大利益的,经最高人民检察院核准,公安机关可以撤销案件,人民检察院可以作出不起诉决定,也可以对涉嫌数罪中的一项或者多项不起诉。

辩合意"对裁判结果的实质性影响,刑事诉讼法第 201 条赋予认罪认罚具结书对裁判机关一定的约束力,规定人民法院对认罪认罚案件"一般应当采纳量刑建议",只有明显不当时才能要求检察机关调整,而法官拒绝接受量刑建议的前提是检察机关不予调整量刑建议或者调整后仍然明显不当。① 第五,除了对案件的实体问题享有一定的"话语权",被追诉人还有权选择审判程序,根据第 214 条和第 222 条,简易程序和速裁程序都必须在被告人同意的条件下才能适用。

时至今日,认罪认罚从宽是中国特色的控辩协商制度已经确定无疑,它将传统刑事诉讼中的控辩双方关系由对抗转化为合作,构建起一种"平和"的案件处理模式:控诉机关与辩护方通过对话和协商就被追诉人定罪、量刑问题达成"合意",法院根据"合意"方案作出刑事裁判。②

认罪认罚从宽制度入法意味着典型意义上的协商性司法制度在我国刑事诉讼领域确立。尽管既有的刑事和解制度也具有协商性质,但它是一种"和解性的私力合作模式",③仅仅只在有被害人的案件中适用,本质上仍然是私权领域的协商合作,公权力机关并不参与,因而不具有代表性和普遍性。典型的协商性司法是"协商性的公力合作",需要公权力机关参与,认罪认罚从宽

---

① 刑事诉讼法第 201 条规定:对于认罪认罚案件,人民法院依法作出判决时,一般应当采纳人民检察院指控的罪名和量刑建议,但有下列情形的除外:(一)被告人的行为不构成犯罪或者不应当追究其刑事责任的;(二)被告人违背意愿认罪认罚的;(三)被告人否认指控的犯罪事实的;(四)起诉指控的罪名与审理认定的罪名不一致的;(五)其他可能影响公正审判的情形。人民法院经审理认为量刑建议明显不当,或者被告人、辩护人对量刑建议提出异议的,人民检察院可以调整量刑建议。人民检察院不调整量刑建议或调整量刑建议后仍然明显不当的,人民法院应当依法作出判决。

② 陈瑞华:《刑事诉讼的公力合作模式——量刑协商制度在中国的兴起》,《法学论坛》2019 年第 4 期。

③ 所谓"和解性的私力合作模式",是指在被告人自愿认罪、被害方与被告方就民事赔偿问题达成和解协议的前提下,司法机关据此对被告人作出宽大刑事处理的诉讼模式。(陈瑞华:《刑事诉讼的公力合作模式——量刑协商制度在中国的兴起》,《法学论坛》2019 年第 4 期)

制度就属于这种司法模式。① 它的出现,是协商民主理论在我国从政治领域扩展至司法领域的结果,它为世界贡献了刑事司法与犯罪治理的"中国方案",②也贡献了协商性司法的"中国方案"。

三、认罪认罚从宽制度面临的困境:"权利型" 制度逻辑遭遇"权力型"司法环境

入法至今,认罪认罚从宽制度在我国已经运行五年有余,确实在分流刑事案件、提升诉讼效率上发挥了作用,但也暴露出很多问题,特别是在认罪认罚案件中本应该合作的控、辩、审三方尤其是法检两方却十分令人意外地呈现出对立和冲突的样态,主要表现为法院对具结书量刑建议的否决率较高、③被追诉人"屈从型"认罪认罚、具结后频频反悔上诉等。

"余金平交通肇事案"④被学界认为是诸多矛盾与冲突的一次集中爆

---

① 陈瑞华:《刑事诉讼的公力合作模式——量刑协商制度在中国的兴起》,《法学论坛》2019 年第 4 期。

② 张军:《认罪认罚从宽:刑事司法与犯罪治理"中国方案"》,《人民论坛》2020 年 10 月(下)。

③ 根据最高人民检察院工作报告,2017 年人民检察院的量刑建议采纳率为 92.1%,2019年为 79.8%,2020 年采纳率接近 95%。

④ 2019 年 6 月 5 日 21 时许,被告人余金平酒后驾车,车辆前部右侧撞到被害人宋某致其死亡,撞人后余金平驾车逃逸。经北京市公安局门头沟分局交通支队认定余金平负事故全部责任。次日 5 时许,余金平到公安机关自动投案,供述自己的罪行。6 月 17 日,余金平家属赔偿被害人近亲属各项经济损失共计人民币 160 万元,获得谅解。余金平自愿认罪认罚,在辩护人的见证下签署具结书,并同意门头沟区人民检察院提出的有期徒刑三年、缓刑四年的量刑建议。2019年 9 月 11 日,门头沟区人民法院以简易程序审结此案,认定了自首、初犯、赔偿损失、被害人家属谅解等法定、酌定量刑情节,但认为余金平身为纪检干部,酒后驾车,发生交通事故后逃逸,主观恶性较大,未采纳控方判三缓四的量刑建议,判处余金平有期徒刑二年。一审判决作出后,余金平提出上诉,门头沟区人民检察院也提起抗诉。2019 年 12 月 30 日,二审法院北京市第一中级人民法院做出判决,认为余金平在明知发生交通事故且知道自己撞了人的情况下始终对这一关键事实不能如实陈述,因而不构成自首,一审法院认定具有自首情节并据此减轻处罚是错误的,最后改判余金平有期徒刑三年六个月。

发。① 这个案件一度引发舆论哗然，一个签署了认罪认罚具结书的案件，甚至引发实务界对认罪认罚从宽制度的怀疑。

"余金平案"本质上是一场量刑主导权之争，这种"权力之争"自认罪认罚从宽制度全面实施后已经成为一种较为普遍的现象，有些法官以不采纳量刑建议形式"捍卫自己的裁判权"，有些法官的裁判量刑与检察机关量刑建议也就一个月甚至半个月之差，很难说是量刑建议不当。② 表面上的法检之争，根源上是以"协商性"为逻辑设计的认罪认罚从宽制度与我国"权力主导型"刑事司法体系之间的不合。

当我们习惯性地借用当事人主义和职权主义的二元模型理论来观察我国刑事诉讼时，得出的结论是显而易见的，我国的刑事诉讼是一种职权主义诉讼模式。虽然经过四十年的努力，1979 年刑事诉讼法的强职权性已经明显弱化，也引入了当事人主义的制度因素，但毫无疑问我国刑事司法系统整体还是以公权力有效运行为基础，重视国家刑罚权的实现，刑事诉讼过程具有十分鲜明的"权力主导型"特征，在"公权力不容讨价还价"的观点指引下，"协商"的生存空间本就狭窄。加之我国刑事诉讼的基本目标是查明真相，采用"调查模式"，刑事诉讼被分割为三个阶段，分别在公安机关、人民检察院和人民法院的主导下推进，三机关本着发现真相的同一目标"分工负责、互相配合、互相制约"，国家权力十分积极和活跃。在"调查模式"下，警察、检察官和法官都被塑造成事实真相的发现者，负有澄清案件客观事实的义务，在他们的自我认知中，事实应该通过依职权调查发现，而且他们十分有信心，相信自己完全具备调查发现事实的能力。这种对公权力的自信对协商性司法的适用至少造成两个障碍：第一，在审前阶段，侦查和检察机关认为跟被追诉方协商以得到事实是不必要的，甚至是"自贬身份"，协商的价值微乎其微。加之我国刑事

---

① 魏晓娜：《冲突与融合：认罪认罚从宽制度的本土化》，《中外法学》2020 年第 5 期。

② 最高人民检察院：《最高检召开"准确适用认罪认罚从宽制度"新闻发布会》，2019 年 10 月 24 日，https://www.spp.gov.cn/spp/zgrmjcyxwfbh/zqsyrzrfckzd/index.shtml。

诉讼法事实上规定刑事被追诉人具有配合国家权力机关发现真相的义务:刑事诉讼法第 120 条规定对侦查人员的提问,被追诉人应当如实回答,对于符合认罪认罚条件的被追诉人而言,陈述自己的犯罪行为就是"如实回答",这意味着如实陈述犯罪事实即认罪是被追诉人的义务。既然认罪是履行义务,辩方根本没有"讨价还价"的资格,于是即使迫于外在压力必须适用认罪认罚从宽制度时,控方呈现出的样态是完全忽略辩方意见,单方面提出具结方案,辩方只能选择接受或者不接受,具结书事实上是一种"没有协商的合意",极容易引发反悔和上诉。一旦被告人上诉,检察机关立马提起抗诉,控辩双方的对立进而更加激烈。第二,审前控辩双方达成的"合意"到审判阶段并不容易被接受。在我国法官的思维惯式里,案件事实应该经过法庭调查得出,定罪量刑也属于法院裁判权范畴,以"控辩合意"的事实和量刑意见直接作为案件裁判结果,将法院沦为公诉机关的"橡皮图章"是无法接受的,为了捍卫领地和维护权威,法官最直接的反抗方式就是拒绝接受具结书,以致引发"法检冲突"。诉权理论在刑事诉讼法领域缺位叠加国家公权力积极主动,我国的司法系统目前为协商性司法提供的生存空间十分有限,这也是刑事诉讼法对于认罪认罚从宽制度的定位"暧昧不清"、在法条中自始至终回避"协商"二字的原因。

我国在引入协商性司法制度时规定对所有案件在所有阶段都可以适用认罪认罚从宽制度。而在落实中,检察机关则对认罪认罚从宽制度显示出前所未有的热情,一方面通过自我授权将检察机关界定为认罪认罚从宽制度的主导者,①另一方面又采用自上而下的"行政命令"和考核导向推进认罪认罚从宽制度"应用尽用",但在法院整体对认罪认罚从宽制度存有抵触的状态,使得认罪认罚从宽制度适用遭遇种种尴尬和困境。

---

① 2019 年 5 月 20 日,《检察日报》刊发社评,提出"在认罪认罚从宽制度中,检察机关在诉讼中不仅是承上启下的枢纽和监督者,而且是罪案处理的实质影响者乃至决定者,具有主导作用、承担主导责任"(《检察日报》2019 年 5 月 20 日第 001 版),此后检察主导成为认罪认罚从宽制度的惯常表达。

对于这种系统性冲突，理论界已经充分注意并开始反思。魏晓娜教授在《中外法学》2020年第五期撰文指出"在以调查模式和层级模式为建构原则的中国刑事诉讼框架下，'协商'承载的是与之不相容的纠纷模式和同位模式的基本逻辑。有两种处理方案可以解决，一是管控冲突的烈度，二是管控冲突的范围"。① 龙宗智教授则提出"协商性司法存在'信息不对称'和'资源不对等'等特征，并形成'结构性风险'"。②

一项刑事司法制度关系着若干人的命运，认罪认罚从宽制度在试点尚未结束且没有对试点经验和教训进行系统性总结的情况下"应急"入法，存在疏漏在所难免，尽管之后通过《指导意见》做出弥补和完善，但制度的系统性、科学性以及对我国刑事司法系统整体的适应性都需要进一步论证，基于此，本书选取协商性司法的视角，试图从协商性司法的一般运行机理角度剖析我国的认罪认罚从宽制度，以期为下一步完善我国认罪认罚从宽处理制度尽绵薄之力。

四、研究思路

为方便讨论，笔者将本文共分四篇：

上篇主要立足于协商性司法的全视域考察，分别讨论"协商"这种决策方式在政治民主中的运用以及在司法中的运用，试图揭示作为决策机制的"协商"应当具有的一般特征，并探究协商性司法的运行机理，为观察我国的认罪认罚从宽制度提供参照系。本篇共四章，第一章主要讨论作为政治决策路径的协商——协商民主的概念、价值和特征；第二章通过阐述辩诉交易萌芽及兴盛的过程分析协商向刑事司法领域的拓展路径；第三章对协商性司法范式的概念、主要制度形式、特征、自身潜伏的不公正因素及其正义性进行阐述；第四

---

① 魏晓娜：《冲突与融合：认罪认罚从宽制度的本土化》，《中外法学》2020年第5期。
② 龙宗智：《完善认罪认罚从宽制度的关键是控辩平衡》，《环球法律评论》2020年第2期。

章以辩诉交易为例揭示协商性司法的运行机理。

中篇主要考察协商性司法在中国从实践探索到制度回应再到形成协商性司法范式的过程,并对认罪认罚从宽制度作出全局考察和分析。本篇共三章,第五章介绍中国共产党在革命和战争年代对"协商性司法"的积累与探索,第六章分析了认罪认罚从宽制度的协商机理,第七章以"协商性的程序正义"为参照系对认罪认罚从宽制度在实践运行中暴露出的问题进行了全面审视。

下篇以"协商性的程序正义"内在要求为标准,对认罪认罚协商程序完善路径做出探索。本篇共四章,第八章提出构建刑事案件分类处理程序的设想,第九章从构建与审判并行的协商程序的角度对污点证人制度和附条件不起诉制度作出分析和论证,第十章讨论认罪认罚协商自愿性保障机制的完善对策,第十一章提出认罪认罚程序的协商性提升路径。

最后为未竟篇,将本书发现但没有解决的问题予以揭示,主要是如何在认罪认罚从宽制度框架下构建科学、合理并与我国刑事诉讼系统相容的协商程序,并在第十二章探索建立刑事预审程序,该篇存在的价值主要是引发学术界对相关问题的持续关注和探讨,以期抛砖引玉。

上 篇

协商性司法的全视域考察

第一章 作为政治决策路径的协商

——协商民主

"协商"最初是人们在日常生活中解决冲突和纠纷的一种主要方式,在 20 世纪进入政治家的视野,与民主理论相结合产生一种与选举民主、代议民主并存的民主形式——协商民主。

一、协商民主的概念

民主一直是世界各国公认的政治理想,也是各国政府共同追求的重要政治发展指标。很长时间以来,选举民主、代议民主被认为是理想的民主模式,然而随着多元异质社会的出现,原先流行于单一均质社会的同质化民主理论逐渐无法适应多元异质社会的发展与变迁。选举民主和代议民主因过于关注各种利益或偏好的竞争与汇集,难以兼顾多元主体利益而受到越来越多的批评。20 世纪后期,竞争性民主理论受到多方批驳,协商性民主理论逐渐在西方国家兴盛。

但协商民主并不是一个新的概念。协商民主或者说通过自由而平等的公民之间的协商来进行集体决策的观念绝非一种创新,而是一种复兴,这种理念与实践几乎和民主的概念本身一样久远,都来自公元前 5 世纪的雅典。雅典式民主虽然是一种典型的直接民主，公民通过参与公民大会投票决定问题，但有时也会采取协商方式，讨论被看作"任何民智之举的必不可少的前提"。①从公元 5 世纪后期到 15 世纪中期，以佛罗伦萨和帕都亚为代表的许多意大利城市共和国相继吸收选举民主与协商民主的理念，国家重大决策要经过反复协商后公开投票作出决定，突尼斯共和国则一直将协商民主延续到 18 世纪末。②

在理论上第一个为协商民主的价值进行辩护的是亚里士多德，柏克、密尔、杜威等亦对协商民主理论作出过贡献。③ 而"协商民主"作为学术概念首次出现则是在美国克莱蒙特大学政治学教授约瑟夫·毕塞特于 1980 年发表的论文《协商民主：共和政府的多数原则》中，其后纽约大学政治学教授伯纳德·曼宁对其作了初步论证。对协商民主理论研究最深刻的是尤尔根·哈贝马斯教授，其专著《在事实与规范之间》《包容他者》以及《交往行为理论》等为协商民主架构起坚实的理论基础。20 世纪 90 年代，协商民主理论发展成极具影响力的民主思潮在世界范围内迅速蔓延开。

同自由主义民主以及共和主义民主理论相比，协商民主最突出的就是强调社会多元性，认为国家不是经济社会的守护者和制度化的伦理共同体。对于协商民主的概念，学者们有多种论述：库克提出协商民主是指为政治生活中理性讨论提供基本空间的民主政府。④ 米勒认为当一种民主体制的决策是通过公开讨论——每个参与者能够自由表达，同样愿意倾听并考虑相反的观点——作出的，这种民主体制就是协商的。⑤ 在瓦拉德斯看来，协商民主是一

① ［美］约·埃尔斯特主编：《协商民主：挑战与反思》，周艳辉译，中央编译出版社 2009 年版，第 1 页。
② 李龙：《论协商民主——从哈贝马斯的"商谈论"说起》，《中国法学》2007 年第 1 期。
③ 马奔、周明昆：《协商民主：概念、缘起及其在中国的运用》，《中国特色社会主义研究》2006 年第 4 期。
④ ［爱尔兰］梅维·库克：《协商民主的五个观点》，载陈家刚主编：《协商民主》，上海三联书店 2004 年版，第 43 页。
⑤ 陈家刚主编：《协商民主》，上海三联书店 2004 年版，第 3 页。

种民主治理形式,它能够有效回应多元文化之间的对话,促进不同政治话语的相互理解,尤其强调对于公共利益的责任,支持那些重视所有人的利益与需求的公共政策。① 乔舒亚·科恩的观点则是协商民主源于政治正当性观念,是通过提供有利于参与、交往和表达的条件而促进平等自由讨论的一种社会制度。② 埃尔斯特提出协商民主可以拆解为两部分,即重复协商与民主,民主意味着任何集体决策必须经过所有会受到影响的公民或其代表者参与而达成;协商则意味着决策的过程是以讨论的方式进行,且参加讨论的公民或其代表者必须珍视理性与公正的价值。③ 杨(Young)把协商民主归纳为四点:包括、政治平等、合理以及公开。④

关于协商民主的概念众说纷纭,不胜枚举,但从学者们的观点中可以总结出这种民主形式的一些基本要求:协商民主鼓励公民积极参与,在各类决策中平等对话,直抒胸臆并展开说理、辩论和反思,激发出"共同的善"和"交往理性"力量,相互妥协达成共识,作出令参与各方都愿意接受的决定。⑤ 与票决民主强调偏好聚合即多数人的利益不同,协商民主强调对多方主体利益的最大化关注,强调利益关系者通过讨论和反复的协商实现偏好的转换,进而影响决策结果。在协商民主的理念下,不同利益主体间、政治共同体间通过对话和沟通进行充分交流和相互理解,在协商中不断磨合,最后达成共识,实现双赢,由此可见,协商与共识是协商民主概念的核心。

① 陈家刚主编:《协商民主》,上海三联书店 2004 年版,第 3 页。

② [美]乔舒亚·科恩:《协商民主的程序与实体》,载[美]塞拉·本哈比主编:《民主与差异:挑战政治的边界》,黄相怀、严海兵等译,中央编译出版社 2009 年版,第 101 页。

③ 马奔、周明昆:《协商民主:概念、缘起及其在中国的运用》,《中国特色社会主义研究》2006 年第 4 期。

④ 包括,所有受影响的公民都将被包括在决策过程中;政治平等,所有受影响的公民享有平等的机会和权利来表达想法和利益;合理,参与者要有开放的胸怀和认真倾听的态度,愿意改变个人不合理偏好;公开,参与者要公开说明自己的利益和偏好。(Young, Iris Marion. *Inclusion and Democracy*. Oxford: Oxford University Press, 2000.)

⑤ 吴建国:《中国回应型司法的理论逻辑与制度建构》,厦门大学出版社 2016 年版,第 29 页。

二、协商民主的价值

协商民主的诞生首先充实和完善了民主理论。到了 20 世纪下半叶,越来越多学者认识到传统票决民主有自身缺陷,它只关注民主的准入程序,而很少关注决策的过程。在这种民主政治中,执政者一旦被选举出来,公共决策就不再跟公民有关系,公民充其量就是在对政策不满的时候"发发牢骚、泄泄愤"。协商民主则更加关注民主决策的过程,它通过公开讨论达成决策,讨论中所有参与者都有权发表意见,平等听取别人的意见并作出考虑。① 协商民主不仅要求民主选举,还鼓励公民积极参与民主决策的过程。公共政策的出台不仅要体现和保障绝大多数人民的合法利益,还要充分考虑社会多方观点、平衡各个阶层的利益。协商民主理论的提出让民主理论更加丰满和完善,它使民主成为一个过程或者说系统,既包括选举民主,也包括决策民主,燕继荣教授将其完整描述如下图:②

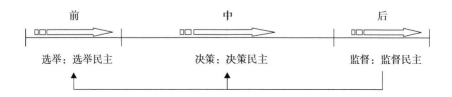

库克认为协商民主的实践价值表现有:教育参与者;促进共同体形成和民主结果产生;促进民主结果的实践理性。③ 在国内学者李煜兴看来,协商民主的价值体系应当从四个层次展开:(1)协商民主的目的价值。作为有别于代

---

① [南非]毛里西奥·帕瑟琳·登特里维斯:《作为公共协商的民主:新的视角》,载俞可平主编:《协商民主译丛》,王英津等译,中央编译出版社 2006 年版,第 139 页。
② 燕继荣:《协商民主的价值和意义》,《科学社会主义》2006 年第 6 期。
③ [爱尔兰]梅卫·库克:《协商民主的五个观点》,载陈家刚主编:《协商民主》,上海三联书店 2004 年版,第 43—67 页。

议制民主的新兴民主形式,协商民主在继承传统民主制度保障个人自由的同时,强调构建一种和谐的民主秩序以实现自由和秩序价值的有机统一;在公平和效率价值方面注重社会的整体正义,实现协商民主制度对公平和效率价值的兼顾统一;在协商民主的主体上坚持以人为本,将遵循公共权威与扩大公众参与相统一。(2)协商民主的内在价值。与票决民主相比,协商民主内在的特性在于它是协商和对话的,而不是竞争和对抗的,是一种注重过程的民主形态而不仅仅是结果的民主,是一种参与式民主,而不仅仅是精英民主。协商民主的内在特质为:参与者具有平等性,结果具有共识性,程序具有交互性。(3)协商民主的外在价值。协商民主最主要的效用体现在四个方面:作为一种新兴的民主形态,协商民主能够弥补传统民主形态的固有缺憾,促进真实的民主治理;作为一种注重程序和对话的民主形态,协商民主有利于培育公民的公共责任感和在公共事务中秉承公共理性;作为一种公共决策机制,协商民主促进立法和公共决策的合法化与科学化;作为一种广泛而全面参与的民主形态,协商民主有助于全面监督和约束国家公权力运行。①

综合上述学者的观点,协商民主具备的价值可以概括如下:②

1. 有利于提高决策的正当性、合法性以及权威性。政府决策的权威性源于其正当性和合法性。美国社会学家乔舒亚·科恩认为公共决策只有是平等公民自由、理性协商一致的结果时才具有民主、合法性。③ 如果公众有机会就决策的内容展开充分讨论、反复商榷,那么最终形成的、将影响公众利益的决策将会获得他们最大限度地认可、理解和支持。协商民主让公众有机会参与到决策的审议程序中,保障了决策的正当性与合法性,协商过程

---

① 李煜兴:《协商民主的价值研究——以政治协商制度为分析对象》,载罗豪才等主编:《软法与协商民主》,北京大学出版社 2007 年版,第 294—321 页。

② 吴建国:《中国回应型司法的理论逻辑与制度建构》,厦门大学出版社 2016 年版,第 33—35 页。

③ Joshua Cohen. *Deliberation and Democratic Legitimacy*. The Good policy, blank well, 1989, p.22.

又反过来让公众对决策更加认同和信服，从而提升决策和政府的权威性。政治决策的合法性来源于其形成的程序即协商本身。从国家和政府权力形成是基于社会契约的理论角度出发，公众经过讨论协商一致作出的共同的、理性的选择具有善意性、正当性和合法性。换句话说，协商民主的正当性基础是协商的过程本身，这为我们观察协商性司法的正当性提供了一个基础视角。

2. 有利于形成政治共同体。现代国家绝大部分都有多元的政治主体，不同政治主体之间的关系可能呈现出对抗和合作两种不同的状态，政治主体之间携手合作形成共同体显然有利于国家的稳定和发展。然而随着现代政治生活日趋复杂化，各种政治主体的选择性和自主性不断增强，形成共同体的难度越来越大。协商民主为政治共同体的构建提供了最优路径和最大可能性，它所崇尚的交流对话、偏好转换与理性共识能够超越纯粹地表达自己个人利益诉求的个人自私自利的行为。在协商民主这个以产生公共协议为目的的过程中，参与者具有共同的价值目标，即经过反复协商，最终形成一个优于各方意见、体现多方利益、更加完善、更加包容的决策。在沟通协商的过程中，政治主体之间不断转换自己的立场，相互理解，适当妥协，寻求合作，最终达成共识，形成政治共同体。

3. 协商民主可以有效激励公民参与政治生活，培育理性、成熟的公民社会。公民社会最显著的标志是公民参与政治并具有参与的热情，那些拥有特定资格的公民们，通过民主途径参加到政治决策中来，并努力去维护最广大、普遍的民众利益，并对政府权力的行使进行监督，对政府的行为作出规范，进而对公共决策形成影响力。协商民主为公民行使政治参与权利提供了制度保障和有效途径，它强调公民并非决策的被动服从者，而是公共事务和民主体制的主动参与者，是公共决策的行为主体而非客体。协商民主一方面鼓励可能受决策影响的公民积极广泛地参与协商活动，并针对公共政策和公共事务展开交流和讨论，进而提出可行的意见或方案，达成社会共识；另一方面又要求公民作为政治生活的主体,要跳出个体利益范围进行理性反思,要持续地关注他人利益,尤其是公共利益。在这个过程中,公民的素质得到提高,公民意识不知不觉得到培育,公民责任感得到提升,公民变得更具有包容性和妥协性,为构建理性而成熟的公民社会创造了条件。①

4. 制约和监督公权力尤其是政府行政权力的行使。20 世纪以来,行政机构的权力日益扩张,他们可以制定公共政策却无须承担同等民主责任。这在协商民主论者看来是不公正的,而协商民主能够对官僚自由裁量权进行有效控制。②

三、协商民主的特征

关于协商民主的特征,学界也有很多归纳总结。美国学者塞拉本哈比认为协商民主具有的显著特征如下:(1)所有参与到协商中的主体都应当受到平等原则和对称原则的约束,所有的参与主体都享有同等的发言权,享有质疑和询问的权利,也都享有同等的辩论机会;(2)所有参与到协商中的主体都有设置话题的权利;(3)所有参与到协商中的主体,都有权质疑对话程序规则,并对其运行方式提出反对意见,不辩自明的规则是不存在的,更不能用来限制议程或对话,并且不能对协商参与人的身份设置某些条件作出限定,只要是可能会受到决策影响的那些个人或者社会团体或者其他组织,只要它能够提供自己与决策有某种关联的证明,他就不能被排除在协商之外。③ 帕布洛·德·格雷夫提出说服和参与是协商民主的政治核心,法律的合法性只有在自

---

① 伍俊斌:《协商民主的价值分析》,《北京科技大学学报(社会科学版)》2011 年第 3 期。
② 陈家刚:《协商民主与国家治理——中国深化改革的新路向新解读》,中央编译出版社 2014 年版,第 27—28 页。
③ BENHABIB, *Toward a Deliberative Model of Democratic Legitimacy*, Seyla Benhabib, ed, *Democracy and Difference*. Princeton: Princeton University Press, 1996, p.70. 转引自吴建国:《中国回应型司法的理论逻辑与制度建构》,厦门大学出版社 2016 年版,第 30—31 页。

由、公开的协商中才能形成。①

　　陈家刚教授是国内系统研究协商民主理论的著名学者,他将协商民主的特征概括为八个方面:(1)多元性。在他看来,协商民主的社会基础就是多元性,多元性同时也是协商民主的驱动力。(2)合法性。协商过程的政治合法性首先是因为参与者的意愿,其次是基于集体的理性反思。决策具有合法性的依据并不是因为它刚好符合大多数人的偏好,而是因为它经过了正当性考验。公民在当时认为通过这样的方式做出来的公共决策是合理的。(3)程序性。协商民主还有一个特征就是它十分注重程序,它认为正当的程序能够让决策获得合法性。(4)公开性。协商过程是公开进行的,整个程序都是在公众知悉的情况下展开,在讨论和对话过程中,参与协商的人也要公开说明自己为什么支持某项政策、这项政策的优势是什么,立法或政策建议也是公开提出来的,社会公众都十分清楚政策是如何形成的。(5)平等性。协商民主需要的平等是具体而相对复杂的。参与协商过程首先需要机会平等,也就是每个参与主体都具有平等获得政治影响力的机会;其次是资源平等,每个人都是自愿同意其他人提出的观点,没有受到强制;最后还要有平等的说服能力。平等是理解协商民主最基本的要素,离开平等就谈不上协商民主。(6)参与性。在协商民主中,立法和决策的利益关系人都会被鼓励积极参与公共协商,以及在协商的过程中公开提出自己的偏好,并说明理由,同时也要听取和尊重其他人的偏好。(7)责任性。协商过程的参与者在协商对话过程中不能仅仅只关注自身利益以及了解其他参与的意见,更要明白一项政策建议要达到促进公共利益的目的就必须各方形成共识,即公共利益是各方共识的结果,公民应当维护公共利益,更好地选择支持哪一个决策机构、政党和组织更有利于实现公共利益。(8)理性。理性是协商过程最具实质性的特征。在协商过程中,对

---

　　①　[美]帕布洛·德·格雷夫:《协商民主与惩罚》,载陈家刚主编:《协商民主》,上海三联书店 2004 年版,第 269 页。

决策能够发挥作用的一定是合理的观点,而不应当是情绪化的诉求。参与到协商中的主体应该有途径能够掌握具有说服力的信息,然后在此基础上对自己的建议进行修改,并客观地审视其他参与者对其建议提出的批判。通过这种集体性的批判和反思,参与协商的主体最终都会站在自身观点之外、更加客观和超然地看待协商主体,并能够充分理解其他参与者的观点、需求和利益。在这样的情况下,协商参与者能够相互理解、相互妥协,最终达成共识,民主协商不是任何一方通过强制手段让另一方接受自己的观点。①

陈教授进一步分析认为,协商民主作为一种立法和决策形式,本身应当是一个反映多元价值和偏好,鼓励共同参与,平等、理性对话,从而形成共识的过程,这个过程包括五个基本要素:②(1)协商参与者。参与主体是协商民主过程的基本要素,协商的过程就是各种不同利益倾向、不同偏好的政治主体参与政治生活的过程,他们参与协商并对达成共识、形成具有合法性的决策承担责任。协商民主的参与者首先是公民。在协商民主中,每个公民都获得超越社会背景、从属关系的参与对话和沟通的机会。在这种对话中每个人都有发言权,每个人都可以在协商过程中充分利用这种发言权来表达自身的利益、倾听他人的观点。政府也是协商民主的参与者之一,且公民与政府之间的平等对话是民主理想的核心。当决策者和立法者作为平等主体参与协商对话时,往往能够打破政策僵局,促进政策变革,相比过去自上而下的垂直制度,这种横向的协商能获得更好、更容易让人民接受的结果,公民也更愿意参与其中。(2)偏好。行为者总是会基于自身利益而对特定目标或对象表现出倾向性的选择,这种倾向性就是偏好。政治生活中,面对某项议案或者决策,利益相关者表示支持或反对的理由和根据就是他们的偏好。往往偏好都不是既定和一成不变的,公民会根据环境并考虑他人的偏好来对自己的偏好适时作出调整。参与到协商中的主体一般都有各自的偏好,协商的过程就是参与者把自己的

---

① 陈家刚:《协商民主:概念、要素与价值》,《中共天津市委党校学报》2005年第3期。
② 陈家刚:《协商民主:概念、要素与价值》,《中共天津市委党校学报》2005年第3期。

偏好理性地表达出来，通过讨论实现偏好的转换，最终形成兼顾各方偏好的共识，这就是合法决策、理性立法的基础。与票决民主通过投票这种"聚合"路径表达偏好的机制不同，协商民主是依靠辩论和讨论来实现决定的合理性与正当性，协商程序给了每个公民通过平等对话来表达自己意见并驳斥他人的机会，而且这种对话是自由和公开，并且只遵循"最好观点的力量"。① （3）协商。协商民主的核心概念当然是协商，这是理解协商民主的起点。我们可以从过程与结果两方面来理解协商：就过程而言，协商是一种决策前的讨论，是各种理由的交流。不是简单的谈话就称得上是协商，协商要求必须有建设性、实质性的交流，也就是协商的参与者彼此之间要诚实地传递自己的思想，并认真倾听别人的意见，同时理解、同情他人，还要不断审视自己的观点。而从结果上讲，协商的参与者们能够在对话和沟通过程中，不断地考虑他人的意见和立场对自己的判断、偏好和观点进行改变和调整，并且这种互动是依靠说服，不是依靠强制和控制，通过协商减少各种偏好之间的分歧从而实现偏好转化并达成共识。从微观层面，协商是面对面的交流，强调理性、说服和真诚，排斥操纵、强迫和欺骗。② （4）公共利益。公共利益是指一定区域内公民个体利益的集合。作为一个政治过程，协商民主承认和尊重各种不同的利益，并承认多元利益之间的冲突和分歧是客观存在的。协商民主就是为各种利益提供一个公开讨论的平台和机会，在这个过程中，各种利益主体都能够自由地表达自己的意见，并且他的意见能够得到一定的回应。协商民主鼓励参与者都能公开和改变各种利益以达到维护公共利益的目的。（5）共识（consensus）。协商的结果是达成共识，所谓共识是政治过程参与者经过充分协商之后对主题表现出的一致性。共识是合法的公共决策的基础，如果缺少共识，无法达成一致就不能形成合法的、正当的公共决策。

---

① ［美］罗伯特·达尔：《论民主》，李柏光、林猛译，商务印书馆 1999 年版，第 322 页。

② ［澳］卡罗琳·亨德里克斯：《公民社会与协商民主》，载陈家刚主编：《协商民主》，上海三联书店 2004 年版，第 126 页。

协商民主理论为我们观察"协商性司法"的正当性以及构建协商性程序正义提供了一套参照标准:第一,协商应当是多方参与的。与话题有利害关系的主体都应当参与到协商的过程中并有机会表达自己的意见,每个主体的意见都足以影响决策,决策是各方利益综合平衡的结果。第二,协商应当是平等进行的。每个主体具有平等获得政治影响力的机会,是自愿同意其他人提出观点而不能受到强制,并且还要有平等的说服能力,能力过于悬殊、信息过于不对称的协商是不公正的。第三,应当有协商的过程或者说程序。协商程序是协商民主获得正当性的路径。主体在决策前参与讨论、交流,诚实传递自己的思想,倾听别人的意见,同时不断转换立场考虑他人意见,调整和改变自己的判断和偏好,这个互动的过程是协商民主决策获得正当性的前提。第四,协商结果应当是在理性基础上达成的共识。协商过程中,对决策发挥作用的一定是合理观点而不是情绪化诉求,参与主体要有获得影响决策的信息的途径和判断、整合信息并提出意见的能力,并能够充分理解其他参与者的观点、需求和利益,愿意理解对方和作出妥协,最终兼顾各方利益达成共识,协商民主一定不是任何一方通过强制手段让另一方接受自己的观点。

第二章　协商向刑事司法领域的拓展：
辩诉交易的萌芽及兴盛

协商民主理论的繁盛发展使滥觞于政治领域的"对话和沟通"决策模式开始在各个领域蔓延，陆续出现协商立法、协商治理以及协商司法的概念，而辩诉交易制度的出现，将协商这种决策机制导入刑事司法系统，并渐成规模以至于形成一种日后与传统对抗型司法"两足鼎立"的新的司法范式——"协商性司法"。

一、辩诉交易的基本样式

资产阶级革命胜利后，封建专权体制下司法权肆意滥用、践踏人权的深刻伤痛让人们在刑事诉讼中开始严格控制司法权，正当程序原则成为刑事诉讼的"帝王原则"。正当程序原则的核心要求一是必须经过法定程序才能剥夺和限制公民的生命、自由和财产等权利，二是当事人有机会获得聆听。[①] 讲求正当程序，意味着必须为被追诉人提供尽可能全面的权利保障。围绕这一点，在人权保障作为主要刑事诉讼目标的英美国家，以中立的陪审团（禁止知情

---

① 魏晓娜：《背叛程序正义：协商性刑事司法研究》，法律出版社 2014 年版，第 1 页。

陪审团)为核心构建起对抗式诉讼程序,法官退居消极中立地位,检察官和辩护律师运用各自的技能争取陪审团的支持,同时围绕被追诉人权利建立起一系列防止公权力滥用、防备国家权力攻击性过强的制度,被追诉人的地位空前居高。

然而在随后的社会发展中,伴随犯罪率逐年递增,人们发现,为被追诉人提供完备的程序保障固然没有问题,但由此导致刑事诉讼程序变得烦琐而冗长,刑事司法效率极低,整个系统不堪重负,甚至已经严重威胁到国家安全和社会秩序稳定。于是在一些讲究实用主义的国家,比如美国,基于诉权处分理论,刑事司法系统开始自发寻找一种鼓励被追诉人放弃自己权利以加速诉讼程序运转的机制,辩诉交易开始出现。

对于辩诉交易最初在美国司法实践中出现的时间,学者们普遍认同的说法是 1804 年,[1]当时的交易发生还是零星和偶尔的,直到 19 世纪上半期,陪审制依然被认为是一种最公平、最值得信赖的庭审方式,但在 19 世纪中期以后,局面发生剧烈转变,陪审制的地位逐渐被辩诉交易制度取代,"南北战争(1865 年)之后有罪答辩已经成为城市和郡县案件处理的主导模式","到 19 世纪末 20 世纪初,波士顿、中赛克斯和马萨诸塞州的所有重罪案件审理中,有罪答辩率达到了 90%"。[2]

按照学界已经达成的共识,美国的辩诉交易是指在法院开庭审理刑事案件之前,控诉方为了激励被追诉人作有罪答辩,承诺对其进行比原来罪行更轻或较少罪名的指控,或者检察官以允诺向法官提出有利于被追诉人的量刑建议为条件,与被追诉人(一般通过辩护律师)就有利于其的最佳条件在法庭外进行的协商与交易。[3] 与传统司法模式"以审判为中心"不同,辩诉交易提供

---

① 　王兆鹏:《美国刑事诉讼法》,北京大学出版社 2005 年版,第 536 页。
② 　[英]麦高伟、[英]切斯特·米尔斯基:《陪审制度与辩诉交易——一部真实的历史》,陈碧、王戈等译,中国检察出版社 2006 年版,第 1 页。
③ 　何家弘:《美国刑事诉讼规则》,中国检察出版社 2003 年版,第 385 页。

了一种"不需要审判"的刑事案件处理方式。在这种方式中,陪审团不再是案件事实的认定者,庭审亦成为"非必要",证人无须出庭,交叉询问不再进行,案件的事实仅仅根据被追诉人的"自认"确定,控辩双方由过去的"针锋相对"改为对话、沟通甚至合作,双方通过"讨价还价"之后达成"合意"来确认被追诉人的罪名和刑罚,"协商"取代"对抗"成为刑事司法的主题。正因为如此,辩诉交易在后来被认定为"协商性司法"的主要制度样本,对之后世界范围内刑事司法模式的重塑产生重要影响。

辩诉交易制度构建起的"协商—合意"模式无疑是对正当法律程序的全面背叛,它的出现使传统刑事司法模式遭遇"颠覆性"冲击,从 1804 年出现到 1971 年美国联邦法院最终认可,①辩诉交易始终面临着质疑不断、毁誉参半的局面,在实践应用中也遭遇层层阻力,以至于直到 1973 年,阿拉斯加州检察长还曾命令全州所有检察官停止参加辩诉交易。② 尽管如此,辩诉交易还是于 1974 年正式进入《联邦刑事诉讼规则》并最终成为美国 90% 以上刑事案件的处理程序。③

二、辩诉交易的成因

研究辩诉交易出现及其在相对较短的时间里显示出强大生命力的原因,有助于我们全面认识"协商性司法"的功能,对分析我国认罪认罚从宽制度的确立背景和制度价值具有十分重要的参照意义。

理论界关于辩诉交易制度全面获胜的原因研究颇多。斯坦福大学法学院乔治·费希尔教授从法学、社会学等多个方面对辩诉交易在美国产生并全面胜利的原因做了系统分析,他认为辩诉交易胜利的原因首先是检察官有强烈

---

① 美国联邦最高法院于 1971 年在桑托拜洛诉纽约案件中确认辩诉交易的合法性。
② 魏晓娜:《背叛程序正义:协商性刑事司法研究》,法律出版社 2014 年版,第 26 页。
③ 魏晓娜:《背叛程序正义:协商性刑事司法研究》,法律出版社 2014 年版,第 26 页。

的动机。一方面,19世纪初期伴随人口增长出现刑事案件爆炸式增长,兼职检察官们(当时美国的检察官都是律师兼任)疲于应付;另一方面,随着被告人权利得到全面保障、律师辩护技巧日益娴熟、辩护能力增强,检察官在对抗中已经不占优势,大量案件在陪审团的审议下被判无罪,检察官败诉风险与日俱增。而被告人作有罪答辩能明显提升办案效率,还能使大量案件避免陪审团审判,降低无罪判决比例,从而提升检察官的业绩。①

至于法官们,面对辩诉交易制度带来的自己的裁判权生生被检察官"篡夺"为什么最后也"欣然"接受? 乔治教授分析原因也是因为案件的爆炸式增长,只不过这个案件,不是刑事而是民事案件,他描述道:②

至少有3个障碍阻止法官接受辩诉交易。首先,法官缺乏驱使检察官进行交易的重要动机——检察官不堪忍受的案件量和他们尝到了不费力气就得到有罪裁决甜头的经验。其次,法官基于原则而反对在没有全面了解被告人犯罪和背景信息的前提下径行判决。最后,骄傲的法官对于不得不与检察官分享量刑权而感到生气。然而到了19世纪末,一种似乎要求法官参与的辩诉交易形式开始蓬勃发展。有些情况必须改变。

有些情况确实改变了——而且是以一种赋予法官从事辩诉交易的真正动机的方式发生了改变,淡化了他们对于讨价还价的原则性抵制,保全了他们不让检察官侵犯其量刑权的骄傲。新的动机来自民事案件的大爆炸,这种大爆炸是由交通和工业的革命以及由此带来的前所未有多而复杂的侵权诉讼浪潮所导致的。

在乔治教授看来,民事案件的激增使得美国法官③不得不"转向辩诉交

_____

① 有罪判决意味着检察官指控成立,也就是检察官胜诉,胜诉率往往是检验检察官业绩十分重要的因素。

② [美]乔治·费希尔:《辩诉交易的胜利——美国辩诉交易史》,郭志媛译,中国政法大学出版社2012年版,第107页。

③ 美国并不区分民事法官和刑事法官,法官既要办理民事案件也要办理刑事案件。

易以减轻他们无法控制的民事案件量负担,因为他们在迫使刑事被告人有罪答辩方面享有比诱使民事当事人解决纠纷大得多的权力"。① 当然,越来越复杂的证据规则以及庭审的律师化使得陪审团这种复杂而费时的审判方式已经无法成为一种常规的案件处理程序而不得不迫使制度向辩诉交易转移。②

乔治教授进而提出民众的支持也是辩护交易制度胜利的重要原因。他引用了学者玛丽·沃格尔的观点指出辩诉交易的兴起在某种程度上是由于享有选举权的公众喜欢这一制度。该制度因其随意和容易接近的特点而赢得了公众的支持,"以其一贯的简单明了著称的辩诉交易比深奥的普通法更容易为人所了解,因此通过明确法律如何规定以及如果违反法律将会付出何种代价,并通过使被告人了解这些行为之后果的方式促使公民与能够理解的国家之间达成合作关系"。③

乔治教授进而提出民众的支持也是辩护交易制度胜利的重要原因,该制度因其随意和容易接近的特点而赢得公众支持,"以其一贯的简单明了著称的辩诉交易比深奥的普通法更容易为人所了解,因此通过明确法律如何规定以及如果违反法律将会付出何种代价,并通过使被告人了解这些行为之后果的方式促使公民与能够理解的国家之间达成合作关系"。④

归纳起来,辩诉交易制度首先在英美法系国家形成的原因包括以下几点:

1. 刑事案件数量不断增长与复杂的对抗制审判程序之间的矛盾是辩诉交易制度的诱因。

① [美]乔治·费希尔:《辩诉交易的胜利——美国辩诉交易史》,郭志媛译,中国政法大学出版社 2012 年版,第 117 页。
② [美]乔治·费希尔:《辩诉交易的胜利——美国辩诉交易史》,郭志媛译,中国政法大学出版社 2012 年版,第 110 页。
③ [美]乔治·费希尔:《辩诉交易的胜利——美国辩诉交易史》,郭志媛译,中国政法大学出版社 2012 年版,第 144 页。
④ [美]乔治·费希尔:《辩诉交易的胜利——美国辩诉交易史》,郭志媛译,中国政法大学出版社 2012 年版,第 144 页。

在13世纪初期,英格兰国家的法官们基于对神明裁判的质疑而在一个叫艾丽斯的女性杀人案件中创设了由"不论好坏"的十二个有财产的邻人审判的解决方案,在普通法开创了陪审团审判的先河,这个制度一直延续到今天依然被认为是实现司法公正的有效制度。[①] 事实上,直到18世纪上半叶,陪审团的审判还是十分高效率的,那时候的审判中没有律师存在,同时也没有控诉,甚至被追诉人不允许自行辩护,不仅如此,他在审判中还要指控自己。"当时的审判程序也不复杂,有时候陪审团可以在酒吧一边喝酒一边作出裁决,根本不需要专门商议,陪审工作运行非常快。"[②]18世纪中后期开始,法官开始重视律师的作用,允许被追诉人聘请律师,律师的参与使被追诉人的辩护权得到强化,随着起诉的专业化,控辩对抗的庭审模式逐步形成,随后证据规则发生一系列变化,传闻证据、非法证据等规则先后确立,到18世纪末,"一个影响更为深远的变化发生了,那就是,先前只是人们梦想的无罪推定原则也被提升为公理",[③]这些变化使得陪审团审判变得极为精细,也极为烦琐,原有的效率不复存在。

然而,伴随着陪审团审判效率降低的社会现实却是18世纪末发生在英国的工业革命引发整个普通法国家迅速进入工业化时代,移民化、城市化导致传统农业社会发生剧烈变革,社会矛盾加剧,犯罪数量急剧增长,社会对刑事司法系统高效运转的要求和期待提高,刑事司法系统自身却陷入拖沓冗长的窠臼之中,二者的冲突导致一向奉行实用主义的美国最先转向辩诉交易,可以说,正是对抗制程序和证据规则的过度精致使得它只能用来处理少量严重的刑事犯罪。[④] 从另一方面讲,也正是因为正式审判程序的精致和复杂才使得

---

① [英]萨达卡特·卡德里:《审判为什么不公平》,杨雄译,新星出版社2014年版,第71页。

② 马明亮:《协商性司法——一种新程序主义理念》,法律出版社2007年,第79页。

③ [英]萨达卡特·卡德里:《审判为什么不公平》,杨雄译,新星出版社2014年版,第93页。

④ 马明亮:《协商性司法——一种新程序主义理念》,法律出版社2007年版,第80页。

以辩诉交易为代表的协商性司法获得存在的必要性基础,同时也获得生存并繁荣发展的空间,这一点,本文将在后文中详细论述。

2. 检察官的自由裁量权几乎不受约束是辩诉交易发生和发展的重要推手。

正如乔治·费希尔教授的分析,辩诉交易的发生,检察官的自由裁量权是十分重要的推手。早期的辩诉交易是在法官不参与的情况下展开的,以控诉协商为主要内容,双方可以就被追诉人的一个或多个指控进行"讨价还价"。到了19世纪末,法官加入辩诉交易,辩诉交易的内容转为以量刑协商为主,双方围绕追诉人可以获得减轻刑罚的幅度展开协商,这种协商更可能得到法官的支持,成功的概率更大。

但无论是控诉协商还是量刑协商,其基础和前提都是检察官享有非常宽松的自由裁量权。在美国,不存在层级分明、全国统一的检察系统,联邦的检察机关和各州是相互独立的,检察官享有一种准司法权与行政权混合的权力。尤为重要的是,美国检察官的自由裁量权几乎不受任何限制,只要检察官有合理的依据认为被追诉人实施了犯罪,是否起诉以及向大陪审团提出何种指控,基本上都在检察官的自由裁量范围内,大陪审团仅仅只是在检察官作出起诉决定之后对起诉的必要性进行审查。

对检察官而言,一方面案件大量增长导致其不堪重负,另一方面辩护律师的参与以及陪审团的大众化使得正式审判胜算把握越来越低,主观上检察官有强烈的降低工作量和规避败诉风险的愿望,而客观上,美国的制度给了检察官变通的可能性,他手中掌握的自由裁量权可以成为与辩方"讨价还价"的筹码。如果被追诉人放弃沉默权而选择做有罪答辩,检察官可以选择撤销起诉的部分罪状从而使被追诉人获得较轻微的刑罚。乔治·费希尔教授叙述了发生在辩诉交易的发源地——马萨诸塞州的一个案例:

> 史蒂文斯案是达纳①早期处理的禁酒案件之一,也是自从米德

---

① 塞缪尔·达纳是马萨诸塞州米德尔塞克斯郡的第一位检察长。

尔塞克斯郡普通法院 1804 年开始审理刑事案件以来受理的第三个禁酒案件。达纳针对史蒂文斯草拟了一份包括四个罪状的起诉状:酒类的"常贩";无许可证销售酒类以及卖酒并且放任购买者在他的经营场所内饮酒。法庭书记官叙述了结果:"乔塞亚·史蒂文斯说他不会与控方作对,检察官塞缪尔·达纳代表州政府决定,由于被告人作出前述答辩,他将不再指控第一、第三和第四个罪状。"换言之,达纳检察官与史蒂文斯达成了一项司法交易:被告人作有罪答辩或者以不再争执为代价,达纳撤销了起诉状所包含的四项罪状中的另外三项。最终史蒂文斯仅仅针对无许可证销售酒类缴纳了 6.67 美元作为罚金并承担了 47.12 美元的诉讼费。①

通过减少罪状来降低被追诉人的刑罚只是手段之一,在后期的发展过程中,检察官又基于自身的自由裁量权创设出缓起诉、部分不起诉、降格起诉等各种换取被告人有罪答辩的方式,使得辩诉交易这种案件处理方式的适用面越来越广。乔治·费希尔教授叙述了一起谋杀案的交易可以说明。

> 巴尼·古尔丁被指控以打击头部的方式谋杀了他的妻子艾伦,他在传讯阶段答辩无罪并主张行使其获得陪审团审判的权利。按照马萨诸塞州赋予死刑案件被告人律师帮助的法律,法庭指定了米德尔赛克斯郡两名非常有名的律师为其辩护——西奥多·H.斯威策和本杰明·F.巴特勒。……书记官记录下了结果:"在法庭开庭期的晚些时候,这位巴尼·古尔丁撤回了他此前所做的无罪答辩,说他犯有过失杀人罪。联邦检察官查尔斯·R.特雷恩先生说,他将不再按照之前的恶意指控谋杀。"法院根据过失杀人的有罪裁决判处古尔

---

① 　[美]乔治·费希尔:《辩诉交易的胜利——美国辩诉交易史》,郭志媛译,中国政法大学出版社 2012 年版,第 4 页。

丁在感化院监禁两年。①

对被追诉人而言，谋杀罪如果成立他可能将要面临的是死刑判决，而将指控降格为过失杀人，刑罚则被缩减为 0—20 年的监禁，在如此巨大的诱惑面前，被追诉人愿意选择有罪答辩获取确定的轻刑以回避正式审判带来的不确定重判风险也就显而易见了。巨大的自由裁量权给了检察官创设各种方式换取被追诉人有罪答辩的可能性，辩诉交易制度也就在这种不断的创设中生根发芽并最终扩散到全世界。

3. 获取公众支持、维持社会变革中的统治秩序是辩诉交易发生的社会原因。

19 世纪的美国社会一直处于动荡不安之中。1776 年美国独立战争开始，1783 年英美两国签署《巴黎和约》，英国正式承认美国独立。1789 年美国联邦政府成立，1812 年至 1814 年美国与英国之间再次爆发战争。随后，美国开展"西进运动"，在扩张过程中，殖民地移民和土著居民印第安人之间战争不断。领土扩展的同时，经济发展形态也在悄然巨变。北方和南方的经济结构发展方向迥乎不同，北方依托独特的自然条件发展海上贸易，扩大航海运输业，重工业迅速发展，工业化程度快步推进。反观南方，长期固守奴隶制，南北矛盾日益激烈，"自由党""民主党"和"共和党"围绕着奴隶制是否应当废除展开白热化的政治斗争并爆发持续四年的南北战争。1865 年美国进入战后重建时期，该阶段的历史任务是用法律手段巩固和扩大南北内战的政治成果，在南部各州重新建立起忠于联邦的州政权，重建并巩固联邦政府权威。②

长期的战争、工业化、城市化以及移民流动导致美国社会出现各种社会冲突，整个美国社会民众对稳定的社会秩序、良性的政治秩序十分期待。而各州地方政治机构却十分乏力，不足以担负起恢复社会秩序的能力，司法系统反而

---

① ［美］乔治·费希尔：《辩诉交易的胜利——美国辩诉交易史》，郭志媛译，中国政法大学出版社 2012 年版，第 19 页。

② 参见 360 百科：https://baike.so.com/doc/732500-775509.html。

开始在恢复社会秩序、重塑政府形象、提升个人的安全感以及促进经济恢复方面发挥作用。

辩诉交易从两个方面承载了这种功能:辩诉交易首先通过代表政府的检察官与刑事被追诉人之间的平等协商向民众显示出一种宽容和仁慈,释放出一种执政善意,能够更好地稳定人心,提升向心力和凝聚力。而对那些没有被追诉且极度憎恨犯罪的人(包括被害人)而言,正式审判带来的无罪判决案件频繁出现,他们开始对正式审判程序在打击犯罪的力度上产生怀疑,进而质疑政府为其提供安全和稳定生活环境的能力,这部分民众对犯罪的态度,更偏好犯罪行为得到惩罚而不是正当法律程序被遵守。辩诉交易制度有效提升了有罪判决率,给公众形成"犯罪都受到了应有惩罚"的印象,正好迎合了这部分民众的需求,从而坚定其对政府的支持。

三、辩诉交易向大陆法系国家扩展: "协商性司法"范式不断成熟

大陆法系国家一开始对辩诉交易制度十分抗拒。在大陆法系的文化传统里,公法和私法的划分十分清晰,公私分离的司法观念根深蒂固,民事诉讼和刑事诉讼适用的原则、程序规则以及处理方法均不一样,刑事诉讼中严格恪守"公权力依法行使"的原则。在大陆法系国家看来,对刑事犯罪的追查是国家不可推卸的责任,因此绝对不允许协商,代表国家公权力的检察机关同被追诉人之间就刑罚问题"讨价还价"被认为是耻辱的事情。而且就诉讼目的而言,大陆法系与英美法系也有明显差异,英美法系国家将刑事诉讼程序更多定义为一种解决因犯罪引发社会冲突的纠纷解决机制,正式审判是解决纠纷的方式,认罪协商也是解决纠纷的方式。大陆法系却赋予刑事诉讼超越冲突解决的意义,刑事案件被认为涉及"超越的利益"(transcendent interests),更多承载着实现国家刑罚权和体现法律权威的价值,不允许进行协商。而侦查机构和

检察机构的职业化、官僚化也是大陆法系抵制辩诉交易的原因，在侦查机构职业化的背景下，控方拥有强大的取证能力，不像英美国家因为缺少职业侦查机构而导致有罪证据经常不足，加之法律对证据可采信设定的标准低于英美国家，大陆法系国家控方通常能够获得充足的指控证据，被追诉人被定罪经常是"铁板钉钉"的事情，检察机关根本就没有同辩方进行协商的动力。

但在"二战"以后，情况逐渐发生了变化。

首当其冲的变化是犯罪案件，尤其是暴力犯罪案件出现爆炸式增长。以德国为例，"二战"后的德国被追诉人数量急剧增长，①而且犯罪类型日趋复杂，出现各式各样的经济犯罪、跨国犯罪等新型犯罪，侦破难度加大，即使系统强大的侦查机构也不足以应对不断增加且日益复杂的刑事犯罪，刑事司法制度必须作出改革。面对现实，以德国、意大利等为代表的"清高"的大陆法系国家们不得不同样把眼光转向实用主义，开始弱化自身传统"丁是丁，卯是卯"的真相观，寻求一种更加注重结果和当事者需求的公正观。

而在法律领域，因为一系列的原因，包括宪法的发展，严格的公法私法领域划分变得更加灵活和模糊，甚至出现公法方式和私法方式的融合，非犯罪化、非刑罚化运动开始出现，私法领域的制度安排逐步渗入刑事司法。与此同时，美国经济实力、政治地位的崛起促使其通过各种各样的形式和路径向全世界输出自己的诉讼文化——从中东地区到亚洲、拉丁美洲，再到以往习惯输出法律文化的欧洲大陆。"二战"后的欧洲大陆，专制政府的垮台使司法丧失了过去强有力的依靠，民主和人权保障理念的引入加强了对专横官员的程序约束，辩护权增加、审判程序变得复杂，过去的司法体系受到巨大的冲击，在对同时代美国的羡慕之中，欧洲大陆国家不断汲取美国的法律文化，并结合本国实际情况进行改革，从而在刑事司法领域出现了形形色色的"协商""合意""交

---

① "二战"后德国犯罪现象明显呈现上升趋势，被追诉人由 20 世纪 60 年代的 100 万上升到 90 年代的 700 万。（马明亮：《协商性司法——一种新程序主义理念》，法律出版社 2007 年版，第 97 页）

易"制度。这些改革,反过来又扩充了协商司法的制度样本,使协商司法获得更强大、更广泛的适应力和生命力。

由是观之,无论是出现辩诉交易,还是大陆法系国家对"协商性司法"的接受,普通程序的低效性同犯罪案件的爆炸式增长之间的矛盾都是最核心的原因,提升诉讼效率自然也就是协商性司法制度必须承担的责任,反之,如果一项协商司法制度的运行不能有效提升诉讼效率,这种制度存在的必要性和正当性就会大打折扣。这为我们观察认罪认罚从宽制度的实践效果提供了视角,如果认罪认罚从宽制度在实践运行中不能有效提高诉讼效率,其制度设计的科学性以及存在必要性就应当被质疑。

第三章　协商性司法范式的基本样貌

当我们从"协商性司法"的视角去分析认罪认罚从宽制度时,对这种司法范式本身的全面认知是整个讨论的基点和前提,如果没有这种全面认知,我们就缺少衡量认罪认罚从宽制度的标尺,对该制度的分析也就始终处于"盲人摸象"的状态之中。

一、协商性司法的界定

前文对协商民主的讨论,本文已经给出了作为决策或处置机制的"协商"一词的含义和基本要求。在协商民主的概念中,协商强调的是主体平等参与、对话、说理、辩论、沟通和妥协,终极目标是共识。当"协商"和"司法"结合在一起时,"协商"的本质特征并没有发生改变,依然是参与、谈判和解决。因此对协商性司法的概念,学界其实并没有实质性分歧,有分歧的只是协商性司法与恢复性司法的关系,二者到底是两种不同的司法模式,还是恢复性司法包含在协商性司法之中。

关于协商性司法的概念,较早系统性研究协商性司法理论的我国学者马明亮教授认为在刑事司法领域中,协商性司法可以初步定义为诉讼主体通过对话与相互磋商,达成互惠的协议,以此来解决刑事争端的司法模式。① 魏晓娜教授借用了法国学者 Francoise Tulkens 的观点,认为协商性刑事司法,即在刑事案件的处理方面,不同程度地给当事人之间的协商或者合意留有空间的案件处理方式。② 两位学者对协商性司法的界定虽然表述有差异,但核心意思是相同的,诉讼主体(当事人)直接的对话、沟通和合意是协商性司法最本质的要求和特征。

也有学者把恢复性司法和协商性司法联系在一起,认为"辩诉交易和恢复性司法的兴起,代表着一种新型刑事诉讼模式形成,那就是协商性司法"。③恢复性司法翻译自英文"restorative justice"一词,按照联合国经社理事会 2002年第十一届会议题为《恢复性司法》的秘书长报告,恢复性司法是承认犯罪不仅会影响到受害者的利益和社区的未来,而且还会影响涉案罪犯的未来,因此它寻求一切可能的、利用受害者和社区积极和自愿参与的方式,尽力使受到犯罪影响的所有当事人的利益都能够得到恢复。④ 恢复性司法的主要制度样本是刑事和解、调解、社区矫正和各种类型的犯罪人修复制度。恢复性司法最重要的特征是修复,强调的是解决纠纷的结果,注重的是社会各方因犯罪所受创伤得到恢复或弥补,而协商性司法注重案件解决过程本身,其结果可能达到恢复性的效果,也可能达不到,因此二者并不是同一个概念。但协商性司法与恢复性司法具有紧密的联系,最理想的协商性司法是达到"恢复性正义"的目的,也就是使用协商性的案件处理方式,能够最大化平息犯罪导致的纠纷,修复被害人和社会创伤,使被追诉人得到矫正,顺利回归社会,二者可以说是手段和目的、过程与结果的关系。正因为如此,协商性司法和恢复性司法的具体制度样本具有重合之处,比如刑事和解既被认为是一种恢复性司法制度,同时

---

① 马明亮:《协商性司法——一种新程序主义理念》,法律出版社 2007 年版,第 26 页。
② 魏晓娜:《背叛程序正义:协商性刑事司法研究》,法律出版社 2014 年版,第 5 页。
③ 聂志琦:《协商性司法:刑事司法的新选择》,《法律适用》2006 年第 9 期。
④ 吴立志:《恢复性司法基本理念研究》,中国政法大学出版社 2012 年版,第 13 页。

也是协商性司法制度。

将"协商"和"司法"结合在一起是一种十分有趣的制度安排，尤其是在刑事诉讼中。"司法"是适用法律解决冲突和纠纷的活动，如果从最广泛意义上讲，诉讼当事人通过对话和沟通的方式来解决案件的一切问题，包括实体和程序，都可以称之为协商性司法。

在以私权纠纷为处理对象的民事诉讼领域，由于当事人对实体和程序享有的处分权较为完整，采用协商方式解决问题不足为奇。但在刑事诉讼中，由于犯罪不仅仅是给直接的受害人造成损害，还会给社会秩序造成混乱，正因为如此，刑事诉讼才从民事诉讼中分离出来，从历史发展的视角看，纠问式诉讼取代弹劾式诉讼正是为了克服弹劾式诉讼中私人发动犯罪追诉的随意性。

以国家（政府）公诉替代私人起诉后，当事人一方变成国家（政府）代表，出于对公共利益或者统治秩序的维护，当事人的实体处分权和程序处分权均受到较大限制，事实上，国家（政府）替代直接被害人成为刑事案件的控诉方本就是为了防止被害人随意向犯罪行为妥协从而损害法律的威严，破坏公共秩序或统治秩序。因此从纠问式诉讼开始，刑事司法模式就是一种不以当事人意志为转移的"强加型司法"（imposed justice），是由国家专门机关单方面将刑罚施于犯罪行为人的过程，这种模式应当与任何形式的讨论、让步和妥协都不相容，[①]被追诉人对处理方案亦没有选择权。而协商性司法却赋予被追诉人选择处罚方案和程序的权利，更为重要的是他还可以参与讨论，甚至获得国家（政府）的让步，这显然是对传统刑事司法的背叛，因此协商性司法一开始受到激烈的反对。但历史的车轮总是滚滚向前，无论怎么抵制，协商性司法还是凭借解决刑事纠纷的平和性和高效性迅速站稳了脚跟，并在全世界取得胜利。

协商性司法与强加型司法似乎走向了两个极端，在它们之间其实还有合

---

① 魏晓娜：《背叛程序正义：协商性刑事司法研究》，法律出版社 2014 年版，第 5 页。

意型司法,三者的区别如表3-1,但三种司法模式并非僵化不变,即使是协商性司法和强加性司法之间也会有各种形式的互动,官僚化和秘密运作的强加型法律模式比它表面看起来具有更多的契约性,相反,各种形式的协商型法律模式显然掩盖了其明显或不明显的约束机制。

表 3-1

司法类型	当事人的同意	当事人的程序选择权	当事人参与讨论
强加性司法	当事人同意与否与司法的推进无关	当事人无程序选择权	当事人没有权利与国家讨论
合意性司法	有限承认当事人的合意,无论同意是积极接受还是消极不拒绝	当事人具有一定的程序选择权	当事人无权对处理方案内容进行讨论
协商性司法	当事人的同意能直接影响案件的处理结果	当事人享有程序选择权	当事人可以就案件的处理方案同国家"讨价还价"

二、协商性司法的主要制度形式

实际上,现实社会并没有一种具体的制度叫协商性司法,它是针对那些有着共同特征和规律的诉讼制度进行的理论抽象与归纳,是一个集合概念,协商性司法在世界范围内的表现形式多种多样。在英美法系国家,协商性司法的主要制度形式包括警察警告制度、污点证人制度和辩诉交易制度。在大陆法系国家它的表现形式则更加多样,因为大陆法系在引进协商性司法理念的过程中,几乎每个国家都结合自己的具体情况进行了制度创设。

鉴于篇幅,本文无法对协商性司法的制度样本做出全面列举,在此只就代表性制度进行介绍,但对美国的辩诉交易制度,本文将在后一章节作全面介绍,因此暂不涉及。

（一）英国的警告制度及污点证人制度

1. 警察警告制度

英国的警察警告制度是少有的警察主导的协商性司法制度。在英国，警察对有充分证据证明被追诉人实施了犯罪行为的案件，有权力通过签署"警告"来撤销案件，英国有正式和非正式两种警告。正式警告相当于是一个犯罪记录会在被追诉人再度犯罪被提起公诉时成为法庭对其进行量刑的考量因素。

警察警告需要满足的条件包括：有足够的证据证明被追诉人有罪，行为人自己认罪，警方明确告知警告会在今后再实施犯罪被审判时影响法庭量刑，被追诉人知晓后仍愿意认罪并接受警告。在正式警告条件已经满足，但警察认为正式警告不合适时也可以作出非正式警告，区别是非正式警告记录只影响再犯罪时的起诉。

英国的警告程序含有协商性司法的特征：被追诉人承认自己有罪，获得的对价是不会被提起公诉，警察得以快速结案避免案件积压。为保障这种契约实现，维持当事人的信赖利益，英国政府也采取各种措施对警告程序中的公权力进行必要的限制，比如规定警告程序中被追诉人的认罪必须自愿，非自愿的认罪会导致警告被撤销。在1997年一个判例中，警察告诉被追诉人"要是你承认犯罪，警告一下就放人，否则就送你上法庭"，这样嫌疑人认罪，英国高等法院最后撤销了这个"正式警告"，因为法院认为被追诉人受到了威胁，认罪并非自愿。为维护当事人的信赖利益、保证警方兑现自己的诺言，在英国，如果警察在正式警告作出后又对被追诉人提起诉讼，则法院将会以"滥用程序"名义撤销指控。

2. 附条件警告制度

英国有些地区在作出警察警告的时候会附加条件，要求犯罪行为人遵守一些协议,比如赔偿被害人的损失,或者接受一定形式的监督和矫正。附条件警告仅适用于成年人,而且只能在简易审判的犯罪、可以任选审判方式的犯罪与犯罪未遂等较低级别的犯罪中适用,对仅能以起诉书审判的犯罪不能进行附条件警告。① 适用附条件警告必须具备:(1)有证明行为人实施某个犯罪的证据,这是基础条件;(2)证据要充分,不允许对证据不充分的案件适用附条件警告,并且对其提出附条件警告是必要和正当的;(3)行为人承认实施了犯罪;(4)检察机关要在警告之前向行为人释明后果,并告诉他不遵守警告任何附带条件都可能会被起诉;(5)行为人签署包含有犯罪详细情况、自愿认罪、同意给予附条件警告以及所附带条件的书面文件。②

　　附条件警告的适用流程为:当警察认为附条件警告对于解决被追诉人的行为是最适当的方法时可以向检察署提出申请,同时提交一份 MG5 报告。③

---

① 英国将犯罪分为三类:仅能以起诉书审判的犯罪,这类为最严重的犯罪,只能以起诉书起诉,以正式程序审理;仅能简易审判的犯罪,这类范围为轻微犯罪,只能以简易程序审理;可以任选方式审判的犯罪,这类犯罪介于前面二者之间,既可以正式审理也可以简易程序审理。根据《检察官附条件警告指南》的规定,附条件警告适用的罪行包括仅能简易审判的犯罪包括轻度醉酒、酗酒与扰乱社会秩序、妨碍警察公务、骚扰或折磨他人、妨碍交通工具、非法驾驶机动车、普通伤害、袭警、使产生对暴力的恐惧或挑起暴力、故意折磨或恐吓他人、以卖淫为目的的闲荡或招揽。可以任选审判方式的犯罪与犯罪未遂涉及七类:(1)《1968 年盗窃法》规定的盗窃、在公开场所拿走物品、窃取电能、伪造账目、处理赃物以及携带盗窃工具等;(2)《1978 年盗窃法》规定的拖欠债务;(3)《2006 年欺诈法》规定的虚假陈述、不诚实地取得服务等;(4)《1971 年刑事损害法》规定的破坏或损坏财产,威胁破坏或损坏财产、以破坏或损坏财产为目的的占有;(5)《1971 年滥用药物法》规定的占有任何一类毒品(为个人使用);(6)《1988 年道路交通法》与《1988 年道路交通被追诉人法》目录 2 规定的伪造文件(包括使用驾驶证的违法行为与蓄意欺骗保险的行为);(7)《1994 年车辆消费税与登记法》规定的伪造文书与欺诈(包括消费税执照的欺诈性使用)。

② 附条件警告所附带的条件可能是:(1)矫正条件,具体包括被追诉人在规定时间内不能实施进一步的犯罪行为、参加与犯罪行为性质相关的转诊计划等,比如戒毒或戒酒、禁止参与赌博等;(2)修复条件,具体包括向受害方道歉、提供物质上的补偿(一般为赔偿金)以及其他可使损害得以弥补的措施;(3)惩罚条件,即支付罚款;(4)限制条件,比如限制活动范围,禁止被追诉人接近或联系的特定人员。

③ MG5 报告中须陈述犯罪的简要情况与申请检察官给予的许可,并提供受害人的细节以及被追诉人先前的罪行或者曾适用的警告。报告还应当包括受害人关于恢复或修复条件的意见以及进行赔偿的细节,列明建议附带的条件,并确定被追诉人认罪且愿意接受附条件警告。

检察官收到报告后会确认对被追诉人进行定罪具有现实可能性且案件符合适用要求，检察官也会对可能附带的条件进行审查。若检察官认为附条件警告以及所附带的条件适当，则会批准并向警察提供 MG5 报告副本。警察收到批准决定后向被追诉人履行第一次告知义务，①然后发出附条件警告建议。如果被追诉人接受并签署书面文件，检察院应在履行第二次告知义务②后正式实施附条件警告。

从适用流程看，附条件警告适用程序充分尊重被追诉人的意愿，以其认罪和自愿接受为前提，附条件警告也关注受害人意见的表达，受害人的意见往往构成附条件警告能否得以适用的重要影响因素，可见该制度同时具有恢复性司法的特征。③

附条件警告制度基本上是一个多主体协商的平台，警察、检察官、被追诉人，包括被害人都可以在这个平台上表达自己的意见，案件的处理方案是多个

---

① 第一次告知义务的内容包括：(1)确保被追诉人在同意接受附条件警告之前享有获得自由且独立的法律建议的机会；(2)告知被追诉人可利用的证据、皇家检察官的决定以及被追诉人仍有权要求法庭审判；(3)向被追诉人解释附条件警告，包括条件本身、接受附条件警告的含义，以及向包括受害人在内的其他人披露违法情况时，可能受到民事起诉进而被要求赔偿损失；(4)向被追诉人解释认罪的要求与后果，说明认罪的事实必须被作为证据记录在相关文件中，并可能在因该案提起的诉讼程序中被作为证据使用；(5)使被追诉人明白认罪并不仅仅只是收到附条件警告；(6)向被追诉人说明他可以在任何阶段要求撤销附条件警告，并使被追诉人清楚地认识到，一旦要求撤销附条件警告，须及时通知经过授权的人，并且告诉被追诉人撤销的事实将被报告给皇家检察官，然后皇家检察官可以决定以原罪对被追诉人提出指控并将案件移交给法庭进行审判；(7)警告被追诉人任何未遵守所附条件的事实将被调查并报告给皇家检察官，检察官将考虑报告的内容与案件的情形(包括遵守条件的程度)，然后可以决定以原罪对被追诉人提出指控并将案件移交给法庭进行审判。

② 第二次告知义务的内容包括：(1)被追诉人有权在附条件警告程序中的任何阶段获得法律建议；(2)附条件警告的后果，尤其是尽管附条件警告并非刑事定罪，但却构成犯罪记录的一部分，并且在特定情况下可能被披露；(3)遵守各项条件的方式将被验证(包括被追诉人表明遵守条件须承担的任何职责)；(4)受害人可能被告知被追诉人同意遵守的条件(除非存在合理理由拒绝进行告知)；(5)受害人可以被提供被追诉人的细节以进行民事诉讼；(6)未能遵守条件的后果(尤其是被追诉人可能被逮捕并以原罪被起诉)；(7)地址改变后立即通知警察或任何其他监督条件遵守的机构。

③ 甄贞：《英国附条件警告制度及其借鉴意义》，《法学家》2011 年第 4 期。

意见妥协、多方利益平衡的结果。

3. 污点证人豁免制度

污点证人豁免制度是政府同被追诉人进行的另一种交易,被追诉人向政府提供一些有价值的信息,这些信息在帮助政府侦破或追诉比犯罪行为人自身更严重的犯罪行为方面能够发挥重要作用,政府给予被追诉人的回报是豁免刑事责任,对被追诉人不起诉或者较轻指控。

要理解污点证人豁免制度首先要明确何为污点证人。污点证人就是有"劣迹"的证人,与之相对应的是清白证人,也就是普通证人。按照理论归纳和司法实务经验,污点证人是指那些自身有犯罪嫌疑、本应成为刑事追诉对象转而与控方合作成为控方证人的人。污点证人要求:(1)本身是实施了构成刑法上犯罪行为的人,也就是必须具有"犯罪污点",而不是其他过错,道德污点不能算"污点";(2)犯罪行为必须是现在的、仍具有可追诉性的,过去的已经处理完毕的犯罪不能成为污点;(3)为控方提供了有利于追诉犯罪的证据。[①] 嫌疑人同控方合作,成为控方证人后,作为回报,控方放弃对他的指控从而豁免其刑事责任,这就是污点证人豁免制度。这一制度为打击犯罪尤其是重大犯罪、集团犯罪、有组织犯罪打开了一扇窗,正如波兰检察官塞玛斯克所说"如果没有作证豁免制度,对付有组织犯罪是不可能的"。[②]

一般在侦查阶段,被追诉人自己会主动向侦查机关提出要转化为污点证人,根据案件的办理需要,有时候侦查机关也会向被追诉人提出这种"合作计划"。能够启动污点证人豁免程序的则是检察官,因为只有检察官才有权决定最后的不追诉。污点证人豁免制度相当于是被追诉人和控诉官员之间达成一项"契约",双方在其他人的追诉中进行合作,以帮助政府实现对更严重犯罪的惩罚。这是一项交易,体现了控辩互惠合作,其实质是国家让渡一部分或

---

①　罗猛:《"污点证人"制度在我国的适用》,《人民法治》2015 年第 8 期。
②　徐静村、潘金贵:《"污点证人"作证豁免制度研究》,《人民检察》2004 年第 4 期。

全部的刑罚权来换取被追诉人在指控其他犯罪上的合作，其运作有丰厚的现实基础。

时至今日，污点证人豁免制度已经在英美法系国家广泛确立并存在于各国的反贪污法律当中，比如澳大利亚、新西兰、印度、加拿大、新加坡等国的法律都有相关条款，其他地区也广泛借鉴，比如德国、①我国台湾地区的"窝里反证人"制度、②香港地区的"边缘被告人"制度等。③

污点证人豁免制度是一种较为特殊的协商性司法制度，其协商模式已经超出了被追诉人本身所涉案件的处理方案范畴而有了更高的公共利益考量要求，在这种协商中，被追诉人承担起更重的认罪义务（不仅要承认自己的犯罪，还要提供他人的犯罪信息），同样也获得更大的回报（使自己直接被免予起诉）。对政府而言，虽然对一些轻微的犯罪放弃了惩罚，却在其他更严重的犯罪行为或更具社会危害性的犯罪行为人中更为有效地实现国家刑罚权，因而这是一项可以"双赢"的制度，真正实现了"每个协商参与者转身时都是赢家"。

（二）德国的处罚令程序及自白协商程序

1. 处罚令程序

德国处罚令程序为轻微刑事犯罪提供了一个快速解决的制度样本，其实

---

① 德国《刑事诉讼法典》第153条e规定"程序标的为《德国法院组织法》第七十四条a第一款第二项至第四、第一百二十条第一款第二项至第七项所称类型犯罪行为时，如果犯罪行为人在行为后至其得知行为被发觉前，为避免针对联邦德国的存在或安全的危险，或者为避免针对宪法秩序的危险，有所贡献，经有管辖权的州高等法院同意，联邦总检察长可以对该犯罪行为不追诉。如果犯罪行为人在行为后向职务机关披露与犯罪行为有关的内乱、危害民主法治国家、叛国和外患罪方面的知悉情况，从而作出前述贡献，亦适用此规定。"

② 我国台湾地区法律规定刑事案件的被追诉人在侦查中，如果供述与案件有重要关系的事项或其他共犯的犯罪事实，而使得检察官得以追诉该案的其他共犯，或在侦查中供出他的前手、后手或相关犯罪的网络，而使得检察官得以追诉其他犯罪，就可以减轻或者免除他所犯罪行或不予起诉。

③ "当某项指控牵涉数名疑犯，对远离指控罪行的主犯，即轻微边缘疑犯可以不提出指控"。（罗猛：《"污点证人"制度在我国的适用》，《人民法治》2015年第8期）

质是一种书面处置程序。德国刑法将犯罪分为轻罪和重罪,最高刑为一年以下自由刑或者单处罚金刑的犯罪为轻罪,可能判处一年以上自由刑则为重罪。处罚令程序用以处理轻罪案件,在由刑事法官、参审法庭审理的程序中,依检察官的书面申请,刑事法官、陪审法庭可不经开庭审判而直接以书面的处罚令来宣告司法处置结果。①

检察机关依职权决定是否启动处罚令程序。一般而言,检察官有权申请启动处罚令程序,而被追诉人不享有该项权利。处罚令申请相当于提起公诉,法院收到会启动审查,如果法官认为指控证据不足会拒绝签发处罚令。当法官认为不经法庭审判直接作出处罚令不能完全消除案件存在的疑点,要求检察院撤回申请检察院不同意时,法官会指定日期进行审判,这时候处罚令申请相当于起诉书。当然,如果法官通过查阅案件材料就能够确定被追诉人的确触犯了刑事法律规定,应当受到处罚,并且检察院的处罚建议是适当的,法官就会签发处罚令。但刑事处罚令不具有终局效力,被追诉人有权选择接受或者不接受,如果不接受处罚令则有权在两周内提出异议要求法院审判,异议可以书面或口头形式提出,一旦被追诉人提出异议,处罚令自动失效,案件需采用审判程序处理。异议期满被追诉人没有提出异议则处罚令生效并直接进入执行。②

从表面上看,处罚令程序似乎与协商没有关系,但事实上,检察官在拟定做出处罚令程序之前会同被追诉人及其辩护人进行沟通,做好认罪准备的被

① 根据《德国刑事诉讼法典》第407条的规定,对于案件事实清楚、证据充分的轻罪案件,检察院根据侦查结果认为无审判必要时可以向法院申请一个刑事处罚令来替代审判,处罚令适用于对行为单处或者并处以下法律后果的处罚:(1)罚金、保留处刑的警告、禁止驾驶、收缴、没收、销毁、废弃、宣告有罪判决及对法人或者非法人团体的罚款;(2)不超过两年的剥夺驾驶许可;(2a)为期1—3年不得持有、照管以及经营或者其他职业范围内接触任何种类或某一特定种类的动物;(3)免于刑罚。被诉人有辩护人的,还包括可以通过缓刑方式执行的不超过1年的自由刑。(世界各国刑事诉讼编辑委员会主编:《世界各国刑事诉讼法(欧洲卷·上)》,中国检察出版社201年版,第314页)

② 世界各国刑事诉讼编辑委员会主编:《世界各国刑事诉讼法(欧洲卷·上)》,中国检察出版社2016年版,第314页。

追诉人和辩护人也会主动向检察官表明愿意接受不超出一定限额的罚金处罚。而在法官的处罚令作出以后，辩方可以选择接受或者不接受，辩方的选择直接决定着处罚令能否成为案件的裁判结果，从这个角度看，处罚令程序尊重了刑事被追诉人的自愿选择权，也是其协商性的体现。

对诉讼各方而言，处罚令程序都是具有吸引力的，被追诉人获得较轻缓的处理，并避免了公开和持久的审判带来的声誉受损以及诉讼干扰，在较短的时间内获得确定的社会地位和生活环境。对法院和检察院而言，采用书面方式而非庭审模式处理案件可以有效提升诉讼效率，节省诉讼成本，并可以完全规避无法对被追诉人定罪的风险。

2. 自白协商（Bargaining Over Confessions）

德国从 20 世纪 70 年代开始在诉讼中出现辩诉交易的实践，但德国一般不称之为交易，而称其为协商，自白协商是其中最重要的形式。自白协商，是指在审判准备阶段或者主审判程序中，被追诉人通过同意提供认罪自白换取法官不超出特定限度进行量刑的承诺或者检察官将撤销某些罪名指控的承诺。[①] 依据德国法律，被追诉人、检察官以及法官都可参与自白协商，并且任何一方都可以主动提出协商。协商过程并不要求三方共同参与，德国自白协商最显著的特点是审判阶段的协商可以绕开检察官，也就是检察官不参与，而是由法官和被追诉人及其辩护律师协商。

德国的自白协商在审前和审判阶段都允许发生：

审前阶段的协商。检察官可以在将案件起诉到法院之前同辩护律师进行协商。这个阶段的协商内容是：检察官可以承诺只选择被追诉人的部分犯罪行为起诉，或者承诺在主审判程序中为被追诉人申请较轻量刑，可见这种协商是以检察官的选择起诉权和量刑建议权为基础的；被追诉人的义务则是在主

---

① 张进德：《德国的协商性司法——兼与美国辩诉交易的比较》，《人民检察》2010 年第 17 期。

审判的时候作有罪供述。检察官在审前协商中做出的承诺有时候并不能约束法官,但一般情况下,法官在作出量刑时还是会充分考虑检察官的申请,接受检察官的建议。

审判准备阶段的协商。检察官提起公诉后、主审判程序开始前这个时期也可以协商,称为审判准备阶段的协商。但此时协商的主体不再是检察官和辩护律师,而是法官和辩护律师。当法官审查案件后认为案件事实和证据比较复杂、证据调查费时费力、审判需要耗费很长时间时,他会尝试跟辩护律师协商:如果被追诉人愿意做有罪陈述,法官将承诺一个刑罚上限。这种情况下,辩护律师经过评估一般会建议被追诉人接受建议,做出认罪自白,双方达成协议。

主审判程序的协商。案件进入主审判程序后,协商也可能会发生,这种协商一般也是由法官启动,法官会告诉被追诉人如果认罪就可能被从轻处罚或者撤销部分指控罪行。此时,辩方做出的让步不限于认罪自白,还可能包括撤回已经提出的证据申请、不提出另外的证据申请以及不提出其他法律救济手段等。①

自白协商显然是德国引进辩诉交易制度的结果,但在引进过程中,德国做出几点非常明显的变通:(1)对协商在不同阶段发生时的参与主体做了差异化规定,在审前阶段协商发生在控、辩之间,起诉后则在审、辩之间,这种变通提升了法院的参与度,有效降低了法官对协商制度的抵触。(2)自白协商只能减少指控或减轻处罚,不能改变罪名,对协商范围进行了管控。(3)被追诉人的自白在案件中的作用只是降低证明的难度,法院仍然要结合全案证据审查犯罪事实是否存在以及是否达到定罪标准。与美国辩诉交易制度存在很大不同的是,协商起到的作用仅仅只是简化审判程序,而不是直接取代审判,也就是案件的审判程序依然存在,只不过得到简化处理,这是一个非常重要、尤

---

① 张进德:《德国的协商性司法——兼与美国辩诉交易的比较》,《人民检察》2010 年第 17 期。

其值得我国关注的变通。(4)在协商之前,辩护律师有权查阅控方全部案卷材料,充分了解指控,以更为准确地帮助被追诉人判断是否应当接受协商。

(三)法国刑事调解、和解及庭前认罪答辩

1. 刑事调解、和解程序

法国刑事诉讼法第41—1条规定了刑事调解,是指在第三人主持下,被追诉人与受害人就赔偿的各项条件达成协议并修复关系。[①] 在作出公诉决定之前,检察官可以亲自或授权代表担任调解人,经同意后在被追诉人和受害人之间进行调解,能够达成协议的制作调解笔录。刑事调解实际上是检察官或其代表主持下的被追诉人同受害人之间的协商,达成合意后检察官可以不提起公诉,有点类似于我国的刑事和解制度。值得注意的是,法国的刑事调解是以帮助检察官选择是否起诉为目的进行的协商,是一种典型的处置协商。

刑事和解是法国另一项协商性司法制度。第41—2条规定被追诉人如果实施的是5年以下监禁刑或违警罪的犯罪行为,如果他承认自己犯有主刑,在提起公诉之前,检察官可以直接或授权第三人同被追诉人进行和解。和解的方式有:(1)缴纳和解罚金;(2)将犯罪使用的物品或犯罪所得物品上交国家;(3)将机动车交付封存;(4)暂扣驾驶执照;(5)暂扣打猎许可证;(6)参与公益劳动;(7)参与社区或专业实习或培训;(8)暂停签发支票或使用信用卡;(9)禁止进入特定场所;(10)禁止接触受害人;(11)禁止接触共犯;(12)禁止出境并交回护照;(13)自费完成公民资格实习培训;(14)赔偿受害人的损失。[②] 刑事和解建议由检察官在法院提出,被追诉人同意接受和解,有权请求律师帮助,检察官向法院院长提出确认刑事和解有效性申请,并通知被追诉人

---

① [法]贝尔纳·布洛克:《法国刑事诉讼法》,罗结珍译,中国政法大学出版社2009年版,第331页。

② 世界各国刑事诉讼编辑委员会主编:《世界各国刑事诉讼法(欧洲卷·上)》,中国检察出版社2016年版,第553页。

和受害人,法院在作出裁定前要听取各方陈述。刑事和解被裁定为有效可立即执行。假如被追诉人不愿意和解,或者虽同意但不按照要求执行则会被提起公诉,和解措施执行完毕之后检察机关不再提起公诉。

法国的刑事调解、和解制度都属于协商性司法的制度形式,但并不相同,刑事调解是检察官主导下被追诉人与被害人之间的协商,围绕赔偿进行,旨在实现修复,更多体现出恢复性司法的特征,检察官扮演的是纠纷解决者的角色,结果无须法院审查和确认;刑事和解则是检察官代表国家与犯罪行为人之间的协商,是一种惩罚性的公诉替代措施,其产生的结果是以非刑罚措施替代刑罚对被追诉人进行惩罚或矫正,且协商结果需要法院审查和确认。[1] 值得注意的是,刑事调解和刑事和解制度都是"起诉协商",达成合意之后产生的结果是不起诉,而并非对被追诉人如何量刑。

2. 庭前认罪答辩程序

基于对辩诉交易制度的借鉴,法国2004年创设了庭前认罪答辩制度。在刑事诉讼法典第二卷第八节中规定了"被告人在事先承认犯罪的情况下出庭"程序,根据该程序,被告人在轻罪案件中如果认罪,辩方则可以同控方进行交易。[2]

根据法国刑事诉讼法,当行为人实施的犯罪主刑可能为罚金刑或者5年及以下的监禁刑的时候,他如果承认指控的犯罪事实就可以适用庭前认罪答辩程序处理,但对未成年人犯罪、虚假新闻罪、过失杀人罪、政治罪等不能适用

---

① 魏晓娜:《背叛程序正义:协商性刑事司法研究》,法律出版社2014年版,第54页。

② 法国《刑事诉讼法典》第495—7条规定"除第495—16条所指的轻罪以及《刑法典》第222—9条至第222—31—2条规定的当处5年以上监禁刑的故意或非故意(过失)伤害人之身体或性侵犯之轻罪外,对于所有轻罪,如果犯罪行为人承认其受到指控的犯罪事实,共和国检察官可以依职权或者应当事人或其律师的请求,按照本节的规定,对为此目的受到传唤或者按照第393条的规定传唤到案的任何人,适用事先认罪出庭程序。"(世界各国刑事诉讼编辑委员会主编:《世界各国刑事诉讼法(欧洲卷·上)》,中国检察出版社2016年版,第656页)

认罪答辩程序。

开庭前的认罪答辩程序有四个阶段:

被追诉人认罪。庭前认罪答辩程序启动前提是被追诉人作出承认指控犯罪的声明,对这项声明,法国刑事诉讼法要求:声明原则上要求以言辞形式作出,作出声明时要有选任或指定律师在场,在作出声明之前,被告人有权在检察官不在场的情况下同律师自由交谈,律师有权查阅卷宗。但如果被告人在受到法庭传票传讯或传唤通知时,亦可以挂号信的形式作出认罪声明。①

提出量刑建议。根据法国刑事诉讼法第 495—8 条,被追诉人声明认罪的,检察官应当提出量刑建议,包括主刑和附加刑。② 对量刑建议,检察官具有较大的裁量权,但法律也设置了若干限制:第一,建议量刑的性质及幅度应合乎刑罚个人化原则,量刑建议与行为人的犯罪情节、人格状况、经济收入等情况应当相适应;第二,如果建议执行的是自由刑,则刑期不能高于一年,同时也有上限限制,即不能超过应当判处监禁刑刑期的一半,这是对被告人十分有利的规定,对检察官的量刑建议做了上限规定;第三,如果建议执行罚金刑则数额必须低于法定的最高罚金数额;第四,如果建议适用监禁刑,而又不适用无缓刑,检察官应向被告详细说明刑罚的执行方式。③

接受或拒绝量刑建议。量刑建议提出后被追诉人有 10 天思考期,届满后若被追诉人接受量刑建议(依照法律规定被追诉人表示接受时律师应当在

---

① 《法国刑事诉讼法典》第 495—8 条规定"犯罪行为人作出的承认其受到指控的犯罪事实的声明,以及共和国检察官有关刑罚的提议,在当事人选任的律师在场时提出与接受,或者在律师公会会长应当事人请求为其指定的律师在场时提出与接受;当事人得到通知,有关的费用由其负担,但如果其具备获得司法援助的条件,不在此限。当事人不得放弃得到律师协助的权利;律师应当能够当场查阅案卷。当事人在向共和国检察官告知其决定之前,可以自由地与律师交谈,共和国检察官不在场;共和国检察官还应当告知当事人可以请求给予其 10 日期限,以考虑是声明接受还是拒绝向其提议的刑罚。"(世界各国刑事诉讼编辑委员会主编:《世界各国刑事诉讼法(欧洲卷·上)》,中国检察出版社 2016 年版,第 656 页)

② 世界各国刑事诉讼编辑委员会主编:《世界各国刑事诉讼法(欧洲卷·上)》,中国检察出版社 2016 年版,第 655—656 页。

③ 施鹏鹏:《法国庭前认罪答辩程序评析》,《现代法学》2008 年第 5 期。

场），则检察官申请法院审核。被追诉人拒绝量刑建议或提议被拒绝，检察官要正常提起公诉或建议启动正式侦查，这种情况下，被追诉人在答辩程序所作的陈述以及各种笔录在审判时不能作为证据。[①] 这一规定有效地避免了被追诉人在答辩程序中所做的声明对其自身构成不利，平衡了有罪答辩程序与被追诉人反对自证其罪权利之间的冲突和矛盾。

法院审核。被追诉人接受量刑建议，经检察官申请法院会组织公开庭审，当事人及律师要到案做陈述和说明。法官着重审查犯罪事实是否真实、建议量刑是否适当、庭前认罪答辩程序是否公正等，并重点关注协商中被追诉人权利是否得到有效保障，比如律师是否在场、是否给足思考期、检察官有无履行告知义务以及被追诉人是否自主、明确地承认有罪等。[②] 在法官审查确认被追诉人是明智和自愿做出有罪答辩时，法官就会做出核准量刑建议的裁定并交付执行。

保障机制。同意认罪答辩意味着被追诉人放弃了接受法庭审判的权利，法定程序为被追诉人建立的对抗公权力滥用的屏障不复存在，在这种情况下，为认罪答辩程序配套保障制度，以防止检察官强迫被追诉人认罪就是必要的。法国刑事诉讼法主要通过两项制度保障庭前认罪答辩程序的正当运作：一是完善、充分的律师参与机制。根据法国《刑事诉讼法典》，律师协助的权利是不允许当事人放弃的，在整个过程中，律师都有权利为被追诉人提供咨询和帮助，并有权查阅案卷，以及当事人自由交谈。二是被追诉人针对审核裁定可以提出上诉。[③]

---

① 《法国刑事诉讼法典》第495—14条规定"当事人没有接受共和国检察官所提议的刑罚，或者大审法院院长或者院长委派的法官没有认可共和国检察官提议的刑罚，所述笔录不得移送预审法庭或审判法庭。无论是检察院还是各当事均不得在法庭上主张在此程序中所做的声明或提交的文件。"（世界各国刑事诉讼编辑委员会主编：《世界各国刑事诉讼法（欧洲卷·上）》，中国检察出版社2016年版，第656页）

② 施鹏鹏：《法国庭前认罪答辩程序评析》，《现代法学》2008年第5期。

③ 《法国刑事诉讼法典》第495—11条第3款"所有情况下，被判刑人均可以按照第498条、第500条、第502条与第505条的规定对院长或其委派的法官作出的裁定向上诉法院提起上诉；检察院可以按相同条件以附带名义提出抗诉（提出附带上诉）。未受到上诉的裁定，具有已经发生既判力的判决的效力。"（世界各国刑事诉讼编辑委员会主编：《世界各国刑事诉讼法（欧洲卷·上）》，中国检察出版社2016年版，第656页）

（四）意大利辩诉交易程序

意大利 1988 年《刑事诉讼法典》在第六编第二章规定了"依当事人的请求适用刑罚"的程序，[①]该程序被认为是意大利的辩诉交易，其基本含义是在法院开始审理该案件之前，检察官和被追诉人及其辩护律师可以就被追诉人的量刑问题进行谈判，并有权请求法院将达成的协议内容写进判决书。[②]

根据意大利《刑事诉讼法典》，控诉方如果充分掌握被追诉人犯罪的证据，辩方对被追诉人有罪这一问题不持异议，如果被告人愿意认罪，检察官就可以向被追诉人作出承诺，可以给予其减少 1/3 幅度的量刑折扣，但实际判处刑罚不得超过两年监禁。也就是说，意大利辩诉交易仅适用于法定刑不超过三年监禁刑的案件。法院要对控辩协议进行审查，如果法院认为协议的内容是适当且合法的可根据协议内容直接对被追诉人作出判决。

意大利的辩诉交易程序是最接近美国辩诉交易制度的，它同美国一样将协商达成的"合意"直接作为了裁判的内容，也就是以协商取代了审判。但还是做了四个方面的变通：第一，将辩诉交易适用的范围限制在法定刑三年监禁以下的案件中，也就是禁止了重罪领域的协商；第二，规定只能进行量刑协商，而不能就犯罪性质进行协商，检察官不能为了降低刑罚而让被追诉人答辩承认一个较轻的罪行；第三，对量刑折扣幅度做出了限制，也就是限制了检察官的量刑裁量权，检察官并不能随意地提出量刑意见，以防止协商案件与不协商案件之间量刑过于失衡从而破坏法律适用的平等性；第四，赋予法官衡

---

① 意大利《刑事诉讼法典》第 444 条规定"被告人和公诉人可以请求法官依照自己提议的种类和标准适用替代性刑罚或减轻 1/3 的财产刑，或者适用监禁刑，只要根据具体情节并在减少 1/3 后该监禁刑不超过单处或与财产刑并处的 5 年有期徒刑或拘役。"（世界各国刑事诉讼编辑委员会主编：《世界各国刑事诉讼法（欧洲卷·下）》，中国检察出版社 2016 年版，第 1707 页）
② 陈瑞华：《意大利 1988 年刑事诉讼法典评析》，《政法论坛》1993 年第 5 期。

平量刑的权力,意大利法律规定最后对于达成协议的案件,法官还有减刑三分之一的裁量权。这三分之一的刑期减扣权根据当事人的申请由法官裁量决定,而不管检察官是否同意。这项规定,一方面加强了法官对审前程序的司法审查能力,另一方面赋予法官平衡控辩双方协商能力的权力,如果发生控方利用优势地位打压被追诉人而导致量刑对被追诉人不利也就是出现"协商欺诈"时,法官能够运用该项权利来矫正,这在大陆法系国家无疑是一个重大的创新。

考察主要国家的协商性司法制度,有两点值得特别注意:

第一,德国将美国辩诉交易的"案件处理机制"转化为"案件查明机制",增加了协商性制度对职权主义诉讼模式的适应性。同样是降低协商性司法对职权主义诉讼模式的冲击,法国和意大利采用的方式是限制协商性司法的适用范围,德国则采用了另外一种路径,那就是对辩诉交易制度的"协商基因"作出抑制,弱化"控辩合意"对裁判结果的影响力。美国辩诉交易是一种"案件处理机制",案件直接通过协商方式解决,实质性审判基本被省略,"控辩合意"直接成为案件裁判结果。但在德国,自白协商只是减轻司法机关对案件事实的查明负担,也就是协商合意只是降低了查明案件事实的难度,审判没有被省略,只是被简化,案件的裁判结论依然由法院审理做出。这是一种"以退求进"的智慧,有利于维护法院的司法裁判者地位,化解法检冲突的同时也有效地缓解了协商性司法对传统职权主义诉讼模式的冲击。德国是典型的职权主义国家,刑事司法系统的运行模式与我国有很多相同之处,德国在引入辩诉交易制度过程中作出的修正和变通对我国认罪认罚从宽制度的完善具有较高的参考价值。

第二,大陆法系国家均按照犯罪轻重程度不同构建了不同的协商性程序,协商性司法范式呈现出十分明显的层次性、体系化特征。以德国为例,德国的协商性司法制度整体如表3-2所示:

表 3-2

犯罪类型	划分标准	协商性制度	协商类型	协商主体	处理结果
轻罪	一年以下监禁刑或罚金刑	附条件撤销案件制度(暂缓起诉)	起诉协商	控辩双方	不起诉
		处罚令程序	量刑协商	控辩双方	书面程序处理、轻微量刑
		刑事和解程序	谅解协商	被告人与被害人	量刑从宽
重罪	一年监禁刑以上刑罚	审前协商	量刑协商	控辩双方	量刑从宽
		自白协商 审判准备阶段协商	量刑协商	审辩双方	量刑从宽
		主审判程序协商	量刑协商	审辩双方	量刑从宽

综合上述两点分析,在德国,同样实行协商性司法,但在重罪案件和轻罪案件中,协商对审判程序产生的"扣减效果"并不相同。德国对轻罪案件实行"放弃审判"的协商性司法制度,侧重于追求快速处理案件,协商合意能够省略甚至排除审判直接成为案件的处置结果;而在重罪案件中协商则仅仅产生"简化证明程序"的效果,认罪的自白只是降低法庭查明案件事实的难度,协商仅仅只是影响法官的量刑,法院不放弃对案件的实质性审查,可见在这种案件中,虽然也追求司法效率,但主要价值追求依然是确保司法公正。这种设置具有科学性,轻罪案件和重罪案件对被追诉人引发的不利益程度并不相同,发生错误后,重罪案件对公民造成的损害比轻罪案件要大得多(如果无罪的人被错误定罪,轻罪案件最多是错误关押被追诉人一年,而重罪案件则最重可以造成错误剥夺被追诉人生命的结果),同时对社会公众对司法机关的信任感造成的损害程度也高得多,毫无疑问,"错杀"对社会公众心理造成的冲击力要远远高于"错押"。在轻重不同的案件类型中设置不同的价值追求从而赋予协商合意不同的效力有利于较好地平衡司法效率与司法公正的关系,这种层次性、差异化、体系化的设计值得我们在完善认罪认罚从宽制度当中学习和借鉴。

三、协商性司法的特征

虽然制度表现形式林林总总,但协商性司法仍然具有共同特征,这些特征是在纷繁多样的制度中甄别协商性司法制度的依据。

（一）本质特征:合作式司法

按照被追诉人同司法机关之间争端的解决方式可以将刑事司法分为对立式司法(confronted justice)和合作式司法(co-operative justice)两大类型。对立式司法中,被追诉人与司法机关在利益上处于对立,解决争端的方式主要是相互对抗和对峙;而合作式司法中,被追诉人与司法机关则是一种合作关系,二者主要通过对话、协商解决争端。①

19世纪以前的刑事诉讼主要通过控辩对抗解决被追诉人的刑事责任,辩诉交易制度被逐步接受后,协商性司法在19世纪以后慢慢渗透到各国,控辩合作成为很多国家处理刑事案件的方式。有必要说明的是,司法实践中其实并没有纯粹的对抗或合作,往往都是对抗中有合作、合作中有对抗,二者划分最主要还是一种学术上的观察,之间不存在不可逾越的鸿沟。

协商性司法的本质特征在于控辩双方是一种以利益互惠为基础的合作关系。协商性司法中,控辩双方放弃"剑拔弩张","心平气和"一起讨论解决方案,双方同时关注己方利益和对方利益,通过对话和沟通,互相理解,适度让步和妥协,通过协议来达致双赢,从而避免利益一边倒的"零和博弈"。在合作过程中,控诉方(包括侦查主体和起诉主体)、辩护方和审判方的行为目标和方式都发生了变化,侦查机构和起诉机构不再一味追求破案和指控犯罪行为人,而寻求如何变通实现国家利益和有效治理犯罪,侦查官和检察官在审前开

① 马明亮:《协商性司法——一种新程序主义理念》,法律出版社2007年版,第57页。

始扮演准司法官角色,着眼于更加高效和平和地解决纠纷,并寻求社会关系的有效修复。辩护方也不再局限于对控诉积极抵抗或者消极防御,而是独立地提出自己的实体请求同控诉方寻求"利益契合点"。法官开始脱离中立裁判者的外观束缚,支持甚至主动参与到协商之中寻求犯罪纠纷的平和处理方案。正是这些变化为三方合作提供了持续进行的可能性,也是协商能够顺利开展的基础,控、辩、审任何一方固守原有的思维方式都会阻碍协商进行。

需要强调的一点是,在协商性司法制度运行的过程中,利益关联者的实质性参与十分重要,所谓实质性的参与是指利益关联者(主要是控辩双方,还包括被害方)应当参与案件的处理程序,充分表达意见,且其意见对案件的处理结果能够产生实质性的塑造力,而这种塑造力正是协商性司法的正当性基础。这一点将在后文中进一步详细阐述。

(二)外观特征

1. 协商性司法在侦查、起诉和审判各个阶段均可能存在。美国辩诉交易主要发生在起诉阶段,但从各国实践看,刑事诉讼的任何阶段都可能发生协商,只不过具体形式不同,比如英国的污点证人交易出现在侦查阶段,德国法律在侦查、起诉、审判甚至上诉阶段都允许以自白为前提的协商,意大利法律规定协商在法庭开庭审判以前进行。

2. 协商性司法的适用范围有一定限制。除了美国的辩诉交易在适用上几乎没有限制,其他各国家都不同程度地对适用范围或者阶段做出了限缩,不是所有案件都可以协商,不同阶段适用的案件范围也不同。从各国的经验看,协商性司法最主要还是在轻、微刑事案件当中适用(当然不同国家划分重罪、轻罪和微罪的标准会有差异)。凡是接受协商性司法的国家都允许轻、微犯罪案件在审查起诉或审判阶段可以通过协商解决,有些国家还允许在侦查阶段以协商为前提适用快速处理程序,比如英国的警察警告制度,德国的处罚令程序等。如前所述,大部分大陆法系国家为了减少协商性司法对本国刑事司法体系的冲击,在构建自己协商制度时都对适用范围做了限制,法国规定只有法定刑五年以下的犯罪可以适用答辩协商,意大利规定辩诉交易程序适用于法定刑不超过三年监禁的案件,对于五年监禁刑以上的重罪案件,大部分国家都不允许适用协商制度。

3. 协商的参与主体是案件的利害关系人。与案件有利益关系的主体都可以参与协商,包括侦查主体、起诉主体、裁判者、被追诉人、被害人。但最主要的参与者还是检察官和被告人(一般是有辩护律师参与)。至于法官能否参与协商,不同的国家有不同的规定,美国法律禁止法官参与辩诉协商,德国刑事诉讼法第257(c)条却明确规定法院可以在适当的时候与诉讼参与人就诉讼进程和结果达成协议。由于协商性司法中包含有恢复性司法的目标追求,在很多国家的协商性司法制度设计中都充分考虑了被害人权利的保护问题,因而在有些情况下,被害人也有权参与协商。

4. 协商程序启动具有合意性,但最终决定权在司法机关。从各国经验看,控辩双方都可以提出启动协商程序的动议,对方是否接受由其自主决定,双方达成合意之后才能正式启动协商程序,任何一方都不享有强制性启动协商的权利。对于司法机关的协商动议,辩方有权拒绝,但多数国家还是把协商的最终启动权赋予了司法机关,即使是看起来双方最自由的美国辩诉交易中,同被追诉人进行答辩交易亦不是政府的义务,即使被追诉人选择做有罪答辩,是否接受协议仍然是检察官可以自由决定的,主导权依然掌握在检察官手中。

5. 协商过程要遵守自愿和理性的要求。如果把传统以审判为中心的对抗式司法界定为一种充分的司法方式,协商性司法则是不充分的。与对抗式司法以审判程序决定案件裁判结果不同,协商性司法是"契约"展开,契约内容的实现要求参与主体必须自愿而且契约内容是其理性选择的结果,因此各国法律制度都设计了自愿和理性的保护制度,比如引入律师帮助平衡控辩双方的协商能力,通过证据开示让双方掌握对称的信息,由法官对协商自愿进行审查确保被追诉人不受到强制、胁迫或欺骗,还有各种反悔制度、上诉制度等。

四、协商性司法自身潜伏的不公正因素

在批评协商性司法的人看来，它是以牺牲正义或者公正为代价的一种"迫不得已的对话与合作"，认为这种司法程序自带诸多影响司法公正的基因：

第一，协商性司法是一种"不充分"的司法，容易引发正义危机。如前所述，如果把传统以审判为中心的对抗式司法界定为一种充分的司法方式，协商性司法则是不充分的。完整意义上的刑事诉讼包括"侦查—起诉—审判"三个环节，侦查和起诉被称为审前程序，仅仅只是为指控做事实准备（收集、保全证据）和法律准备，侦查、起诉机关对案件事实和法律适用做出的认定均不具有确定力，对案件的一切实体分歧和程序争议都必须在公开的法庭审理过程中提出并由控辩双方展开争论，最终由中立的裁判者作出判断，这一套程序一直以来被认为是司法公正性的保证，是裁判正当性的前提，是正义的完整要求（传统正义观认为正义包括实体正义和程序正义）。然而协商性司法围绕"契约"展开，在审前阶段控辩双方通过协商达成"合意"后，审判环节直接或者主要依据"合意"内容作出裁判，开庭审理程序要么直接被省略，要么被虚化，裁判结果不再是"审判"结论，而是审前协商结果，完整的刑事诉讼不复存在，审判对公正的"兜底"功能丧失。更为重要的是，审判程序不再发挥实质性作用之后，案件的处理程序只剩侦查和起诉，而这两种程序都是行政性质的，[1]事实上的司法程序被异化为行政程序，有违国家追诉犯罪的基本正当性要求。[2]

---

[1] 在世界范围内，检察机关都被认为是行政机关，行使的起诉权是行政权，我国是例外，将检察机关界定为司法机关，但对起诉权的性质，学界也有争议，有人认为是行政权，有人认为是司法权，也有人认为是偏行政性质的司法权。

[2] 人类最初，司法与行政是一体的，将司法剥离出来的理由是防止权力集中导致政府过分侵犯公民权利，司法程序的重要价值之一是以司法审查制约行政权以防止后者被滥用导致公民权被侵害，刑事诉讼中严格意义的司法程序是审判程序，当审判被虚置，司法程序事实上已经异化为行政程序，权力分离制约的基础不复存在。

第二,协商程序不透明。传统诉讼模式中,审判是中心环节,公开的审判环节让公众直接参与司法(陪审或参审或旁听),程序的高度透明性能够有力制约政府的不当行为,保障司法公正实现。实行协商性司法之后,协商程序是不透明的,协商往往是参与人双方之间的事情,公众不参与也不在场,主体的妥协究竟是理性协商的结果,抑或是其他因素导致,社会公众不得而知,司法的公正性容易被质疑。

第三,协商主体不平等。协商性司法是合作式司法,合作的前提是主体平等。但现实中被追究人与司法机关天然不平等,甚至被追究人之间差异也很大,被追诉人地位直接影响协商程序与结果的公正。司法机关与被追究人之间的合作、协商程序不仅不能缩减主体间的差距,相反还可能强化这种不平等,因为,契约同样是占支配地位的强者分享特权的一种工具。以德国协商程序为例,德国法律规定协商发生在法官与被告之间,一方是裁判者,另一方是被裁判者,很明显地位不对等,极易导致法官迫使被追诉人接受法官的意见。即使是实行控辩协商的制度中,由于国家公诉已经被普遍接受,因此控方的地位和能力高于辩方是不容置疑的事实,双方地位和能力的失衡容易引发不公平的协商或者"虚假合意"。

再说被追诉人差异对公正的影响,司法公正另外一个衡量标准就是同案同判,实施一样犯罪行为的人应该受到相似的惩罚,然而在协商性司法中,量刑容易失衡。协商的展开与被追诉人的谈判能力有关,最主要是与为其提供帮助的律师的能力有关,毋庸置疑,那些经济实力雄厚的被追诉人可以聘请能力强大的律师与控方协商,反之,贫穷的人可能只能接受法律援助律师的帮助,而法律援助律师无论是职业能力还是敬业精神通常情况下都不如委托律师,不同的经济条件导致获得法律帮助的质量不同,协商结果就会有差异,处刑就可能会失衡,进而引发刑罚适用不平等导致司法不公。

第四,主体动机不纯良。协商性司法预设参与协商主体的动机总是善良的,然而事实并非如此,有时候可能会出现协商主体出于不正当动机参与协商。比如人们对辩诉交易的质疑中,一种就是交易会导致司法腐败,检察官参与协商、提出方案究竟是出于正当解决案件,还是谋取自身利益,很多时候并没有十分明确的界限和区分标准。即使被追诉一方参与协商,有时候动机也不是善良的,比如为了隐瞒自己更重大的犯罪事实、为了替他人顶罪等。主体动机不纯良容易使协商性司法沦为人们谋取不正当利益的工具。

第五,诉讼职能混淆。刑事诉讼中的职能划分是制约和平衡公权力、防止权力滥用的重要手段,侦查、起诉、审判分属不同的机构行使,后程序对前程序进行合法性审查能够避免刑事诉讼沦为"罪犯生产流水线"。协商性司法容易导致诉讼职能混淆,典型的控辩协商比如辩诉交易中,本来行使起诉职能的检察官事实上扮演了法官的角色在行使审判权,定罪和量刑都由他决定,显然是对传统司法理念的重大颠覆。

第六,可能沦为获取刑事被追诉人口供的工具。协商性司法的主要内容就是"口供换取宽宥处理",如果不对协商路径获得口供的证据效力作出限定,就可能会出现控方以协商为名骗取被追诉人口供,在共同犯罪案件中,也可能通过跟部分被追诉人进行交易达到获取指控其他被追诉人证据的目的。很多国家都注意到了这个问题并作出防范性规定,如美国法律规定交易失败之后被追诉人的有罪答辩不得成为控方指控被追诉人的证据,法国也有类似规定;阿根廷规定在共同犯罪案件中,所有被追诉人表示同意才可以进行协商。

第七,被害人的利益可能被忽视。在部分协商性司法制度中,协商是发生在被害人和被追诉人之间,比如法国的刑事和解、刑事调解,被害人直接参与讨论能够充分表达自己的意见,保护自己的权利。但绝大部分制度将被害人排除在协商之外,比如美国辩诉交易完全发生在控辩双方之间,被害人不参与,控辩双方一般不会去考虑一个根本没有参与协商的主体的利益,被害人的权利被忽视,这也是辩诉交易制度经常被诟病的原因之一。如果不能兼顾到所有利益相关主体,协商性司法的正当性也会被质疑,其解决纠纷、平复社会矛盾的效果亦会削弱。

这些"负面基因"如同能够溃败"千里之堤"的"蚁穴",任何一个国家在构建协商性司法制度时都不能无视它们的存在,必须在制度设计中建立起充分的预防方案,构筑"负面基因"爆发的"防火墙",我国的认罪认罚从宽制度亦不例外。

五、协商性司法的正义性

当人们热烈支持和欢迎协商性司法时,总是强调这种司法范式如何平和、高效解决"堆案盈几"的刑事犯罪案件、矫正犯罪行为人以及平复社会纷争,似乎只有强调其"有用性"才能说明协商性司法范式的合法性与正当性,但这种以"结果有用"来反推"制度正当"的证明方式并不符合逻辑,也不具备十分可靠的说服力。正因为如此,协商性司法从产生之初就始终遭受着人们的质疑,反对者最主要的理由是认为它颠覆了传统程序正义理论构建的"正当程序"要求,是对"程序正义的背叛"。①

在 20 世纪 60 年代以前,人们对正义的讨论主要是分析如何平等地分配权利、义务和责任,正义主要是指实体正义或者叫实质正义(substantive justice),强调结果的正当性,程序被看成是无所谓的。但生活中总有一些境况,无论依照何种标准都无法实现分配的平等,或者无法让人们认为实现了公平。比如 10 个人分配一张电影票,给年轻者年长者不认同,给优秀者普通人不认同,因为不同的人有不同的公平标准,年老者认为"尊老是公平",年幼者认为"爱幼是公平",优秀者认为"奖能是公平",普通者认为"博爱是公平"……在任何一种公平标准都有其正当性的情况下,依靠任何一种标准都无法实现人人接受的"公平"。这种局面使实体正义观遭到质疑,显然在纷繁

---

① 魏晓娜:《背叛程序正义——协商性刑事司法研究》,法律出版社 2014 年版。

复杂的社会利益分配过程中，总有一些情形单纯依靠实体标准似乎无法实现公平和正义，于是一些学者开始关注过程或程序本身的正当性。人们发现没有办法确定分配标准的电影票使用"抓阄"的办法最终竟然能够获得"皆大欢喜"的结局，抓中的人欢天喜地，没抓中的人虽然有些沮丧，但也只会把结果归属于自身运气欠佳而不会去质疑"抓阄"分配的公正性。如果从实体角度去判断，"抓阄"是毫无科学性可言的，那它让人们获得公正感受的秘诀是什么？显然是"抓阄"的过程或者程序。从过程角度，"抓阄"建立起一种人人认可且人人机会均等的程序（从理论上讲，在规则设置科学的情况下，每个人抓到电影票的概率是一样的），按照这种程序获得的结果谈不上科学性，但不影响人们对结果的接受，人们认为自己参与和获得同等胜出结果的权利得到了充分的尊重和实现，这一点已经足以满足人们对公平正义的要求。

自此，程序正义进入理论研究的视野并获得独立价值。1971 年罗尔斯出版《正义论》全面论证并建构起系统的程序正义理论，彻底点燃人们对程序正义的热情，甚至后来在英美法系国家派生出一种将程序正义强调到极致的"程序本位主义"理论，"程序本位主义"认为评价法律程序好坏优劣、判断法律实施活动是否成功的唯一标准是程序本身是否具备一些公认的内在优秀品质，而不是它作为实现某种外在目的手段的有用性。[①]

与以往主张程序因为对实现裁判结果具有保障作用而具有重要价值的"程序工具主义"相比，"程序本位主义"尽管过于强调程序的独立性而经常被批评，但它为人们思考和评判"程序正义"提供了脱离实体结果的标准，那就是程序的价值不是"对结果有用"，而是本身能够承载人们普遍认可的某种价值，具备"内在优秀品质"。换句话说，并不是所有对"结果有用"的程序都是正当的，只有那些对结果有用且自身具备优秀品质的程序才是正当程序，依照这样的程序进行的行为才符合程序正义的要求。

---

① 陈瑞华：《程序正义论——从刑事审判角度的分析》，《中外法学》1997 年第 2 期。

这种理论为我们观察协商性司法提供了另一个的思路:人们质疑协商性司法不具有正当性,究竟是协商性司法本身不具有"内在优秀品质",还是传统程序正义理论或者说程序正义评价标准的包容度不够?陈瑞华教授提出"协商性的程序正义"理论对这个问题给出了很好的回答。

在"协商性的程序正义"理论提出之前,人们衡量协商性司法的标准是传统程序正义理论,传统程序正义标准派生于英国"自然正义"原则和美国"正当法律程序"原则。① 依据这两项原则,"最低限度的程序正义"包括当事人参与、②裁判者中立、③控辩对等性、④程序理性、⑤及时性、⑥终结性⑦等六个方面的要求。在人们的固有思维里,"最低限度的程序正义"已经成为"程序正义"的"标尺",因而当一种新的刑事司法范式出现时,人们自然而然就拿这把"标尺"去衡量,衡量之后只会提出新事物的种种缺陷,很少有人去考虑"标尺"本身是否已经丧失了"标准性"。

对协商性司法的评价亦是如此,⑧用传统程序正义理论去衡量协商性司

---

① 英国普通法规定法庭对任何一件争端或纠纷做出裁判时应绝对遵守"自然正义"原则,"自然正义"原则有两个基本要求:(1)任何人均不得担任自己案件的法官;(2)法官在制作裁判时应听取双方的陈述。美国也在宪法第五和十四修正案中建立起"正当法律程序"原则,要求"任何权益受判决结果影响的当事人有权获得法庭审判的机会,并且应被告知控诉的性质和理由……合理的告知、获得法庭审判的机会以及提出主张和辩护等都体现在程序性正当程序之中"。

② 所有利益可能受裁判结果影响的人都应当有机会充分参与案件的裁判过程,并能够通过自己的行为有效地对裁判结论施加积极的影响。

③ 裁判者应当在控辩双方之间保持中立,不偏不倚,也不存有支持或反对任何一方的偏见,且不能使任何一方对其公正性产生合理的怀疑。

④ 裁判者应当给予各方参与者平等参与的机会,对各方的证据、主张、意见予以同等对待,对各方利益予以同等的尊重和关注,各方应当具备同等或者相当的对抗能力。

⑤ 裁判者做出结论一定是理性的,判断和结论应当以确定、可靠和明确的认识为基础,而不是通过任意或随机的方式做出。

⑥ 裁判者的裁决应当及时地产生,不能过于拖延,也不能过于快速。

⑦ 裁判者应当对案件给出一个终局的裁决结论。

⑧ 魏晓娜教授在《背叛程序正义——协商性刑事司法研究》一文中描述的种种认为协商性司法违反程序正义的判断标准就是传统程序正义的要求。(魏晓娜:《背叛程序正义——协商性刑事司法研究》,法律出版社 2014 年版)

法范式本就是不科学的,因为传统程序正义理论是依据对抗式诉讼模式提出的正义理论,也就是它构建的是一种"对抗性的程序正义",这种标准只能拿来衡量那些对抗式的司法范式,用"对抗性的程序正义"的"标尺"来判断一种"合作性的司法范式"无异于以"圆"量"方",得出的结论必然不科学。正如陈瑞华教授指出"传统程序正义理论本质上是一种对抗性的程序正义理论,对于解释对抗性司法程序的法律价值具有意义,却不一定适用于非对抗性司法程序;这种理论主要适用于司法裁判程序,而对于行政程序以及刑事审判前程序缺乏解释力;这种理论主要关注被裁判者对诉讼过程的控制和影响,却忽略了对裁判结果的控制和塑造;这种理论只在裁判结果具有客观的公正标准的领域具有解释力,却无法适用于那些存在合作、和解、调解和协商因素的领域"。[①]

在传统程序正义理论已经落后于时代不能适应社会发展的情况下,我们不应当故步自封地去否定协商性司法范式的正当性,而应当反过来审视和完善程序正义这把"标尺"本身。基于此,陈瑞华教授提出"协商性的程序正义"来补充和完善传统程序正义理论,他认为协商性的程序正义是程序正义的另一种适用形态,"所谓协商性的程序正义,是指对协商性司法程序进行价值评价的基本标准","协商性程序正义不承认公正程序与公正结果的独立性,也不推崇控辩双方诉讼参与的充分性和有效性,而是强调控辩双方通过公正的协商程序来影响、塑造和控制诉讼结果的形态,使得最终的诉讼结果体现控辩双方的诉讼合意"。[②] 他进一步提出,对抗式程序正义的价值体现在诉讼过程符合正义之中,而协商性程序正义的价值在于强调控辩双方通过协商和妥协来形成某一可接受的裁判结果的能力,重视当事人在塑造诉讼结果方面的控制力,其正当性根基在于诉讼主体理论、理性选择理论和功利主义哲学。

由此可见,协商性司法程序并非仅仅只是具有"结果有用性",它拥有自

---

① 陈瑞华:《论协商性的程序正义》,《比较法研究》2021年第1期。
② 陈瑞华:《论协商性的程序正义》,《比较法研究》2021年第1期。

己独特的"内在优秀品质",如果说"在过程中让当事人的权利得到最大程度的尊重,以完整的流程保证控辩双方具有同等胜诉的机会"是对抗式司法程序的"内在优秀品质","控辩双方通过平等自愿的对话沟通和妥协让步来对诉讼结果产生影响力、塑造力以及控制力"就是协商性司法程序的"内在优秀品质"。任何一种协商性司法制度,都应当具有这种品质才符合程序正义的要求。

基于此,陈瑞华教授为协商性程序构建了正义的具体判断标准,他认为"协商性的程序正义"由五项独立的构成要素:(1)可弃权性。刑事诉讼程序正义价值和公正审判的权利都处于可选择状态,被追诉人有权放弃。(2)弃权的自愿性。被追诉人放弃公正审判权利必须出自真实意愿,且这种自愿有实质性要求,被追诉人必须充分知晓自己行为的法律后果,要能够表达真实意愿并获得司法审查,有随时进行程序反悔的机会,即弃权时被追诉人是理性的。对于被追诉人的自愿选择和程序反悔,司法机关都应高度尊重。(3)可协商性。控辩双方通过对话、协商和达成妥协对诉讼程序作出处分,并对诉讼结果作出决定是协商性程序正义的核心要素,控辩双方参与协商的程度是评价协商性司法程序是否符合程序正义的重要标准。(4)诉讼结果上的获益性。协商性的程序正义理论更重视利害关系人获得最大限度的实体收益,这种实体收益应当是控辩双方的利益契合点,达到一种互利双赢的效果,尤其是被裁判者应当从协商程序中获得实质性收益。(5)最低限度的参与性。这种参与包含"非对抗性参与"和"说服裁判者"这两个环节,"非对抗性参与"的主要方式是参与协商和参与司法审查;对裁判者的说服则主要着眼于劝导裁判者接受相关的协议。①

"协商性的程序正义"使协商性司法范式具备了自身独特的"正义标尺",这个标尺与本文第一章讨论的协商民主的基本构成要素具有重合性,行文至

---

① 陈瑞华:《论协商性的程序正义》,《比较法研究》2021年第1期。

此可以得出：无论是协商民主还是协商司法，平等、参与、理性、妥协和互利都是"协商"这种决策机制具备正当性的必要条件，同时也是克服协商性司法范式自身缺陷基因的有效路径。因此作为协商性司法的一种范式，我国的认罪认罚从宽制度亦应当具备这些核心要素，否则其正义性会蒙上阴影。

对协商性司法范式基本样貌的全面认识，为我们评估认罪认罚从宽制度提供了"参照物"：大陆法系国家的移植经验为我们提供了很好的实践参照标本，协商性程序正义的要求使认罪认罚从宽制度具备了正当性基础以及科学性衡量标准，对协商性司法自身缺陷基因的认知也为认罪认罚从宽制度的配套措施完善指明了目标。

第四章　协商性司法的运行机理：
以辩诉交易为例

　　歌德说"理论是灰色的,而生活之树长青"。无论对协商性司法范式是欢迎还是抵触,它都已经发展到今天成为与刑事诉讼"第三范式"分庭抗礼的"第四范式",与理论上对其正当性进行研究同样重要的是,我们应当去观察这种范式究竟是如何在世界各国的司法实践中获得生命力,它有着怎样的运行机理,这种观察对完善我国认罪认罚从宽制度具有十分重要的价值和意义。

　　尽管协商性司法表现为形式各样的具体制度,但仍然有其共同的、基本的内在运行机理,本文选取最典型和运行最成功的辩诉交易制度作为样本,分析协商性司法运行的基本规律。

一、美国辩诉交易的制度样貌

　　为了便于讨论先简单介绍下美国辩诉交易制度的基本样貌。因为特殊的司法体系,美国联邦和各州的辩诉交易制度并不完全相同,本文主要考察美国联邦法律规定,《联邦刑事诉讼规则》第四章第 10 条和第 11 条规定了辩诉交易,美国法律界习惯称之为认罪协商。

(一)答辩程序和种类

根据《联邦刑事诉讼规则》第 10 条,在正式审判开始以前,法官要在公开法庭上传讯被追诉人,向其宣读并提供起诉书,并说明控方对他提出的指控的性质,被追诉人针对指控作出答辩。此时被追诉人可以作出三种答辩:无罪答辩,案件进入正式审判(陪审团审判)程序;有罪答辩,在这种情况下,被追诉人和检察官可以进行答辩协商,并向法院提交经过协商形成的答辩协议。经审查如果认为被追诉人的有罪答辩是自愿且明智的,法院会接受协议,并不经审判而按照协议内容进行判决。在法庭允许的情况下,被追诉人还可以作一种"不辩护也不承认有罪"的答辩,这种答辩的后果通常等同于有罪答辩。[①]

(二)协商类型

认罪协商分为三种类型:(1)轻刑协商。检察官向法庭提一个较轻处罚建议;或承诺法院判处某种刑罚比如缓刑时不反对;或不请求法院判处法定最高刑(通常在死刑或者终身监禁案件中会适用);或不反对法院做出任何裁决。(2)降格起诉。当起诉的罪名包含着另一个较轻罪名的构成要件时,被追诉人做有罪声明则检察官以较轻罪名起诉。(3)罪数协商。在以多个罪名起诉时,被追诉人做有罪答辩,检察官仅以部分罪名起诉,这种协商可以让被追诉人避免多罪名刑罚累加的风险。

(三)协商的自愿性和明智性保障

按照美国法律,无论是哪一种类型的协商都必须是被追诉人自愿而明智选择的结果,被追诉人的有罪答辩必须建立在充分认知指控内容、性质以及后果的基础上,同时不能受到任何强迫和威胁。

---

① 何家弘:《美国联邦刑事诉讼规则》,中国检察出版社 2003 年版,第 387 页。

为了保障被追诉人的"明智性"（明确知晓并理智选择），联邦刑事诉讼规则设置"对被告人的忠告"程序，第11条（c）规定，在接受有罪答辩之前法官必须在公开法庭上亲自与被追诉人对话，告知被追诉人并确定其理解下列事项：（1）答辩所针对的指控性质，法定最低刑和法定最高刑，各种量刑因素；（2）有权获得律师帮助；（3）有权作任何答辩，同时享有由陪审团审判、审判中获得律师帮助、同对方证人对质和交叉询问、沉默等权利；（4）有罪答辩的后果；（5）有罪答辩可以用作于其不利的证据。[①]　在这个法条中，有几个关键词值得特别注意："公开法庭"强调法官对被追诉人的忠告不能发生在私下或封闭场合，而是必须公开，为公众所知晓；"亲自对话"强调法官对被追诉人忠告的亲历性，不应当由他人转告或替代，甚至不能通过书面形式；"告知被告人并确定其理解"意味着法官的告知不能流于形式，必须通过法官自己的判断形成"被追诉人已经明确知晓有罪答辩后果"的内心确信。由此可见，美国法官对辩诉交易的控制并不是十分消极和被动，他只不过是基于当事人契约自由的原则充分尊重当事人的处分权，但在基本的司法公正方面，法官还是会发挥其应有司法审查作用。

就内容而言，为保证被追诉人答辩自愿，法官必须在公开的法庭上亲自确认以下几点：第一，被追诉人没有受到任何来自外界的强迫或威胁；第二，有罪答辩没有脱离答辩协议中的许诺；第三，有罪答辩协议经过了检察官与被告或其律师事先讨论。在这个规定中还特别值得注意的是美国法院在判断有罪答辩自愿性上特别强调有罪答辩是"控辩双方事先讨论的结果"，这一点彰显了辩诉交易制度的"协商性"本质。

"明知"（knowingly）"理智"（intelligent）和"自愿"（voluntary）是美国法官认定答辩协议有效并接受答辩协议的前提和基础，这一点与协商民主所要求的协商参与者都是具备"理性"的人是一致的，认罪协商的过程应以理性为基础，控辩双方协商过程发挥作用的应当是合理的观点，而不是任何一方情绪化的诉求。

---

① 　见《美国联邦刑事诉讼规则》第11条。

（四）答辩协议程序

1. 协商参与者。参与辩诉交易的是检察官和辩护律师，这是最主要的参与者，绝大部分的辩诉协商都是检察官和辩护律师进行的。当然，如果被追诉人是自行辩护，则由检察官与被追诉人进行协商，联邦诉讼规则明确禁止法官参加协商过程。

2. 通知答辩协议。双方当事人已经达成协议的应当在公开的法庭上向法官宣布存在协议，由法院记录在案。

3. 接受答辩协议。如果法庭接受答辩协议则通知被追诉人将在判决和量刑时依据答辩协议中双方商定的方案进行处置。

4. 拒绝答辩协议。法庭有权拒绝答辩协议，答辩协议被拒绝的，法院同样要通知被追诉人，并将这一情况记录在案。除非有充足的不公开理由，否则法庭拒绝答辩协议也要在公开法庭上亲自忠告被追诉人，并告知被追诉人可以撤回答辩，如果不撤回，案件的处理结果与答辩协议所确定的结果相比，可能对被告人不利。

5. 通知答辩协议的时间。在没有例外的情况下，控辩双方应当及时将答辩协议通知给法庭，一般要求在传讯时或者在法庭确定的审判日前通知。

6. 诉讼记录。联邦诉讼规则要求法庭要逐字逐句记录被追诉人作出答辩的程序。尤其是当被追诉人做有罪答辩的时候，要完整地、不加任何限制地记录整个过程，记录的内容包括法庭对被追诉人的忠告、对答辩（包括答辩协议）是否出自自愿的调查和对答辩准确性的调查等。

（五）答辩讨论和陈述的不可采性

美国联邦刑事诉讼规则规定，除非法律有规定，被追诉人在作出答辩或参加答辩讨论中的下列陈述不得在任何民事或刑事诉讼中作为对其不利的证据：已经撤回的有罪答辩；不辩护也不承认有罪的答辩；在答辩程序所作的陈述以及在控辩讨论中所作的任何陈述。

(六) 法庭对基础事实的调查

在有罪答辩的情况下,法官是否仅仅可以依据答辩作出判决? 这一点曾经是很多学者质疑辩诉交易制度的理由之一,如果仅仅凭借被追诉人的有罪答辩就认定事实显然容易发生错误。因此,美国联邦刑事诉讼规则作出规定,即使在接受有罪答辩的情况下,法庭也要对答辩存在的事实基础进行调查,调查的方式通常是讯问被追诉人、检察官或审阅检察官的报告。①

(七) 证据开示

《联邦刑事诉讼规则》第 16 条规定了证据开示。根据该条,政府一方应当向辩方透露的证据范围包括:(1)被告人陈述;②(2)被告人的先前记录;③(3)文件和有形物品;④(4)检查、试验报告。⑤ 被告人方应当透露的证据包

① 王兆鹏:《美国刑事诉讼法》,北京大学出版社 2014 年版,第 677 页。

② 根据被告人的请求,政府应当将以下资料对被告人公开,并供其审查、复制或照相:任何由政府掌握、保管或控制的有关被告人书面陈述或口头陈述的记录及其副本。对政府检察官而言,已知这些陈述的存在,或者通过适当努力可以了解这些陈述的存在。那些记载有关口头陈述的书面记录是被告人在逮捕前后回答其认为是政府工作人员的询问时作出的;和被告人在回答与被控罪行相关的大陪审团的调查时被记录的证词。政府还应对被告人公开其他由被告人在逮捕前后回答其认为是政府工作人员的询问时所作的口头陈述的内容,如果政府意图在审判中使用这些陈述的话。当被告人是公司、合伙、协会或劳工组织时,法庭可以根据被告人的申请,同意让被告人了解以下证人在大陪审团调查时所作证词的记录:(1)证人做证时属于被告人的职员或雇员,实施构成犯罪的行为依法牵涉到被告人;或(2)犯罪时,证人亲自参与了被控构成犯罪的行为,并且因为参与该行为时是被告人的职员或雇员,其行为依法牵涉到被告人。

③ 根据被告人的请求,如果政府掌握、保管或控制有关于被告人先前的犯罪记录,应当向被告人提供该犯罪记录的副本。对政府检察官而言,已知这些记录的存在,或者通过适当努力可以了解这些记录的存在。

④ 根据被告人的请求,政府应当允许被告人对有关书籍、纸张、文件、照片、有形物体、建筑或场所,或者其复制品或其中某部分进行检查、复制或照相。这些物品现在政府的掌握、保管或控制之下,被告人准备将它们作为辩护的材料,或者政府准备在审判中作为控诉证据使用,或者这些物品原属于被告人或从被告人处提取。

⑤ 根据被告人的请求,政府应当允许被告人对处于政府掌握、保管或控制下的有关身体或精神检查的结果或报告,科学测验或实验的结果或报告,或者其复制件进行检查、复制或照相。对政府检察官而言,已知这些结果或报告的存在,或者通过适当努力可以了解这些结果或记录的存在。这些结果或报告,被告人准备作为辩护的材料,或者政府准备在审判中作为控诉证据使用。

括：文件和有形物品，检查、试验报告。同时，《联邦刑事诉讼规则》还规定双方具有继续透露证据的责任，在审判前或审判期间，任何一方当事人发现新的证据或材料时，都应当将这一情形及时通知对方当事人、当事人的律师和法庭。如果当事人未依法履行透露义务，则法庭可以命令该方当事人进行证据透露或检查，可以同意延期，或者禁止在法庭上出示新的证据，证据被禁止在法庭出示也就意味着证据丧失了作为定案依据的资格，即证据失权。

证据开示一般在预审程序中进行。应该说，在美国，被追诉人愿意选择有罪答辩，与其完整而严苛的证据开示制度有十分紧密的关系，证据开示使控辩双方掌握的案件信息足够对等、能够帮助双方做出对自己而言最优化的选择，尤其是对被告方而言，在了解控方证据之后，被告人能够在辩护律师的帮助下对自己在正式审判中获得胜诉的概率进行评估，进而做出对自己最有利的选择。证据开示制度还有一个功能就是防止控方进行欺诈性指控以及防止将辩诉交易制度异化为获取被告人口供的工具。

二、辩诉交易的理念基础

（一）契约自由原则

契约自由本是私法领域的概念，最早源于罗马法。在古罗马时期，人们最初十分看重契约的形式，认为一切契约都应当具备特定的履行方式才具有法律效力，合意只是例外，如果契约仪式被遗漏则会导致契约无效。在后来的发展过程中，过于注重形式的契约观逐步成为商品经济发展的障碍，进入共和时代后，罗马法律开始注重当事人之间合意的重要性，逐步在买卖、租赁等合同行为中承认只要当事人之间有合意，即使没有某种形式亦认定双方之间的契约成立并具有法律效力。合意契约的出现标志着罗马法从重视形式转为重视缔约人的意志,并为现代契约自由观念的出现奠定了基础。[①]

15 世纪欧洲文艺复兴后,自由主义和个人主义思想成为社会主流,资产阶级更是将个人自由置于至高无上地位。1804 年《法国民法典》将契约自由作为合同法的基本原则后,许多国家相继效仿。比如 1896 年《德国民法典》规定只要契约当事人遵守一般规定,任何内容的契约都可以生效,任何人都可平等地通过自由决定来缔结任意内容的契约,只要是基于当事人的判断和理性签署的,这种契约始终受到保护。[②]

18 世纪 60 年代开始的工业革命对自由放任、完全竞争的市场经济有了更高的诉求,在这样的条件下,一场被称为"在一切人类社会中最引人注目的进步"发生了:个人之间的法律关系不再由人的身份,而是由人们自己缔结的。[③] 契约自由成为近代自由主义国家的基础性法律原则并逐步为社会大众广泛接受,这种尊重契约、尊重当事人合意的理念为辩诉交易的出现和运行提供了十分重要的观念基础。

(二)刑事诉讼重新当事人化

阶级社会产生之初并没有强大的政府机构,犯罪只不过是发生在私人之间的一场纠纷,统治者介入也只是为了解决纠纷,刑事诉讼(严格说当时并没有现代意义上的刑事诉讼)完全是当事人的事情,可以按照当事人的意志解决,在这个时期,和解、调解等协商方式用以解决犯罪引发的纠纷不足为奇。

进入封建社会以后,统治者对犯罪有了新的认识。在统治者看来,实施犯罪行为的人不过是通过侵害受害人来表达对统治秩序的不满,是对统治秩序的严重破坏,因而追诉犯罪不再是受害人或其家属"为自己复仇"这么简单的事情,而是统治者对破坏统治秩序者实施惩罚以防止更多人仿效犯罪。基于

---

① 金健:《契约自由、国家干预与中国合同法》,《法学评论》1998 年第 6 期。
② 金健:《契约自由、国家干预与中国合同法》,《法学评论》1998 年第 6 期。
③ 汪华亮:《合同自由的历史与未来》,《兰州学刊》2007 年第 10 期。

此,刑事诉讼就不再是原告与被告之间的纷争而成为国家实现对犯罪行为人惩罚的重要领地和路径。于是国家权力全面入侵刑事诉讼,首先是政府替代受害人成为控诉权的行使主体,国家公诉产生,受害人退居证人地位。为了更有效地打击犯罪、实现国家的刑罚权,政府还建立职业警察调查和收集犯罪证据,并赋予其种种特权。审判不过是调查犯罪的另外一种形式,法官不再是消极的居间解决纠纷的裁判者,而是犯罪事实的调查者之一,审判过程中,法官(控诉官)单方纠问替代了原来的双方言辞辩论。在这种国家权力高度控制的刑事诉讼体系中,被追诉人根本没有话语权,只能被动接受政府的各种"决定",协商无从谈起。

然而资本主义国家建立后,情况发生了变化,英美法系基于对自由和人权保障的不懈追求,构建了以当事人为主导的刑事诉讼模式,也就是我们习惯所称的当事人主义诉讼模式。在这种模式中,国家权力从刑事诉讼中淡出,刑事司法不再致力于国家查明事实真相以处罚犯罪行为人,其目的重新回到解决纠纷的范畴。刑事审判只是政府同特定公民在陪审团面前发生的一场争议,政府和被追诉人都只是刑事诉讼中的当事人,控方代表既不具有高于辩方的地位,也不享有比辩方多的权利,甚至为平衡二者在诉讼能力上的差距而创设现代辩护律师制度,赋予被追诉人获得律师帮助的权利,刑事诉讼不再由国家公权力主导,而是双方当事人通过行使权利推动诉讼从前往后发展,刑事诉讼重新回归当事人纠纷解决机制之中。

这样一个变化为协商性司法的产生提供了可能性。在国家主导的刑事诉讼中,诉讼是单方面的,被追诉人很难获得与政府对话和沟通的机会;当事人主导的刑事诉讼,政府和被追诉人均是当事人,诉讼变成犯罪引发纠纷的解决路径,解决纠纷的方式变得多种多样,协商之后达成合意成为其中一种。当事人主义模式带来的刑事诉讼重新当事人化是解释为什么协商性司法会首先出现在英美法系国家的重要理由。

(三)实用主义司法观

辩诉交易的捍卫者有一个重要论断是"有半片面包总比没有面包强",这是一种典型的实用主义司法观。实用主义"是指纯粹从结果而不是源流来考察一个行为,一个原则,一个规则或一个决定",[1]在实用主义司法观看来,包含司法在内的法律系统只是实现某种利益的工具而已,[2]换句话说,司法并没有想象的那么高端,也不一定要有固定的形式,只要能够实现利益(比如刑事诉讼中只要能够给被追诉人定罪,达到解决纠纷和矛盾的结果,同时实现国家的刑罚权),方法和手段则不重要,甚至在认可这种观念的国家,法官可以不经法律论证得出判决。在这些国家的司法中,是否合乎成文法或先例不重要,裁判结果是否有严密的推理也不重要,重要的是裁判结果的合理性和解决纠纷的终结性。

美国是典型的奉行实用主义哲学的国家,在这种哲学理念主导下,司法方法可以多元化。辩诉交易出现的时期,美国司法系统面临案件爆发式增长和刑事司法系统运转效率低下的矛盾,不堪重负的警察系统和检察官们经常在与辩方较量中失败,被判无罪的被追诉人越来越多,社会公众颇多抱怨。辩诉交易通过协商让被追诉人认罪从而受到处罚,虽然处罚往往比正式审判低得多,但要强于正式审判导致的无罪判决。经验表明,社会公众的关注点不是某个被追诉人被判了多重的刑罚,而是有多少被追诉人被无罪释放。以辩诉交易为代表的协商性司法,在个案上导致当事人甘愿接受处罚的结果,同时又有效提高了定罪率,出现社会公众"喜闻乐见"的结果,能够显现司法的有效性,很明显同实用主义哲学追求高度一致。

这种哲学思维也是以辩诉交易为代表的协商性司法能够被政府和民众接

---

①　[美]理查德·波斯纳:《法律经济学与法律实用主义》,陈铭宇译,《北大法律评论》2003年第1期。

②　李鑫:《实用主义司法方法论:主张、成就及不足》,《兰州大学学报(社会科学版)》2014年第6期。

受的重要原因,协商性司法毕竟是对正式审判程序所追究的正当程序原则的颠覆,它抛弃了诸多神圣的司法仪式,使司法降格同被告谈判,且直奔主题,"有用"和"有效"是其得以生存的立身之本。

三、辩诉交易的运行机理

(一)协商的主体:平等且理性的双方当事人

在民事领域,契约发生在平等的当事人双方之间,这种平等性使主体之间自由的对话和沟通具备了可能性。如果地位不平等,处于强势地位的那一方当事人就会利用自己的优势地位使自己的意志成为契约的"合意方案",而弱势一方只能违背自己的意愿迎合对方意见形成所谓合意(事实上是一种非自愿的合意),从而使契约丧失自由和自愿的前提,违背公正损害公平。

"契约自由原则"在刑事诉讼中适用的最大障碍就是主体之间天然不平等。国家公诉替代个人起诉后,提起告诉的一方是国家的代表,被追诉一方则大多数情况下是普通的自然人,二者地位、能力甚至享有的权力(权利)都不平等,控方明显强于辩方,双方可谓"天然失衡"。尽管如此,美国的当事人主义模式还是在一定程度上维持了控辩双方平等:首先,就控辩双方在诉讼中的身份而言,被告和检察官都只是当事人。在美国人的观点中,政府和公民在人格上是平等的,在刑事诉讼中,检察官虽然受到指派代理政府指控犯罪,但他并不是所谓公权力的行使者,而是处于控诉一方地位的当事人。检察官的各种行为,比如提起公诉、决定不起诉、撤销起诉等,不是作为司法机关对相关问题作出的司法裁判,而仅仅只是作为一方当事人行使自己处分权的表现,[1]本质上与被追诉人同意认罪从而对自己的实体权利和程序权利作出处分并没有

---

[1] 魏晓娜:《背叛程序正义:协商性刑事司法研究》,法律出版社2014年版,第30—31页。

区别。其次,从控辩双方的能力角度看,由于美国没有类似大陆法系那般发达的职业检察官系统,公诉人同辩护人一样都是律师,双方具有同源性和同质化的特征,这使得协商时双方的谈判能力大致处于"旗鼓相当,不分高下"的"势均力敌"状态,从而使得双方的协商不致因为能力过于悬殊而引发实质不平等。最后,从权力(权利)配置上看,控方也没有优于辩方的特权。根据美国法律,审判中的控辩双方享有同等的举证权、质证权、交叉询问权等权利,审前阶段控方亦不像大陆法系国家那般可以行使各种公权力。大陆法系国家将侦查定义为一种国家公权力,侦查阶段由警察或者检察官行使,侦查机关享有法律赋予的各种强制性调查取证手段,辩方审前调查取证的权利受到各种限制。而在英美法系国家,侦查只是审前准备程序和控诉辅助程序,警察不享有特权,侦查强制措施只有在经过司法授权、获得"司法令状"的情况下才可以采用。不仅如此,美国警察的侦查活动还会受到三重规则限制:第一,原则上不能强制被追诉人协助侦查,也就是必须受到禁止强迫自证其罪规则的制约;第二,不能强迫知情人提供案件情况,即禁止强迫证人做证;第三,任何侦查活动都可能会因为辩方对证据提出可采信异议而面临司法审查,对证据的收集会受到严格的非法证据排除规则制约。与此同时,被追诉人基于辩护律师的帮助,也可以做些针对性准备,除了可以通过预审听证、证据开示等程序获知有用信息,还可以雇用私人侦探或利用公设辩护人事务所的调查员进行调查。[①]综合起来,在当事人主义诉讼模式下,控方除了代表政府具有某种"预设正义一方代表"的象征意义之外,几乎不占任何优势,控辩双方的平等性为协商奠定了十分重要的基础。

再来说当事人的理性。前文已经论述到协商民主的实质性特征是理性协商,在协商过程中发挥作用的应当是主体理性思考后提出的合理意见,不应当是情绪化的诉求,参与者在获得足够信息的基础上形成自己的意见,并理性审

---

① 孙长永:《探索正当程序——比较刑事诉讼法专论》,中国法制出版社 2005 年版,第 30 页。

视对方观点和诉求，通过相互理解和妥协达成一致。辩诉交易的运行与理性当事人的培育具有密不可分的关系，"情绪化"和"无知"是理性的"天敌"，一般情形下，刑事诉讼中的控方容易陷入"情绪化"，而被追诉人不理性则往往出于"无知"。

控方的情绪化与其立场有关。当检察官以犯罪追诉者自居时，检察官会具有十分明显的"犯罪仇视"倾向以至于产生强烈的"严惩犯罪"情绪需求，在这种情绪指引下，检察官会积极追求对被追诉人入罪以及重罚的结果，很难有同被追诉人协商的意愿，也很难心平气和听取辩方意见，更谈不上检察官会积极寻求妥协，在此情况下协商很难有生存空间。美国司法体制中，检察官并不是职业公诉人，检察官甚至称不上是"官"，他是律师的一员，受政府委托以其代理人身份参与指控，追求的只是顺利解决犯罪引发的纠纷，并没有强烈的实现国家刑罚权以及彰显法律权威的意愿，检察官的这种"平和性"能够让其保持冷静，从而与辩方理性协商。

刑事诉讼中几乎所有的被追诉人可以说都处于"无知"当中，或对案件信息缺乏足够了解，或对法律一知半解甚至一无所知。信息的缺乏和法律的无知要么让被追诉人无法对案件处理方案进行识别、判断和评估，要么容易做出错误决定进而导致协商达成协议后反悔。因此，协商性司法的运行需要培育"理性被告人"，一方面要提升被追诉人的法律素养，另一方面应保证被追诉人在作出决定前对案件有足够的了解，这二者的实现依赖一个共同的制度——获得及时有效律师帮助制度。美国较早具有了发达的律师职业群体，获得律师帮助辩护是公民的宪法权利，[①]宪法第六修正案规定了该项权利，同时在麦克曼诉理查德森（Mc Mann v.Richardson）案确立有罪答辩中的辩护必须有效规则，并通过阿杰辛格诉哈姆林（Argersinger v.Hamlin）、托利特诉亨德

---

① 1791年美国宪法第六修正案规定"在刑事诉讼中，被指控人应当享有……获得律师帮助辩护的权利"。

森(Tollett v. Henderson)进一步建立起律师适格性的判断标准。[1] 律师的有效帮助在平衡被追诉人无知方面起到十分重要的作用。

因此,无论是诉讼权利配置,还是诉讼能力平衡,美国法律都为控辩双方在刑事诉讼中平等进行诉讼攻防提供了较为全面的保障,为辩诉交易制度在实现司法公正上提供了正当性基础。

(二)协商筹码:被追诉人的沉默权和检察官的裁量权

协商的本质是一场"平和博弈",参与者手中必须有"筹码",筹码越多,协商空间越大,成功概率越大。[2] 美国辩诉交易得以顺利运行,与控辩双方手中的"筹码"即各自享有的权力(权利)有关,权力(权利)既是交易的对价,也是交易的驱动力,毕竟促使和诱惑一方放弃自己权利的是对方手中掌握着自己想要的东西。

辩方的筹码是被追诉人的沉默权,当然还有获得陪审团审判的权利,但最主要是沉默权。沉默权(Right to silence)即反对强迫自我归罪特权(Privilege against compulsory self incrimination),字面理解就是沉默的权利,可以认为是言论自由权在刑事诉讼领域的延伸,但其含义要比言论自由更加丰富:(1)任何人有权拒绝回答政府的询问,有权在询问中保持沉默;(2)任何人没有义务协助追诉方提供对自己不利的陈述,追诉方不得采取强迫方法让其做出陈述;(3)被告人有权放弃沉默做出不利于己的陈述,但必须是明确知晓后果、出于真实意愿的选择,法官不得因被告人沉默使其处于不利境地或对其作出不利裁判,亦不得把基于强迫做出的陈述作为定案根据。[3] 沉默权在美国是一项

---

[1]　祁建建:《美国辩诉交易中的有效辩护权》,《比较法研究》2015 年第 6 期。

[2]　贺江华:《检察裁量权的再配置——在"认罪认罚从宽"背景下展开》,《苏州大学学报(哲学社会科学版)》2020 年第 6 期。

[3]　宋英辉、吴宏耀:《任何人不受强迫自证其罪原则及其程序保障》,《中国法学》1999 年第 2 期。

宪法权利受到法律的严格保护,[1]后来亦成为一项国际司法准则被大部分国家接受并在各自的刑事诉讼法中建立起相关制度。[2] 为在刑事诉讼中充分保障公民的沉默权,1966 年 2 月,美国在米兰达诉亚利桑那州(Miranda v. Arizona)一案中确立了著名的"米兰达规则"。[3] 众所周知,对犯罪行为知道最清楚的莫过于犯罪行为人本人,因此被追诉人的有罪供述最能全面还原案件事实,口供一度被认为是最好的证据,在纠问式诉讼模式中甚至被称作"证据之王",只要被追诉人愿意配合侦查机关陈述自己实施犯罪的过程,调查取证和指控就会变得非常容易。沉默权为控方取得被追诉人的有罪供述设置了一道难以逾越的屏障,按照美国法律,被追诉人选择沉默,控诉方不得强行展开讯问,在某些比较隐蔽的犯罪中,如果被追诉人不配合,控诉机关要么无法取证,要么无法得到足够的证据,控方可能面对指控失败的局面,在这种情况下,手握沉默权的被追诉人就具备了同控方讨价还价的资本。虽然获得陪审团审判的权利也是被追诉人的筹码,但放弃该项权利仅仅只是减少审判环节、提升审判效率。审判效率的提高对控方虽然有一定的诱惑力,但真正吸引控方的是被追诉人放弃沉默权配合指控从而使检察官能够轻易在诉讼中获胜,拿到有罪的判决并维持较高的有罪判决率。

检察官的筹码则是其几乎不受制约的自由裁量权。美国检察官的起诉裁量权是全世界最大的,法律仅仅设置大陪审团审查起诉制度来防止检察官滥

---

① 美国联邦宪法第五修正案规定:任何人不得因同一犯罪行为而两次遭受生命或身体的危害;不得在任何刑事案件中被迫自证其罪;不经正当法律程序,不得被剥夺生命、自由或财产。

② 《公民权利和政治权利国际公约》第 14 条(3)(g)规定的"受刑事追诉的人不得强迫作不利于自己的证言,或者强迫承认有罪"。

③ 依据美国法律,警察在开始询问被追诉人之前要对其进行"米兰达警告",即告知:"宪法要求我告知你以下权利:1. 你有权保持沉默,你对任何一个警察所说的一切都将可能被作为法庭对你不利的证据;2. 你有权利在接受警察询问之前委托律师,他(她)可以陪伴你受讯问的全过程;3. 如果你付不起律师费,只要你愿意,在所有询问之前将免费为你提供一名律师;4. 如果你不愿意回答问题,你在任何时间都可以终止谈话;5. 如果你希望跟你的律师谈话,你可以在任何时间停止回答问题,并且你可以让律师一直伴随你询问的全过程"。

用起诉权过度侵扰公民生活的安定性,但对检察官做出的各种对被追诉人有利的裁量却没有任何限制。依据美国法律,即使是符合起诉条件的案件,检察官也有权选择不起诉,不仅如此,他还可以自由决定撤销已经提起的指控、降低指控的罪名、在数罪中选择部分较轻罪名起诉,以及向法院提出轻缓化的量刑建议,这一系列的斟酌处理权构成检察官的自由裁量权。① 广泛的自由裁量权让检察官可以针对不同被追诉人提出各种各样的方案,用句时兴话叫"总有一款适合你",检察官给出的处理方案越多,被追诉人选择空间越大,接受协商的概率越高。

(三)协商的驱动力:控、辩、审三方各取所需

协商毕竟不是一道法定程序,它与审判不同,不经审理的判决是违法的,但进行协商不违反法律,不进行协商也不违反法律,即使在民事诉讼中也很少有法律会规定必须先经过和解、调解程序。《联邦刑事诉讼规则》第 11 条(e)答辩协议程序规定检察官与辩方可以讨论以达成协议,答辩程序是审判的前置程序,但并非必经程序。检察官不一定非要与辩方协商,即使被追诉人主动做有罪答辩,检察官也不是必须同其进行辩诉交易。换句话说,协商一定是双方自愿的,这就带来一个问题,诉讼参与主体进行协商的内在驱动力是什么?为什么愿意协商而不愿意案件进入正式审判程序。

在笔者看来,回答这一问题,首先要从正式审判程序谈起,可以说是正式审判的复杂性倒逼诉讼主体选择了协商。美国的正式审判程序即陪审团审判,其程序规则相当复杂,从陪审团的组建到庭审再到陪审团裁判规则都精致而烦琐。采用陪审团审判的案件首先要组建陪审团,第一步是在社区内纳税义务人或注册的候选人名单选出候选陪审员,然后经过检察官或辩护律师的诘问(Voir dire)筛选出正式陪审员。在诘问程序中,为了使自己处于诉讼有

① 贺江华:《检察裁量权的再配置——在"认罪认罚从宽"背景下展开》,《苏州大学学报(哲学社会科学版)》2020 年第 6 期。

利地位,检察官或律师会千方百计找各种理由提出某个候选陪审员不符合条件从而将可能对己方不利的陪审员排除,①所以有时候组建陪审团就十分费时费力。② 陪审团组建以后的正式审判程序就更加复杂,美国刑事审判中法官十分消极,整个审理过程以控辩双方通过主询问和反询问交叉进行的言辞方式展开,其间双方会不断地申请证人出庭接受交叉询问,控方证据的可采信会受到辩方各种质疑,导致庭审往往会持续数日,有数据表明美国陪审团审理刑事案件的庭审时间平均为 5 天。③ 庭审结束后进入陪审团评议阶段,美国法律要求陪审团实行 12 名陪审员一致裁决规则,然而由于生活环境、教育背景、宗教信仰以及知识认知等方面存在差异,陪审员们无论是理性判断还是感情趋向均大相径庭,因此经常难以形成一致意见。受一致裁决机制限制,因陪审员意见不一导致产生评议僵持不下的局面十分普遍,④重组陪审团审理也十分常见,一旦出现"悬置的陪审团"(Hanging jury)就意味着前期的审判程序全部付诸东流,必须重新组建陪审团再次对案件按照原程序进行审理。基于此,想要通过正式审判程序获得裁判结果往往费时费力,控辩双方不得不陷入旷日持久的"抗战"当中,久而久之均感"疲惫不堪",在这种情况下,以迅速、高效著称的辩诉协商成为人们的最优选择,尤其是当事人一方(既可能是控方也可能是辩方)对正式审判获得胜算把握不大的时候,他会十分积极地推动协商程序的适用。

　　了解了正式审判的复杂性,我们就不难解释法官欣然接受辩诉交易的原

---

　　①　此诘问筛选程序被称为 Voir dire。在 Voir dire 程序中,检察官或辩护律师得以正当理由或任意理由(peremptory challenge)而排除候选陪审员,使之不能成为正式陪审员。所谓的正当理由乃候选陪审员有犯罪前科,或对案件有偏见或成见,或精神不正常等理由;而所谓的任意理由乃检察官或辩护律师不需有任何理由,可任意地排除某特定的候选陪审员成为正式陪审员,此主要目的乃检察官或辩护律师有时根据其诉讼经验,直觉某些人可能不适任为正式陪审员,但又说不出明确的正当理由,乃给予双方当事人此一机会排除某些特定人成为正式陪审员。
　　②　王兆鹏:《美国刑事诉讼法》,北京大学出版社 2014 年版。
　　③　高一飞:《陪审团的价值预设与实践障碍》,《北方法学》2018 年第 4 期。
　　④　高一飞:《陪审团的价值预设与实践障碍》,《北方法学》2018 年第 4 期。

因了。案件量的爆炸让法官陷入无休无止的审判之中,他急需一种简易程序替代正式审判来"解放"自己,当检察官创设出辩诉交易这种协商性的司法方式时,法官发现这种方式能够大大减轻自己的工作量,他会积极推动辩诉交易的适用,有时候甚至会主动参与协商中来。①

　　至于检察官的驱动力,本文在关于辩诉交易的成因分析中已经做了部分介绍。检察官首要的驱动力是提高解决案件的效率。如前所述,美国的检察官由律师兼任,其在代理政府提起刑事公诉的同时还可以开展正常的律师业务,比如代理民事诉讼、非诉业务等从而获取高额报酬,如果被刑事诉讼占据太多时间会影响其办理其他业务的效果进而影响收益。这样一来,检察官们就有了强烈的迅速结束一桩又一桩刑事案件的需求,因而会极力寻求同辩方的协商从而规避"旷日持久"的陪审团审判。② 第二个驱动力是维持高胜诉率的需要。检察官要对自己任期内的表现向选民有所交代,就必须交出一份"好看"的答卷,显而易见,在任期内检察官指控犯罪的胜诉率越高答卷就越美好。然而随着美国在刑事诉讼中越来越注重被追诉人权利保障,对警察权的约束越来越多、越来越严,获取足够充分且具备可采性的证据十分艰难。当被告人行使沉默权和具有丰富诉讼经验的职业律师做无罪辩护时,检察官的指控要获取胜利并不容易,加上非职业法官思维的陪审员们情感趋向的不可

---

　　①　在美国,法官参与辩诉交易的现象并不罕见,尤其是在州司法系统的诉讼中项20世纪晚期的研究发现,大约1/3的刑事案件的初审法官参与了答辩讨论,通常还充当积极角色。根据一份美国学者在20世纪70年代对10个美国城市的考察报告,在其中的9个城市,法官参与辩诉交易是常见的现象。更为晚近的研究显示,至少在某些司法区法官对辩诉交易存在广泛的参与。

　　②　乔治·费希尔在《辩诉交易的胜利——美国辩诉交易史》一书中讲道:许多地区检察官为了继续从事赚钱的工作只是仓促完成其刑事案件。正如其中一位检察官在1844年对立法机关所解释的:传唤我出席大陪审团程序经常会造成对我参与民事案件的干扰以及相应的金钱损失……顺便提一下,我相信为了迅速完成在大陪审团面前的事务而加班的做法对于所有的起诉官员来说都是很常见的。如果可能,我会设法让大陪审团在第二天早晨就解散,而且我也经常成功地做到这一点。为了达成目的,经常有必要让大陪审团的庭期一直持续到晚上,然后用夜里的时间来写起诉书。我不知道有哪种体力和脑力劳动与起诉官员在这种场合下的工作能够相提并论。

控性和不可预知性,胜诉变得"扑朔迷离"。相比而言,通过辩诉交易获得有罪判决却是确定和轻松的,这是因为在美国,被追诉人的有罪答辩不仅仅是一种证据,它还能够直接导致案件事实被认定。被追诉人一旦选择认罪并同控方达成"认罪协议",法院可以直接根据协议作出判决而不需要再组织陪审团开展审判,被追诉人有罪答辩几乎等同于免除控方举证责任,控方胜诉变得易如反掌,利弊权衡之下,检察官积极寻求协商也就在情理之中。

对被追诉人而言,辩诉交易则提供了一种"把命运掌握在自己手里"的获得感,同时又可以从检察官那里获得罪数、罪名或者量刑的减让,有效避免正式审判可能带来的重判重罚,这是其参与协商的最直接动力。此外,不进入正式审判程序,被追诉人就不需要陷入持久地对自己未来不确定命运的担忧之中,可以尽早从冗长复杂和无休无止的接受各种询问中解脱,使自己的生活尽快恢复平和稳定。同时因为协商是控辩双方在私底下进行,被追诉人能够避免面对公开审判带来的名誉贬损和社会舆论压力,并且还可以减少支付律师费(美国律师都是按小时收费,案件越早结束,被追诉人支付的律师费就越低),种种因素交织,刑事被追诉人做出衡量之后,协商的"收益"远远高于正式审判,选择协商也是必然。

从经济学的角度讲,利益是人们行动的最大驱动力,在辩诉交易中,控辩审三方都"有利可图",也因此三者都有进行协商的内在驱动力,正因为如此,辩诉交易制度才能够在种种质疑中层层突围并在全世界引导一股协商性司法潮流。

(四)信息对称之保障:证据开示制度和充分的告知制度

人们往往会因为协商参与人的信息不对称而质疑协商性司法的公正性。刑事诉讼中控方是政府,拥有庞大的人力、物力、智力资源,动用这些资源可以获取大量犯罪相关信息;而辩方的调查取证能力明显弱于控方,[①]控辩双方如

①　贺江华:《试论诉辩交易制度——以交易的一般原理为视角》,《三峡论坛》2010年第6期。

同处于单向玻璃的两面,一方"清清楚楚",一方"不知所处"。信息不对称容易导致"协商欺诈"。在批评辩诉交易的声音中,有一种就是出于对控诉方过度指控的担忧,如果检察官对被追诉人提出过度指控,被追诉人在协商中实际上没有得到任何好处,无疑等同受到欺诈。如果检察官处理指控就像市场上做买卖而故意抬高起价,比如把一次犯罪交易分成尽可能多的犯罪全部起诉、提出证据不能支持的指控等,然后同被追诉人进行讨论,被追诉人放弃自己的权利做出有罪答辩之后,可能得到的不过是本该如此的判决结果,如此一来,协商的公正性就丧失了。这就如同我们去买一件衣服,标价原本就是 1000元,老板将之改为 2000 元,顾客讨价还价后确定为 1000 元成交,顾客实际上只是用原本的价格购买了衣服,协商的过程对他而言毫无意义甚至是浪费了时间和精力,本质上店家是一种欺诈,这种协商过程是毫无价值的,其结果自然也就不具备公正性。

避免出现这种情形的主要方式就是确保协商主体掌握的信息能够对称,证据开示制度和充分的告知制度是美国联邦刑事诉讼规则为防止"协商欺诈"做出的制度设计。证据开示制度要求控辩双方在审判前充分向对方展示己方拟在法庭出示用以支持自己主张的证据,无疑就是向对方披露本方掌握的案件信息以帮助对方做出准确的判断,考虑到双方取证能力的不对等,为平衡,美国法律对控方可以比辩方严苛的证据开示义务。通过证据开示,控辩双方能明确知晓对方掌握的证据,并据此进行诉讼风险预测,进而选择诉讼行为。对被追诉人而言,在知晓控方证据以后,辩护律师能够利用自己的诉讼经验进行专业分析、判断被追诉人应该作有罪答辩还是接受正式审判,[1]这样的选择更具有"明智性",也更不容易反悔。

而充分的告知制度则是防止被追诉人因为"无知"做出错误决策。与控方是职业律师不同,被追诉人往往并不了解法律,对自己的权利和行为后果有

---

[1]　贺江华:《试论诉辩交易制度——以交易的一般原理为视角》,《三峡论坛》2010 年第6 期。

时候也是一知半解,这些信息的缺失容易导致被追诉人做出错误的判断和选择,如果检察官利用被追诉人无知对其进行诱骗,在此基础上达成的协议就是不公正的。联邦刑事诉讼规则规定了几个方面的告知,一是要明确告知指控的性质和内容,二是要向被追诉人送达起诉书,三是告知有罪答辩的性质和后果,包括法定最低刑和可能的最高刑、法院的量刑考量因素、有权获得律师帮助以及做有罪答辩的程序后果。告知的目的是确保被追诉人知道自己被指控的性质和内容,避免被追诉人在不知情情况下做出错误答辩,防止控方协商欺诈。

（五）平等协商的救济：中立的法官

辩诉交易最初被称为走廊交易是因为它常发生在法院走廊,现在一般在法官办公室进行,交易选在法院具有特殊意义。美国法院是司法权的唯一行使主体,检察官只是政府的律师,在诉讼中处于当事人一方。当事人主义刑事审判模式注重维持控诉与辩护力量的平衡,法官(包括陪审团)居中公断,一切证据、事实和理由都在法庭上加以揭示和澄清,法官以独立的仲裁人身份来解决双方冲突,他与双方保持相等的司法距离,不偏向任何一方。[①]

中立和被动的法官对协商的审查和控制有效保障了协商不平等时被追诉人一方的救济路径。按照联邦刑事诉讼规则,被追诉人的有罪答辩在法庭公开传讯时做出,法官要亲自确认被追诉人是自愿且没有受到任何强迫和威胁,双方均没有脱离答辩协议中的许诺,否则法官不会接受有罪答辩。这也就意味着,当被追诉人在协商中受到强迫或者威胁时,得以在中立法官面前做出陈述,寻求救济。

（六）充分协商之保证：完整的协商程序

前文提到,"最低限度的参与性"是协商性程序正义的基本要素之一,也

---

① 徐静村：《刑事审判模式之比较与改革》,《现代法学》1994 年第 6 期。

是当事人对诉讼结果进行有效控制的路径,如果把利害关系人的意见能够对案件结果产生有效影响作为当事人参与协商的内在实质要件,专门的协商程序则是利害关系人参与协商的外观形式要件。美国法律对协商程序有明确规定:首先对控辩之间的讨论程序有明确规定,《美国联邦刑事诉讼规则》第11条(e)专门就答辩协议程序作出规定:首先,检察官与辩方可以展开讨论,并且这种讨论应当是必须的;其次,对讨论之后的协议的司法确认程序有明确要求,协商在审前传讯程序公开进行,控方必须先向被追诉人宣读起诉书、说明指控性质,然后要求被追诉人作答辩,法官接受答辩协议的前提是答辩是协商的结果;最后,法官对答辩协议的确认程序要公开进行。

(七) 违约救济:信赖利益之保护

协商性司法借用了合同法则,保护当事人的信赖利益的违约救济机制是其中的重要内容。美国辩诉交易中,对答辩协议的解释和执行,法院除考虑宪法,还要遵循合同法原则,当答辩协议出现违约时,也会给予必要的救济。

美国联邦最高法院在"桑托贝德洛诉纽约案"(Santobello v. New York)中宣布,当一项有罪答辩依赖于"检察官的许诺或同意,这种承诺必须履行",[1]检察官不遵守承诺则构成违约,违反正当法律程序。控方违约时,被追诉人有权要求举行证据听证或者要求法院依职权裁定开示有关笔录,控方违约有三种救济方法:被追诉人撤回有罪答辩并就原始指控接受审判;上诉法院命令检察官按原协议内容履行义务;上诉法院直接改判或撤销原判,责令重审。具体如何救济由法院裁量。[2]

被追诉人违约同样要受到惩罚。被追诉人推翻有罪答辩的,控方可以不再履行承诺,法院也应当依职权裁判,但法院必须警告被追诉人如果违反答辩

---

① 魏晓娜:《背叛程序正义:协商性刑事司法研究》,法律出版社2014年版,第40页。
② 孙长永:《探索正当程序——比较刑事诉讼法专论》,中国法制出版社2005年版,第505—506页。

协议将会被判处更为严厉的刑罚,但如果没有对被追诉人进行警告,法院就直接判处比答辩协议更重的刑罚则是违法的。针对自己有没有违反协议,被追诉人有权要求举行听证。一旦被追诉人被认定违反答辩协议构成违约,控方就不再受答辩协议约束,他可以重新提起诉讼,并做出更为严重的指控,法院的审判则依据新的指控进行。[①] 但被追诉人违约承担的仅仅只是丧失协议利益的不利后果,被追诉人在答辩程序中做出有罪供述不得作为控方指控被告有罪的证据,法院也不得仅仅因为被追诉人反悔就做出重罚。

无论我们对美国的辩诉交易存有多少质疑,当秉承客观的眼光用"协商性的程序正义"这把标尺去衡量它时,还是能感受到立法者在设计该项制度的上良苦用心:

表 4-1

协商性的程序正义要求	具体制度设计
可弃权性	无罪答辩:正式审判(陪审团审判)
	有罪答辩:协商程序
弃权的自愿性	完善的律师辩护制度
	证据展示制度
	法官对被告人的忠告
	法官在公开法庭的询问
	反悔不导致不利
	禁止协议失败时认罪陈述作为证据
可协商性	检察官自由裁量权
	法官中立
诉讼结果上的可获益性	检察自由裁量权
	被追诉人沉默权
最低限度的参与	答辩协议程序

---

① 孙长永:《探索正当程序——比较刑事诉讼法专论》,中国法制出版社 2005 年版,第505—506 页。

同时,考察辩诉交易在美国的运行机理也可以发现,一项协商性刑事司法制度的顺畅运行,并不是这个制度本身设计的足够科学和完备就能够做到的,它毕竟是一种多方参与的动态纠纷解决机制,嵌入一个国家的刑事司法体系必须与之能够耦合,而且还要能够从刑事司法体系中获得足够的支持和保障供给,因此建立一项协商性刑事司法制度,司法者理念的培育、社会大众诉讼观念的调整、相关配套措施的建立和完善与该制度的科学设计同样重要。

中篇

协商性司法在中国

第五章 "协商性司法"在中国的生成： 积累与探索

"协商"作为一种纠纷解决机制在我国有深厚的基础。我国自古有"无讼"传统，"和"文化深深影响人们的思维，从官方到民间都认为诉讼是"可耻的"，"无讼"是施政和社会治理的最高境界，因此协商在我国司法中十分常见，调解、和解都是其表现形式，是民事诉讼中常用的处理方式。即使在刑事诉讼中，"协商"也一直存在，只不过之前没有形成一种系统性的"司法范式"而已。

需要说明的是，社会纠纷的解决方式归根到底是社会治理领域的主题，是执政者解决社会矛盾和冲突的思路呈现，为保持研究对象的特定性及恒定性，本章将视野置于中国共产党的执政历程来考察"协商性司法"在我国刑事司法领域的形成过程。

一、革命和战争年代中国共产党在司法实践中 对"协商"机制的探索与运用

新中国成立以前，中国共产党在刑事司法领域实施的自首从轻、调解撤案都蕴含着"协商"机理。

（一）自首从轻制度

各根据地大革命失败以后，中国共产党走上"农村包围城市"的道路，1931年11月中华苏维埃共和国临时中央政府成立，此后各根据地相继在多地建立中华苏维埃政府，1931年中华苏维埃临时中央政府成立后设立了最高法院，在基层设立审判部审理刑事、民事案件，此时对"协商"的运用，民事领域表现为调解，刑事领域表现为自首从轻制度。

最初关于自首制度的典型法律文本是《湘赣省苏政府自首自新条例》和《川陕省苏维埃政府关于反革命自首的条例》。1932年颁布《湘赣省苏政府自首自新条例》，条例规定一般的工人、红军战斗员、雇农、贫农、中农与独立劳动者，只要不是坚决投降于反革命的领袖分子原则上一律准予自首自新，凡自首者，可以免罪或从轻处罚。① 该条例对自首从轻还设置的一些条件，比如要忠实报告反动派组织，规定察看期，察看期间不得自由行动，还要向群众揭露反动派的欺骗阴谋罪恶及其被骗加入反动组织的经过，同时要绝对遵守苏维埃法令，努力参加革命斗争，在行动上脱离一切反动派，如果被发现继续进行反革命活动则给予更重的处罚。② 《川陕省苏维埃政府关于反革命自首的条例》同样规定自首可以免除死罪、可以减罪或免罪，该条例要求自首要满足五个要求：第一，要如实陈述自己的反革命行为，同时还要毫不隐瞒地密报其他人的反革命企图和行为；第二，要跟反革命完全脱离一切关系；第三，要有告发反革命和反对反革命阴谋的行为；第四，要交出或密报反动武装、文件、材料等，密告反革

---

① 《湘赣省苏政府自首自新条例》第三条规定凡贫苦工农、兵士、贫民，被胁迫欺骗加入AB团、改组派、国民党或反革命派用的"甲子团""屈谈会""吃烟会""好吃会""春风社""恋爱社""忠善堂""新共产党""共产党青年团"（这些都是反动派利用各种新的名义，来欺骗群众，实际阴谋破坏革命的秘密组织）等组织的，一律准许自首。凡自动出来自首，向当地苏维埃政府忠实报告反动派组织的首分子，一律免罪或减轻处分。（武延平、刘根菊：《刑事诉讼法学参考资料汇编》（上），北京大学出版社2005年版，第46页）

② 武延平、刘根菊：《刑事诉讼法学参考资料汇编》（上），北京大学出版社2005年版，第46页。

命秘密组织、交通工具和联络方法等;第五,要自动听候苏维埃法律的裁判。①

苏维埃时期的自首自新制度本质上具有一定的协商性质,法律明文规定被告人在满足什么条件的时候可以获得宽大处理,被告人可以自行做出选择,"自动听候裁判"的要求与今天的"认罚"要求一致。

(二)刑事调解制度

1937 年全面抗日战争开始以后,中国共产党在陕甘宁、晋绥、晋察冀、晋冀鲁豫等区域设立边区政府,带领人民群众展开革命斗争。经过前一时期的斗争,中国共产党的执政能力得到明显提升,司法手段更加多元,司法程序更加精细。

在民事司法领域,这一时期出现了著名的"马锡五审判"方式。"马锡五审判"方式的特点就是审判与调解相结合,法官不是"官老爷"式的坐堂问案,而是深入田间地头,在人民群众中走访调查,借助人民群众力量在双方当事人之间斡旋、调停,寻求尽可能平和的纠纷解决方式。

"马锡五审判"方式在民事领域取得的成功也对刑事审判产生影响,边区政府开始在由人民内部矛盾引发的犯罪纠纷中适用调解,这一时期的典型法律文件包括 1943 年《陕甘宁边区民刑案件调解条例》、1942 年《晋察冀边区行政村调解工作条例》、1942 年《晋西北村调解暂行办法》、1941 年《山东省调解委员会暂行组织条例》、1945 年《山东省政府关于开展调解工作的指示》等。这些法律文件细致而全面规定了刑事调解适用的范围、遵循的原则以及需要遵守的程序。

当时的刑事调解主要有如下特征:

1. 适用范围。轻微刑事犯罪可以适用调解。根据相关文件,轻微刑事犯罪一般包括妨害风化罪、妨害婚姻及家庭罪、伤害罪、妨害自由罪等,②这些案

---

① 武延平、刘根菊:《刑事诉讼法学参考资料汇编》(上),北京大学出版社 2005 年版,第56 页。

② 参见《晋察冀边区行政村调解工作条例》第五条。(武延平、刘根菊:《刑事诉讼法学参考资料汇编》(上),北京大学出版社 2005 年版,第217 页)

件可以适用调解方式进行处理,但对于严重犯罪不能适用调解。在当时,严重犯罪一般是反革命犯罪以及故意杀人、贪污渎职犯罪等。① 可见党在这一执政时期,针对刑事案件就已经开始区分重罪和轻罪并适用不同的处理方式和程序,"轻重分离"的理念初步呈现。

2. 调解方式(和解方式)。被告人可通过自己的力量以一定方式求得被害人谅解,具体包括向被害人赔礼道歉或者书面认错,赔偿被害人损失或向其支付抚慰金,或者是其他依照当地习惯可以让被害方平复气息的方式,但是这种方式必须与善良风俗相容并且不能涉及封建迷信。这些方式可以择一使用,也可以多种方式并用。②

3. 调解的参与人。调解需要纠纷双方当事人参与,主持人除司法机关以外,还可以是双方认可的邻居、亲友或民众团体,也可以是乡(市)政府、区公署等政府机构,政府机构在调解时还可以邀请当地机关工作人员或公正绅士、被告人的亲友近邻、村干部等到场协助进行。政府调解在民间调解不成后进行。③

4. 调解发生的阶段。按照当时的法律,在侦查阶段、审判阶段、上诉阶段

① 《陕甘宁边区民刑事件调解条例》第二条规定,凡民事一切纠纷均应厉行调解,凡刑事除下列各罪不许调解外,其他各罪均得调解:(一)内乱罪;(二)外患罪;(三)汉奸罪;(四)故意杀人罪;(五)盗匪罪;(六)掳人勒赎罪;(七)违反政府法令罪;(八)破坏社会秩序罪;(九)贪污渎职罪;(十)妨害公务罪;(十一)妨害选举罪;(十二)逃脱罪;(十三)藏匿人犯及湮没证据罪;(十四)破坏货币及有价证券罪;(十五)伪造公文印信罪;(十六)公共危险罪;(十七)伪证罪;(十八)妨害水利罪;(十九)破坏交通罪;(二十)伪造度衡量罪;(二十一)妨害农工政策罪;(二十二)烟毒罪;(二十三)其他有习惯性之犯罪。(武延平、刘根菊:《刑事诉讼法学参考资料汇编》(上),北京大学出版社2005年版,第148页)

② 《陕甘宁边区民刑事件调解条例》第三条"民事及得许调解之刑事,其调解之方式如下:(一)赔礼,道歉,或以书面认错;(二)赔偿损失或抚慰金;(三)其他依习惯得以平气息争之方式,但以不违背善良风俗及涉及迷信者为限。前项所列方式,得用其一或并用之,但调解人就简易之事态及双方当事人之意志进行无条件之调解已足成立者,得不拘用前项所列各方式。"(武延平、刘根菊:《刑事诉讼法学参考资料汇编》(上),北京大学出版社2005年版,第148—149页)

③ 《陕甘宁边区民刑事件调解条例》第四条"前条调解之进行,得由双方当事人各自邀请地邻、亲友,或民众团体,从场评议区直,就事件情节之轻重利害提出调解方案,劝导双方息争。"第五条"前条所列调解不成立时,得由当事人双方或一方申请乡(市)政府,区公署,或县(市)政府,依法调解之"。(武延平、刘根菊:《刑事诉讼法学参考资料汇编》(上),北京大学出版社2005年版,第149页)

和执行阶段都可以进行调解。① 如《冀南区民刑调解条例》规定,村民之间发生纠纷后,先在所在村调解,调解不成时向区公所申请调解,还是不能达成协议的或者调解后当事人反悔的,一方可以向县政府起诉,县政府受理后认为有调解必要的还可以组织调解。县政府做出的判决,当事人不服可以向专员公署提起上诉,专署在对案件进行二审时依然可以组织调解,专署做出的判决还能再次上诉到冀南行署,行署同样可以先组织调解。②

5. 调解自愿原则。自愿原则是当时各个法律均规定需要遵守的基本原则,按照当时的法律,调解只有在双方当事人都同意的情况下才能进行,当事人不同意,调解人不能强迫、压抑当事人开展调解。③ 如果调解不成功,政府要及时判决,不能以久拖不决的方式逼迫当事人同意调解。《晋察冀边区行政村调解工作条例》还规定了受胁迫或欺诈调解的救济方式,当事人自发现欺诈或脱离胁迫之日起六个月内可以向司法机关申请撤销调解协议。④

6. 司法公正之保障。当时的法律还规定了一些保障司法公正的规则,比如《山东省调解委员会暂行组织条例》规定调解应倾听双方的陈述,详细地查明案情,有疑问时还可以进行调查,不能仅仅凭借当事人的陈述做出判断。⑤

---

① 《陕甘宁边区民刑事件调解条例》第六条"前两条之调解,如其事件已系属司法机关者,无论在侦查、审判、上诉、执行程序中,均得为之。"(武延平、刘根菊:《刑事诉讼法学参考资料汇编》(上),北京大学出版社 2005 年版,第 147 页)

② 《冀南区民刑调解条例》,武延平、刘根菊:《刑事诉讼法学参考资料汇编》(上),北京大学出版社 2005 年版,第 407 页。

③ 《陕甘宁边区民刑事件调解条例》第七条"调解须得双方当事人之同意,调解人无论是政府人员,民众团体,或地邻亲均不得强迫压抑,并不得有从中受贿舞弊情事,违者处罚。《冀南区民刑调解条例》第九条调解必须双方当事人同意,始能成立。"(分别见武延平、刘根菊:《刑事诉讼法学参考资料汇编》(上),北京大学出版社 2005 年版,第 147、407 页)

④ 《晋察冀边区行政村调解工作条例》第十五条"调解成立的字据如果受诈欺或胁迫而立,应该自发现诈欺或脱离胁迫之日起,在六个月以内,向司法机关诉请撤销"。(武延平、刘根菊:《刑事诉讼法学参考资料汇编》(上),北京大学出版社 2005 年版,第 218 页)

⑤ 《山东省调解委员会暂行组织条例》第十三条"调查应倾听双方陈述,详察案情,若事属可疑,应即设法调查,不得徒依片面之词妄作臆断"。(武延平、刘根菊:《刑事诉讼法学参考资料汇编》(上),北京大学出版社 2005 年版,第 410 页)

7. 调解文书。调解达成协议后要形成和解书,和解书的内容包括:争执的事由;调解的结果;双方调解系自愿、没有受到强迫和压抑;双方当事人签字、盖章或捺印、调解人签字、盖章或捺印。同时还要对调解的时间和地点予以载明。[①]

8. 调解中的被害人权利之保障。当时的法律十分注重纠纷的平息,因而比较关注被害人利益保护,比如《晋察冀边区行政村调解工作条例》规定对被害人要先行救助,要求故意伤害案件的被告人先为被害人承担医治责任。[②]

9. 调解后的案件处理方式。采用调解方式处理的案件,当事人双方能够达成和解协议的,案件的处理方式有以下几种:(1)调解息争。对于没有进入司法机关的案件,经过调解双方能够达成和解协议的,纠纷直接解决,不再产生诉讼;(2)讼案注销。对已经进入司法机关的案件,经过庭外调解达成和解协议的,可以将和解书提交司法机关请求销案;经过法庭调解达成协议的,在将调解书送达双方当事人签收以后,法庭可以将案件注销;(3)宽大判决。对于不能注销的案件,双方经过调解的,可以对被告人宽大处理。

上述制度在解放时期进一步发展,代表性法律文件有 1946 年《冀南区诉讼简易程序试行法》、1945 年《苏中区人民纠纷调解暂行办法》、1946 年《冀南区民刑调解条例》、1948 年《关东地区行政村(坊)调解暂行条例草案》和 1949 年《华北人民政府关于调解民间纠纷的决定》。这些法律文件基本延续了边区政府时期关于调解的规定,对轻微刑事案件可以组织调解,《冀南区诉讼简易程序试行法》甚至将调解作为起诉的前置必经程序,规定提起刑事诉讼必

---

① 《陕甘宁边区民刑事件调解条例》第九条规定"和解书应具下列各项:(一)双方争执之简要事由;(二)调解成立之方式,即本条例第三条所列各款调解方式;(三)实是双方同意和解,并无强迫压抑情事;(四)双方当事人姓名、签字、盖章、或指印;(五)从场调解人姓名、签字、盖章、或指印,代书人同;(六)调解年月日;(七)调解地点"。(武延平、刘根菊:《刑事诉讼法学参考资料汇编》(上),北京大学出版社 2005 年版,第 149 页)

② 《晋察冀边区行政村调解工作条例》第十九条"调解未涉讼的伤害罪时,应让犯罪人先负必要的医治责任"。(武延平、刘根菊:《刑事诉讼法学参考资料汇编》(上),北京大学出版社 2005 年版,第 218 页)

须先经过村区调解,对调解不服才能向县府提起诉讼。① 调解自愿、禁止强迫等规则都被延续下来并在新中国成立以后写进《中华人民共和国法院暂行组织条例》,成为当时人民法院审理轻微刑事案件的方式之一。②

对于调解的重要性,1950 年 7 月 27 日第一届全国司法会议认为是否把调解作为审判制度的必要组成部分是人民法院与反动审判机关的重要区别。人民法院始终重视调解,始终把调解作为审判制度必要组成部分,但并不是一切案件都要经过调解,只是民事案件和轻微的刑事案件应当进行调解,调解不是诉讼前置程序。调解的好处是可以减少诉讼成本,减轻法院审判工作量,消除当事人之间的成见,促进团结。调解必须遵循自愿和依法原则,不能强制调解,亦不能无原则地"和稀泥"。当事人之间达成协议的,人民法院要审查双方是否真的自愿、协议是否公平合理、有无违背政策法令、侵害某种合法权利,全部答案为"否"时,法院才能批准调解结果。③

刑事调解在当时处理轻微刑事案件中发挥了十分重要的作用,被认为是"增加人民内部互助团结、便利生产、教育人民爱国守法、减少讼争的有效方法,也是实现司法群众化的重要标志"④,正因为如此,调解结案在刑事案件的处理中占比逐渐提高,"在轻微刑事案件方面,一九四二年调解结案的是百分之零点四;一九四三年上升到百分之五点六;一九四四年达到百分之十二"⑤。

---

① 《冀南区诉讼简易程序试行法》第一条。(武延平、刘根菊:《刑事诉讼法学参考资料汇编》(上),北京大学出版社 2005 年版,第 503 页)

② 该法第十二条县级人民法院管辖下列事件:一、第一审的刑事、民事案件;但本条例或其他法令另有规定者,不在此例。二、调解民事及轻微刑事案件。三、刑事、民事案件的执行事项。四、公证及其他法令所定非讼事件。五、指导所辖区域内的调解工作。(武延平、刘根菊:《刑事诉讼法学参考资料汇编》(中),北京大学出版社 2005 年版,第 711 页)

③ 《关于目前司法工作的几个问题》,武延平、刘根菊:《刑事诉讼法学参考资料汇编》(中),北京大学出版社 2005 年版,第 679 页。

④ 马锡五:《新民主主义革命阶段中陕甘宁边区的人民司法工作》,见武延平、刘根菊:《刑事诉讼法学参考资料汇编》(上),北京大学出版社 2005 年版,第 169 页。

⑤ 马锡五:《新民主主义革命阶段中陕甘宁边区的人民司法工作》,见武延平、刘根菊:《刑事诉讼法学参考资料汇编》(上),北京大学出版社 2005 年版,第 169 页。

用今天的眼光审视,当时的刑事调解制度已经是非常成熟的协商性司法制度,而且是一种典型的案件处理机制,大部分案件经过调解达成协议之后产生的结果是撤销案件,也就是直接免除了行为人的刑事责任,这反映出当时中国共产党在处理人民内部矛盾上的政治智慧。十分遗憾的是,"文化大革命"时期调解制度作为"阶级调和"路线的工具被废止,①直到 1979 年《人民法院审判民事案件程序制度的规定》(实行)颁布,调解制度才得以逐步恢复,同年颁布的《刑事诉讼法》第十三条规定人民法院审理自诉案件可以调解。

二、改革开放后对协商性司法的实践探索

十一届三中全会作出把党和国家工作中心转移到经济建设上来,实行改革开放的历史性决策,社会主要矛盾不再是阶级斗争,伴随经济建设的全面展开,上层建筑领域开始进行社会主义法制建设。从 1979 年开始,我国制定一系列法律制度,其中就包括《民事诉讼法》和《刑事诉讼法》,诉讼制度的全面建立为协商性司法在我国的发展提供了契机,民事诉讼法和刑事诉讼法均将和解、调解作为一种诉讼解决方案。之后随着我国社会发生的一系列变化,刑事司法领域全面展开对协商性司法的探索。

1979 年我国出台新中国第一部刑法,第 63 条规定了自首制度,"坦白从宽、抗拒从严"成为刑事司法的主要政策,其后的四十余年,我国在犯罪治理方式上展开各种探索,各种各样的协商性司法实践开始出现。

(一)污点证人豁免制度:重庆綦江虹桥垮塌案

1999 年 1 月 4 日傍晚,重庆市綦江县城"虹桥"整体垮塌夺去 40 名无辜者生命。案件发生后,重庆市检察院依法以受贿罪、玩忽职守罪对时任綦江县

---

① 魏晓娜:《背叛程序正义:协商性刑事司法研究》,法律出版社 2014 年版,第 148 页。

委副书记林世元立案侦查。

该案的诉讼过程由媒体进行了全面报道,除因案情重大引发全社会广泛的关注和讨论以外,还有一点引起法学界的注意,那就是在这个案件中,司法机关首次尝试适用了污点证人豁免制度。

被告人林世元受贿案的主要行贿人之一是费上利,他是綦江虹桥工程施工承包人。綦江虹桥案被分成三个案件审理,在林世元等国家工作人员职务犯罪的诉讼中,费上利以控方证人身份出现,证明被告人林世元多次收受其贿赂共计人民币135165.09元,在林世元的供述含糊不清、其他证人证言亦不能直接证明的情况下,费上利的证词对林世元受贿事实的认定起到十分关键的作用,之后一审法院认定被告人林世元构成受贿罪并判处死刑。林世元的受贿中,大部分来自费上利行贿,费上利的行为依照刑法已经构成行贿罪是毫无疑问的,本身他应当因为该罪被追究刑事责任,但在其后费上利案件的诉讼中,重庆市人民检察院第一分院并没指控费上利的行贿行为,仅仅以工程重大安全事故罪对其提起公诉,重庆市第一中级人民法院经审理最后认定费上利犯工程重大安全事故罪,判处有期徒刑十年,并处罚金人民币五十万元。①

该案被认为是我国司法实务部门对污点证人豁免制度进行探索的重要样本。费上利因为在林世元受贿案件中担任控方证人,为法院认定林世元的受贿事实发挥了关键性作用,检察机关作为"回报"放弃对费上利行贿行为的指控,检察机关与费上利的这场"交易"及"合作"符合污点证人豁免制度的特征。从案情看,按照当时的法律,费上利向林正元行贿十余万元,显然已经达到了行贿罪的追诉标准且属于情节严重的情形,其法定刑在五至十年有期徒刑之间,本身应当被追究刑事责任,自身有"污点",但因为费上利配合检察机关在主案中指控林世元,为国家追究林世元的刑事责任做出了重大贡献,作为

---

① 见重庆市第一中级人民法院(1999)渝一中刑初字第130号刑事判决书。

"奖励"，检察机关放弃了对费上利行贿罪的指控，豁免了他的刑事责任。这一做法当时的法律基础是刑法中的立功制度，但从程序法的角度看，这种模式已经是典型的污点证人协商交易。

尽管由于种种原因，我国刑事诉讼法至今未确立污点证人制度，但其精神内核在相关法律中已经得到体现，最直接的依据就是刑法第 390 条规定的对受贿案件的行贿人免除处罚的条件，①以及刑事诉讼法第 182 条规定的核准不起诉。② 前者规定对情节轻微的行贿人，如果在侦破其他案件（通常是对向犯的受贿案）中发挥了关键作用可以减轻或免除处罚，后者则从程序法的角度规定被追诉人有重大立功（其中就包括在他人犯罪中做证）的，检察机关经核准可以对其不起诉或者仅起诉其中部分犯罪，二者相结合，污点证人制度在我国事实上已经同时具备了实体法和程序法基础。

（二）暂缓起诉制度：南京大学生盗窃案

2002 年 10 月 29 日，南京某大学生小王因偷窃被移送南京市浦口区人民检察院审查起诉。检察官发现小王平时表现很好，偷窃只是临时起意，本人有很强的可塑性和挽救的可能，决定适用"暂缓不起诉"对小王进行处理。浦口区人民检察院于 2003 年 1 月 7 日到小王所在学校宣布《暂缓不起诉决定书》和为期五个月的"帮教实施方案"，学校同意保留学籍并配合检察机关对小王进行监管。③

这是浦口区检察院按照南京市检察院 2002 年通过的《检察机关暂缓不起

---

① 刑法第 390 条规定：行贿人在被追诉前主动交代行贿行为的，可以从轻或者减轻处罚。其中，犯罪较轻的，对侦破重大案件起关键作用的，或者有重大立功表现的，可以减轻或者免除处罚。

② 刑事诉讼法第 182 条："被追诉人自愿如实供述涉嫌犯罪的事实，有重大立功或者案件涉及国家重大利益的，经最高人民检察院核准，人民检察院可以作出不起诉决定，也可以对涉嫌数罪中的一项或者多项不起诉，公安机关可以撤销案件。"

③ 陈韶旭：《大学生涉嫌犯罪该不该起诉》，《文汇报》2003 年 04 月 09 日。

诉试行办法》(简称《暂缓不起诉试行办法》)处理的一起案件。《暂缓不起诉试行办法》是南京市检察院为处理轻微刑事案件做的一项改革,根据这份文件,暂缓不起诉是对特定刑事案件,经公诉部门审查认为被追诉人符合起诉条件,但为了促其改过自新对被追诉人暂时不提起公诉,而是设定一定的考验期,期满后根据表现做出最终起诉或不起诉的决定。适用"暂缓不起诉"的条件是被追诉人犯罪情节轻微,能如实供述罪行,不具有再犯可能,无前科劣迹,积极退赃退赔,或协助挽回损失,并且提供担保(提出保证人或缴纳保证金)。"暂缓不起诉"的犹豫期是 3 至 12 个月。[①]

不过这个尝试在当时掀起"轩然大波"。有人认为"暂缓起诉撕裂了法网,违反法律强制性规定,对大学生法外施情破坏了法律权威",[②]也有人认为此举公然"违宪",损害了法律的尊严,甚至有人认为"现在社会上时常出现一些与法不符但看上去很人性化的'举措',其实在很大程度上不过只是权力作秀"。[③]

(三) 辩诉交易制度:牡丹江孟某故意伤害案(辩诉交易第一案)

2002 年发生的"辩诉交易第一案"是对协商性司法比较彻底的一次尝试。

事情发生在黑龙江省牡丹江市。2000 年 12 月 18 日晚,被告人孟某在某火车站北场内,因车辆争道与王某发生争吵。因感势单力薄,孟某叫来 6 个人与王某等人发生互殴,最后致王某重伤。这是一起共同犯罪,但公安机关没能抓获其他同案犯,检察院以故意伤害罪仅仅起诉了主犯,辩护人认为由于同案犯在逃无法确定被害人的重伤后果是何人所为,因此认定被告人孟某构成故意伤害罪事实不清、证据不足。公诉机关则认为由于多人参与混战,即使抓获所有被追诉人,证据收集也困难重重,但无论如何,被告人对找人行凶造成被

---

① 刘建平:《"暂缓不起诉"捅了法律的娄子?》,《南方周末》2003 年 04 月 10 日。
② 蒋德海:《"暂缓不起诉"撕裂了法网》,《社会科学报》2003 年 04 月 17 日。
③ 夏敏:《法律面前不应有特殊化》,《检察日报》2003 年 04 月 14 日。

害人重伤后果理应承担责任。公诉方建议采用法院准备试用的"辩诉交易"方式审理此案。辩护人征得被告人同意后,向公诉机关提出"辩诉交易"申请。控辩双方经协商达成三点合意:被告人承认构成故意伤害罪,愿意接受审判,自愿赔偿被害人的经济损失;辩护人放弃案件事实不清、证据不足的辩护意见,同意指控罪名;公诉机关建议法院对被告人从轻处罚并适用缓刑。达成协议后,公诉机关在开庭前向法院提交申请,请求法院对"辩诉交易"进行确认。法院受理后由合议庭对协议进行严格查后经合议予以确认,以故意伤害罪判处被告人有期徒刑三年缓刑三年。①

　　这是我国司法实践中第一次对辩诉交易的尝试,就个案的处理而言达到了控、辩、审以及被害人四方均满意的结果,公诉人认为通过辩诉交易很好地解决了证据不十分充分案件的事实认定问题,与被害人的协商有效弥补了受害人的损失,案结事了,提高办案效率,很好地实现了案件办理法律效果和社会效果的统一。辩护人认为在被追诉人认罪的情况下进行辩诉交易能有效提高诉讼效率,法院迅速地解决了可能会拖延很久的审判,被害人则得到充足的民事赔偿,被追诉人获得轻刑,各方利益均得到兼顾。但因为当时的司法观点、社会环境都还无法接受"犯罪分子"跟国家"讨价还价",刑事协商对司法系统以及大众观点冲击力太大,这一次尝试最终以最高人民检察院叫停"辩诉交易"告终。

　　由上述梳理可以看出,改革开放以后我国对协商性刑事司法制度的尝试实际上是从实践中开始的,体现出一种"自发性",由此也反映出协商性司法制度在我国具有现实需求,尽管辩诉交易制度被否定、暂缓起诉的尝试也受到诸多批评,但我国对协商性司法模式的制度探索却从此拉开序幕。

---

　　① 李文广等:《聚焦国内"辩诉交易"第一案》,2002 年 08 月 08 日,https://www.chinacourt.org/article/detail/2002/08/id/9780.shtml。

三、我国立法对协商性司法的回应：
协商性司法范式最终形成

1979 年《刑事诉讼法》规定审理自诉案件可以调解，自诉人可以同被追诉人和解，这是对过去我们党在轻微刑事案件领域实施调解的制度延续，但它在范围上做了限缩，将公诉案件排除在调解之外，仅仅允许自诉案件调解。自诉案件实际上具有准民事诉讼的性质，调解和和解的主体是自诉人和被追诉人双方，司法机关并不参与，所以这个制度在刑事司法领域很难称得上是严格意义上的协商性司法。1996 年我国对《刑事诉讼法》进行第一次修正增设了简易程序，规定对三类案件可以适用简易程序审理，其中就包括轻微犯罪的公诉案件。[①] 但这次立法并没有将"被告人认罪"作为简易程序的适用条件，对案件简化审理的判断标准主要是刑期和情节，至于刑期长短和情节轻重则由司法机关单方面进行判定，与被告人的意志以及认罪与否没有必然的联系。2003 年以后，我国立法开始探索对"被告人认罪"案件的简化审理，正式对协商性司法做出回应。

（一）以认罪为前提的简易程序

"认罪得以简化程序、减轻处罚"的理念在 2003 年被我国司法机关正式接受，这一年，最高人民法院、最高人民检察院和司法部联合发布了《关于适用简易程序审理公诉案件的若干意见》（以下简称《简易程序审理意见》）和《关于适用普通程序审理"被告人认罪案件"的若干意见（试行）》（以下简称

[①] 1996 年《刑事诉讼法》第 174 条规定"人民法院对于下列案件，可以适用简易程序，由审判员一人独任审判：（一）对依法可能判处三年以下有期徒刑、拘役、管制、单处罚金的公诉案件，事实清楚、证据充分，人民检察院建议或者同意适用简易程序的；（二）告诉才处理的案件；（三）被害人起诉的有证据证明的轻微刑事案件。"

《认罪案件审理意见》），前者确立了以认罪为前提的简易程序，后者确立被告人认罪案件简化审程序。

《简易程序审理意见》第一条在刑事诉讼法的基础上对适用简易程序的公诉案件增加了一项要求，即"被告人及辩护人对所指控的基本犯罪事实没有异议"，同时在第三条规定人民检察院提出建议适用简易程序的案件，"人民法院在征得被告人、辩护人同意后决定适用简易程序的，应当制作《适用简易程序决定书》，在开庭前送达人民检察院、被告人及辩护人"；第四条规定即使人民检察院没有建议适用简易程序，法院认为可以适用简易程序的亦可以征得检察院以及被告人和辩护人的同意后适用简易程序。

《简易程序审理意见》主要在两个方面推动了协商性司法在我国的适用：

第一，赋予刑事被追诉人程序选择权和实体处分权。1996 年刑事诉讼法规定只要检察机关建议或同意，人民法院就可以适用简易程序，《简易程序审理意见》对这一条做出完善，规定检察院提出建议的，人民法院要征得辩方同意后才适用简易程序，这意味着辩方获得有限的对案件处理程序的"话语权"，享有对案件适用普通程序或者简易程序的选择权以及一定程序的决定权。对于案件的实体处理结果，《简易程序审理意见》在第七条规定"被告人自愿认罪，并对起诉书所指控的犯罪事实无异议的，法庭可以直接作出有罪判决"，也就是说，在案件的处理过程中，如果辩方做无罪辩护则不能适用简易程序，但如果被追诉人认罪，法院就可以认为案件"事实清楚"从而直接做出有罪判决。程序选择权和实体处分权的获得让被追诉人在刑事诉讼中获得了一定的主动权和话语权，这种主动权和话语权是协商性司法的前提。

第二，为简易程序的适用注入"合作"和"协商"因素。依照《简易程序审理意见》，司法机关要适用简易程序处理案件需要被追诉人在两个方面予以配合：认罪和同意适用简易程序；对于被追诉人配合之后给予的"回报"，则是人民法院可以酌情对其予以从轻处罚。换句话说，被追诉人认罪之后，他与司法机关成为"合作关系"，首先是与检察机关不再对抗，认可检察官的指控，检察官得以减释诉讼工作量；而在被追诉人认罪之后，法院可以"直接"做出有罪判决，尽管该意见没有对"直接"一词做出说明，但结合该意见全文可以推导得出，所谓"直接"就是在被告人对起诉状书指控的事实没有异议的情况下，人民法院不需要就指控的事实组织法庭调查，这就大大提升了庭审的效率，作为"回报"，人民法院愿意给予被追诉人较轻的刑罚处罚。虽然该意见中没有明确规定辩方同司法机关进行协商，但可想而知，在辩方同控方以及审判方达致合作意向的过程中，不可避免会有对话、沟通甚至"讨价还价"，协商的意味不言而喻。

（二）被告人认罪案件简化审程序

《认罪案件审理意见》则在协商司法方面走得更远，程序设计也更精密。该意见首先创设了一种介于简易程序和普通程序之间的"第三种程序"，被追诉人的程序选择权进一步扩大，程序的适用范围也扩大到死刑以外的所有刑事案件。该意见还特别关注到被追诉人认罪自愿性和明智性的保障问题，规定法院在适用程序之前必须明确告知被追诉人相关法律规定以及认罪后果和程序后果，在开庭审理时，公诉人宣读起诉书以后，合议庭要再次确认被追诉人系自愿认罪和同意适用简化程序，并知悉认罪可能导致的法律后果。

《认罪案件审理意见》还有一个突破性的规定就是确立了"自认规则"，第七条规定双方无异议的证据可以直接当庭予以认证。"自认规则"在证据的采纳方面大大降低了控方举证的难度，能够有效提高检察官进行协商的积极性和主动性。

2012 年刑事诉讼法修正案对上述两个意见的内容作了吸收，将简易程序的审理范围扩大到所有基层人民法院审理的案件，被告人认罪案件的简易审判程序被称为"最低限度的合作模式"①，是合作式司法的一种类型，同

---

① "最低限度的合作模式是指在被告人自愿认罪的情况下，法院以较为简易的方式对案件进行审理和裁判的诉讼模式。"（陈瑞华：《刑事诉讼的公力合作模式——量刑协商制度在中国的兴起》，《法学论坛》2019 年第 4 期）

时带有协商性。

（三）刑事和解制度

刑事和解制度的确立是我国引入协商性司法理念的一个里程碑事件。

2012 年我国对刑事诉讼法进行第二次修正，增设"特别程序"一编，在第二章规定"当事人和解的公诉案件诉讼程序"，①规定公诉案件的被告人和被害人之间可以和解，被告人通过赔偿损失、赔礼道歉换取被害人谅解，双方可以自愿达成和解协议，对和解的案件，司法机关在审查自愿性、合法性之后予以认可，并对被告人宽大处理。

按照本文对合作式司法的界定，刑事和解是一种合作性司法。我国的刑事和解与法国刑事和解制度存在明显不同，在我国刑事和解中，协商的主体是被追诉人和被害方，至于公安司法机关能否参与协商过程，刑事诉讼法并没有作出明文规定，公检法三机关的态度则不一致，公安机关和检察院认为自己只是和解协议的审查者，并不参与协商，最高人民法院则规定法院可主持和解协商，②但无论是主持还是审查，公安司法机关都不能作为一方当事人直接参与协商，这是出于维护协商双方平等地位的需要，因为如果公安司法机关成为协商一方，则容易出现其利用优势地位压迫对方接受和解的情形。

---

① 第 277 条"下列公诉案件，被追诉人、被告人真诚悔罪，通过向被害人赔偿损失、赔礼道歉等方式获得被害人谅解，被害人自愿和解的，双方当事人可以和解：（一）因民间纠纷引起，涉嫌刑法分则第四章、第五章规定的犯罪案件，可能判处三年有期徒刑以下刑罚的；（二）除渎职犯罪以外的可能判处七年有期徒刑以下刑罚的过失犯罪案件。被追诉人、被告人在五年以内曾经故意犯罪的，不适用本章规定的程序。"第 278 条"双方当事人和解的，公安机关、人民检察院、人民法院应当听取当事人和其他有关人员的意见，对和解的自愿性、合法性进行审查，并主持制作和解协议书。"第 279 条"对于达成和解协议的案件，公安机关可以向人民检察院提出从宽处理的建议。人民检察院可以向人民法院提出从宽处罚的建议；对于犯罪情节轻微，不需要判处刑罚的，可以作出不起诉的决定。人民法院可以依法对被告人从宽处罚"。

② 见最高人民法院关于适用《中华人民共和国刑事诉讼法》的解释第 496 条"对符合刑事诉讼法第二百七十七条规定的公诉案件，事实清楚、证据充分的，人民法院应当告知当事人可以自行和解；当事人提出申请的，人民法院可以主持双方当事人协商以达成和解"。

刑事和解的协商性十分明显。被追诉人和被害人之间围绕求得谅解的条件展开对话和沟通,双方的法律地位平等,权利对等,可以受到办案机关或民间调解主体的引导,但是否接受和解、是否答应对方条件完全由双方自行决定,不受任何其他人的强迫或威胁,而且双方之间的协商可以充分进行,各自都可以完整而系统地表达自己的意见,协商可以反复多次进行直至达成和解协议。

其合作性则体现在三个方面:首先是被追诉人和被害人的合作。尽管在和解程序中,被追诉人和被害人的利益具有对立性,但双方一旦能够达成和解协议,对抗关系就转变为合作,他们必须通力合作让和解协议的内容能够被办案机关认可,以确保双方的协议利益能够实现。由于法律没有规定公安司法机关必须接受当事人的和解协议,和解协议对办案机关没有强制约束力,如果办案机关不认可,即使双方达成协议也无法实现各自的协议利益,在这种情况下,就需要被追诉人和被害人合作让办案机关认可和解协议,所以司法实践中经常出现被害人向检察官或法官请求对被追诉人宽大处理的情形。[1] 其次是办案机关之间的合作。依照司法解释的规定,公安机关、人民检察院主持制作的和解协议书,当事人提出异议时人民法院应当审查,对这一规定可以理解为:如果当事人对和解协议书不提出异议,法院可以直接认定公安机关或者检察院主持制作的协议书效力,这实际上就是法院对审前办案机关的配合,通过认可和解协议肯定审前办案机关的工作成果,维护其信誉。不仅如此,在协调当事人之间关系、促进刑事和解成功方面,办案机关之间也会相互配合。最后是办案机关与当事人之间的合作。认可和解协议的效力,为当事人实现协议利益提供帮助,在协议过程中为当事人提供法律咨询、政策宣讲、措施引导,指

---

[1] 笔者曾以辩护律师身份参与一起故意伤害案件的处理,被告人和被害人达成协议,如果被告人能被判缓刑,被告人的家属就愿意向被害人家属支付赔偿金(被告人自己没有赔付能力),双方达成协议后,被害人专门委托代理律师跟法官和检察官沟通希望能够对被告人适用缓刑。

导当事人起草协议书文本等都是办案机关配合当事人的方式。而当事人对办案机关的配合则是积极参与和解，被告人主动认罪、悔罪，主动消除犯罪负面影响，修复被犯罪破坏的社会关系等。

但在刑事和解中，协商是围绕赔偿和修复被害人的条件进行的，当事人无权对案件定罪量刑问题进行"讨价还价"，因此刑事和解制度实际上还是停留在"私权对话"的范畴，除了对和解协议的认可，公权力机关不参与对话和沟通的过程，和解的内容也仅限于被害方同意司法机关对被追诉人宽大处理，并不涉及具体的刑罚扣减标准，所以刑事和解被称为"和解性的私力合作模式"，①它具有协商性司法范式的特征，但不具有典型性和代表性。

（四）认罪认罚从宽制度

如果说刑事和解是一种并不充分的协商性司法制度，2018 年刑事诉讼法确立的认罪认罚从宽制度则是协商性司法范式的典型制度样本，而且这项制度的建立是采用"自上而下"的"从规范到实践"模式：2014 年《中共中央关于全面推进依法治国若干重大问题的决定》提出推进以审判为中心诉讼制度改革，同时提出"完善刑事诉讼中认罪认罚从宽制度"，第二年最高人民法院发布"'四五'改革纲要（2014—2018）"对认罪认罚从宽制度做出初步的界定，②2016 年 9 月，全国人大常委会授权开展试点，同年 11 月颁布试点办法，2018年 10 月 26 日刑事诉讼法第三次修正将认罪认罚从宽制度写入刑事诉讼法。

导论中已经提到，在试点之初，关于认罪认罚从宽制度的基本定位颇有争

---

① "所谓和解性的私力合作模式，是指在被告人自愿认罪、被害方与被告方就民事赔偿问题达成和解协议的前提下，司法机关据此对被告人作出宽大刑事处理的诉讼模式。司法实践中屡屡出现的刑事和解制度，就具有这种和解性私力合作模式的特征。"（陈瑞华：《刑事诉讼的公力合作模式——量刑协商制度在中国的兴起》，《法学论坛》2019 年第 4 期）

② "纲要"第 13 项"完善刑事诉讼中认罪认罚从宽制度。明确被告人自愿认罪、自愿接受处罚、积极退赃退赔案件的诉讼程序、处罚标准和处理方式，构建被告人认罪案件和不认罪案件的分流机制，优化配置司法资源"。

论,但理论界很快达成一致意见:认罪认罚从宽制度是检察机关主导的控辩协商制度。之后官方予以肯定,先是"两高三部"在联合发布的《指导意见》中直接使用了"协商"一词,随后最高人民检察院发文明确提出认罪认罚从宽制度是检察官主导的合作性司法,是有中国特色的认罪协商制度。

作为检察机关主导的控辩协商制度,认罪认罚从宽制度处理案件的一般流程为:(1)检察机关向被追诉人告知诉讼权利并释明法律对认罪认罚从宽处理制度的规定;(2)被追诉人表示愿意认罪认罚;(3)检察机关就案件的事实、罪名、量刑、适用程序等听取被追诉人、辩护人或值班律师意见;(4)被追诉人愿意认罪认罚并在律师见证下签署具结书;(5)检察院依照具结书向法院提起公诉;(6)人民法院对案件进行审理,审查案件被告人认罪认罚的自愿性、合法性;(7)人民法院按照具结书认定的事实和罪名以及量刑建议做出判决。

这个流程中,协商主要发生在检察机关审查起诉中的听取意见环节,控辩双方在这个阶段展开对话和沟通,被追诉人在律师(辩护律师或值班律师)的帮助下向检察机关陈述自己的意见,检察机关针对性做出回应,最终双方就定罪和量刑问题达成某种程度的妥协,形成"合意"并由被追诉人以签署《认罪认罚具结书》的形式书面确认和固定。之后的法院司法审查环节主要针对"协商合意"即被追诉人签署《认罪认罚具结书》的自愿性和合法性进行,裁判以具结书记载的内容为基础,法院同时也要对指控是否具备事实根据和法律依据进行实质审查。

对比普通程序,认罪认罚对案件的处理有三个特点:第一,存在公权力代表与被追诉人的协商,程序的进行一定程度上与被追诉人的意愿相关,如果被追诉人不愿意认罪认罚则协商程序不能启动;第二,认罪认罚本身是独立的从轻量刑情节,这是认罪认罚从宽制度的一个重大突破,被追诉人在提升诉讼效率方面做出的专项贡献得到肯定性评价并获得"收益",程序成为独立的量刑情节,其独特价值得到实现;第三,认罪认罚的案件在审判阶段会采取间接和书面的方式大幅度简化庭审，定罪不再是法庭审理的重点，法院主要围绕着控辩双方达成的量刑协议进行司法审查，正是从这个角度，认罪认罚从宽制度被认为是"放弃审判制度"的刑事诉讼"第四范式"制度样本。

认罪认罚从宽制度入法意味着典型意义上的协商性司法范式在我国确立，它的出现，是协商民主理论在我国从政治领域扩展至司法领域的结果，它有效完善了中国特色社会主义刑事司法制度，有利于在刑事司法中更好实现司法公正与效率的统一，有利于推进国家治理体系和治理能力现代化，它为世界贡献了刑事司法与犯罪治理的"中国方案"，也为世界贡献了协商性司法的"中国方案"。

四、我国对协商性司法范式的价值诉求

时至今日，以认罪认罚从宽制度为主要样本的协商性司法范式承载了更多的价值诉求，这些诉求既是协商性司法在我国发生的原因，反过来又是其存在的必要性基础。

（一）体现司法为民，回应人民需求

我国是社会主义国家，民主政治的本质特征是人民当家作主，人民立场亦是党的根本立场，社会主义法治与西方法治的根本区别在于我们始终坚持"以人民为中心"的法治观。"坚持以人民为中心"也是习近平法治思想的内核，习近平总书记指出，"我们要始终把人民立场作为根本立场，把为人民谋幸福作为根本使命"[①]，"坚持人民主体地位。法治建设要为了人民、依靠人民、造福人民、保护人民"[②]。党的二十大报告中再次强调"必须坚持人民至上"。作为社会主义法治建设中的重要一环，司法当然具有"人民属性"，"以

---

① 《习近平著作选读》第二卷，人民出版社2023年版，第162页。
② 习近平：《论坚持人民当家作主》，中央文献出版社2021年版，第242—243页。

人民为中心"是一切司法制度的逻辑起点,"司法为民"则是一切司法行为的目标归宿。

认罪认罚从宽制度就是站在人民立场、维护人民利益、回应人民需求的制度设计。

1. 认罪认罚从宽制度有效提升了当事人在刑事诉讼中的参与度,赋予当事人影响案件程序和结果的能力,使人民群众得到更多的获得感。"获得感"是主体获取某种利益后所产生的满足感,是一种"物质或精神得到",有"得"才有获得感,"得到"越多获得感越强,在司法领域,人民群众的获得感来自司法需求得到满足、权利得到维护、胜诉权益得到兑现。① 通过认罪认罚,犯罪行为人得以减轻刑罚甚至免除刑罚,这些都是实实在在的"利益";而对于被害一方而言,犯罪行为人认罪、悔罪,积极赔偿,真心赔礼道歉,被害人的经济损失得到弥补,精神创伤得以抚慰,这些也是实实在在获得的"利益"。

2. 认罪认罚从宽制度向当事人不断释放司法温情,强化人文关怀,使人民群众得到更多的幸福感。幸福感是指人类基于自身的满足感与安全感而主观产生的一系列欣喜与愉悦的情绪,幸福感来自情感得到满足后产生的"精神愉悦",有"情"才有幸福,"情感"越浓幸福感越强,在司法领域,人民群众的幸福感来自德法并举、情法交融以及司法的人文关怀。② 传统对抗式司法中,司法机关以"手持利剑的执法者"形象存在,被追诉一方被置于对立面,并被定位为与代表国家指控犯罪的公诉机关相抗衡的"敌对状态",道德上被"谴责",情感上被"唾弃",稍有不慎就会招致重罚,谈不上主体尊严,更谈不上有幸福感。而被害一方被置于指控犯罪的辅助人地位,与公诉机关"同仇敌忾"一致对付被追诉人,往往在诉讼中进一步遭受精神上的"二次伤害"。认罪认罚从宽制度让司法机关转换形象,不再一味追求重罚,更多以"恩威并重""寓情于法"的说服教育者形象存在,被追诉人的主体地位被维护、实体利益被保

---

① 王世华:《站稳人民立场 践行司法为民》,《唯是》2019 年第 6 期。
② 王世华:《站稳人民立场 践行司法为民》,《唯是》2019 年第 6 期。

障、人格尊严被尊重，情感亦能够得到满足。被追诉人的认罪认罚反过来又能够有效消解被害方心中的"怨恨"，弥补和修复其精神创伤，在"不幸"中获得"慰藉"。

3. 认罪认罚从宽制度能促使犯罪行为人真心认罪、主动认罚，既能提升打击犯罪的效率，也能有效避免再犯发生，从而提升人民群众的安全感。社会治安良好有序是人民群众安全感的重要来源，因此对犯罪的治理承载着人民群众对安定社会秩序的巨大需求。一般来说，刑事司法系统对犯罪的打击越有效率，犯罪行为人承认犯罪和接受处罚的主动性越高、再犯可能性越小，社会治安就越好，人民群众的安全感也就越强，认罪认罚从宽制度恰恰既能提升打击犯罪的效率，又能促使犯罪行为人主动认罪服法。

（二）落实宽严相济，实现公平正义

公平正义是社会主义司法的核心追求，习近平总书记强调"必须牢牢把握社会公平正义这一法治价值追求，努力让人民群众在每一项法律制度、每一个执法决定、每一宗司法案件中都感受到公平正义"①。公平正义具有相对性和具体性，一味追求形式的合理性和刑法适用的高度一致性，忽略实质正义和多元价值并不符合公平正义的要求，差异化地对待刑事被追诉人有利于实质性公平正义的实现。

宽严相济刑事政策本身是刑罚差异化、具体化的体现。宽严相济刑事政策是 20 世纪 80 年代我国基于预防犯罪的目的，依据罪责刑相适应原则提出的刑事司法政策，它的提出与 80 年初我国在刑事司法领域开展的"严打"有关，可以说是"严打"的教训总结。由于社会治安恶化，1983 年 9 月我国开始第一轮"严打"斗争，对刑事犯罪强调"从严从重"打击，忽视从宽一面，导致很多轻罪被重判从而引发社会非议，党中央迅速注意到这一点并作出政策调整，

---

① 习近平：《加强党对全面依法治国的领导》，《求是》2019 年第 4 期。

提出既要坚持"严打"又要重视"从宽",宽严相济刑事政策应运而生。可以说,这项政策的提出本身就是对不分轻重一律从严的"形式正义"的一次纠偏。宽严相济刑事政策承认犯罪和犯罪人的多样性和复杂性,犯罪轻重不同,犯罪行为人的主观恶性不同,因此应当区别对待,分清不同情况做出不同处理,其基本要求是差别对待犯罪行为人,当宽则宽,当严则严,宽严有度,宽严相济。① 差异化的评价和对待犯罪和犯罪行为人体现出一种实质的公平正义,是对罪责刑相适应原则的最好诠释。

但很长时间以来,宽严相济刑事政策在我国仅仅只是在刑事实体法中有所体现,具体表现为自首、坦白制度,进而衍生出"坦白从宽、抗拒从严"的司法政策,程序法上却没有与之相匹配的制度,尤其是法律没有规定被追诉人坦白以后、司法机关有对之宽大处理的义务或者职责,以致司法实践中出现如实交代罪行的被告人被判刑罚、拒不认罪的被告人却因为办案机关无法收集的充分的证据而被无罪释放,严重损害司法公正的外在形象。认罪认罚从宽制度将宽严相济刑事政策具体化为刑事诉讼制度,规定被追诉人认罪认罚的可以从宽处理,尽管法律表述仍然使用的是"可以"一词,但相关文件,比如"两高三部"《关于适用认罪认罚从宽制度的指导意见》在基本原则中明确对轻微犯罪"一般应当从宽",对重罪"应当慎重把握从宽",基本将"从宽处理"界定为司法机关"应当为之",这一规定为"坦白从宽"提供了制度化保障,有利于对认罪态度好、社会危险性低的犯罪行为人差异化进行处理,从而实现实质的公平和正义。

(三) 提升诉讼效率,优化司法资源

本文上篇已经就协商性司法范式的功能和价值做出十分详细的阐述,协商性司法出现的最主要驱动因素就是犯罪率大幅增长与普通程序效率低下之

---

① 马克昌:《宽严相济刑事政策自议》,《人民检察》2006 年第 19 期。

间的冲突与矛盾，也就是这种司法范式从诞生之初就担负着提升刑事诉讼效率的使命。

考察协商性司法范式在我国形成的过程，不难发现，认罪认罚从宽制度尽管是一种"自上而下"的入法方式，但它其实也是我国在犯罪治理方面不断"面对现实"调整思路的过程。从 2002 年辩诉交易被叫停到 2018 年认罪认罚从宽制度入法也不过只有短短十六年，这十六年间究竟发生了什么让我国对协商性司法范式呈现出"一百八十度"的态度变化？笔者认为主要原因在于日益增长的案件数量与有限司法资源之间的矛盾日渐突出，司法效率亟待提升。

2002 年至今显然是中国社会变化最大的二十年。随着市场经济建设成效提升，国家现代化、社会城市化进程加快，人口流动频繁，社会贫富差距逐渐扩大，同时国家治理能力提升，行政规范愈加细密，"犯罪圈"日益扩大，种种因素导致犯罪数量增长，依据最高人民检察院工作报告公示的数据，全国检察机关提起公诉的人数从 1995 年的 596624 人上升到 2020 年 1572804 人。如果司法资源的增量能够匹配刑事案件的增速，二者之间的矛盾不致尖锐，然而同期叠加的却是司法领域展开深刻改革，其中对刑事司法系统效率影响最大的莫过于员额制改革。员额制改革直接导致的结果是法官、检察官的人数锐减，2017 年前，我国法官人数大约是 21 万人，员额制改革后，全国员额法官约12 万人，这个数字还包括大量具备员额身份、实际上并不充分办案的"官员型法官"。案件急剧增长，办案人员却大幅下降，二者必然呈现矛盾。

我国刑事诉讼法经历 1996 年、2012 年两次修正之后，有利于打击犯罪的职权性因素明显弱化，以人权保障为目标的制度设计愈加精密，尤其是辩护制度得到极大完善，加之辩护律师的职业化、团队化以及精锐化，控辩双方的对抗性越来越强，刑事诉讼程序愈加复杂，诉讼周期越来越长，司法效率越来越低。为了实现司法公正、保障人民权益，2014 年党中央提出"以审判为中心"诉讼制度改革，强调庭审实质化改革进一步使得优化司法资源配置、提升司法效率日益迫切,认罪认罚从宽制度应运而生。

认罪认罚从宽制度从多个方面提升了诉讼效率:被追诉人及时认罪,降低了公安司法机关查明案件事实的难度;被追诉人愿意认罚,主动化解社会矛盾和纠纷;被追诉人接受简易程序或速裁程序,缩短诉讼周期,降低诉讼成本,节约司法资源,提升司法效率。同时,认罪认罚从宽制度将刑事案件繁简分流,将司法资源集中到疑难、复杂案件的处理之中,实现了司法资源的优化配置。

第六章　认罪认罚从宽制度的协商机理

我国的认罪认罚从宽制度是在吸收协商性司法理念的基础上,借鉴辩诉交易制度的合理部分、结合我国国情做出的制度创造,是一种中国特色的控辩协商制度,有自己的特征和运行逻辑,但整体而言,我国认罪认罚从宽制度更接近大陆法系的协商性司法模式。

一、认罪认罚从宽制度概貌

(一) 适用的基本原则

适用认罪认罚从宽制度需要坚持四项基本原则:(1)宽严相济刑事政策。应针对不同的犯罪,区分案件性质、犯罪情节和危害社会的程度区别对待,当宽则宽,当严则严,不应当不加区分一味从宽;(2)罪责刑相适应原则。认罪认罚案件仍然需要考虑被追诉人的罪行轻重、应负责任大小和人身危险性,罚当其罪;(3)证据裁判原则。认罪认罚案件仍然要坚持证据裁判,坚持法定证明标准,证据不足的案件,不能因为被追诉人认罪认罚就认定有罪,必须坚守司法公正的底线;(4)公检法三机关配合制约原则。公、检、法三机关应当分工负责、互相配合、互相制约,推进落实认罪认罚从宽制度。

（二）适用范围及条件

我国法律规定适用认罪认罚从宽制度没有罪名和刑罚的限定，所有案件均可适用，同时也没有阶段限制，在侦查、起诉、审判（包括一审、二审）均可适用。

在适用条件上，认罪认罚从宽制度的基本模式是"认罪+认罚=可以从宽"。何为认罪？理论界一直存有争议，焦点在认罪究竟是指承认犯罪事实，还是必须承认指控的罪名。《指导意见》给出的解释是被追诉人"自愿如实供述罪行，对指控的犯罪事实没有异议"，同时规定"对行为性质提出辩解但表示接受司法机关认定意见"的亦是"认罪"，这也就意味着按照指导意见，认罪仅仅是指承认犯罪事实，不包括承认罪名。"认罚"则是被追诉人"真诚悔罪，愿意接受处罚"，具体表现为在侦查中做出"愿意接受处罚"的意思表示，审查起诉中接受检察机关的决定或签署具结书，审判阶段则为当庭确认具结书，愿意接受处罚。法律并没有规定被追诉人认罪认罚的，司法机关必须对其"从宽"，而是规定"可以从宽"，但从《指导意见》的导向看，认罪认罚在一般情况下会导致"从宽处理"的结果，只是轻重不同的案件在从宽幅度上会有差异。

（三）基本流程

认罪认罚从宽制度的适用主要是在审查起诉阶段，完整的流程为：（1）检察机关告知被追诉人诉讼权利以及认罪认罚从宽制度的规定；（2）被追诉人表示愿意认罪认罚；（3）检察机关就犯罪事实、罪名、量刑以及处理程序等听取被追诉人及其律师的意见；（4）检察机关提出具结方案；（5）被追诉人接受具结方案并签署认罪认罚具结书；（6）检察机关制作起诉书并向人民法院提起公诉；（7）人民法院开庭审查被追诉人认罪认罚的自愿性和合法性；（8）人民法院依据具结书内容做出判决。

从流程看，认罪认罚从宽制度处理案件为控辩双方预留了"协商"空间，表现为辩护一方可以同控诉方沟通对案件的处理意见，可以提出自己对案件处理方案的"偏好"，检察机关在提出具结方案时会充分考虑辩方意见，不接受意见时也需要向辩方做出说明。但有一点需要强调的是，虽然法律规定人民法院"一般应当"采纳检察院的量刑建议，也就是接受具结方案，但法院仍然对案件享有实质性的司法审查权，因此"协商合意"产生的效果是简化审判程序，而不是省略审判直接成为案件的裁判结果。

二、认罪认罚从宽制度的运行机理

（一）协商的参与主体

按照法律规定，我国认罪认罚从宽制度的参与者包括了刑事诉讼所有的利益相关者以及侦查、起诉、审判机关，但这些主体的地位并不相同，检察机关和刑事被追诉人是协商的基本主体，侦查机关和人民法院是协商的协同主体，被害人和辩护人是参与主体。

1. 协商的基本主体：检察机关和刑事被追诉人

虽然认罪认罚从宽制度在侦查、起诉和审判阶段都可以适用，但"协商"却主要发生在审查起诉阶段。《刑事诉讼法》第 173 条规定人民检察院审查起诉中，如果被追诉人认罪认罚的，人民检察院应当就相关问题听取被追诉人及其辩护人（值班律师）的意见，然后提出定罪量刑意见并同辩方沟通和协商，辩方则有权向控诉方表达意见，并自由选择是否接受控方意见，由此可见，被追诉人和公诉人是认罪认罚协商的基本主体。

犯罪嫌疑人和被告人是协商的启动者和参与者。刑事诉讼法第 173 条规定"犯罪嫌疑人认罪认罚的……"这是认罪认罚程序开启的起点，只有犯罪嫌疑人做出愿意认罪认罚的意思表示，检察院才有可能围绕案件的实体问题和程序问题听取辩方意见,说服犯罪嫌疑人签署具结书,据此,在认罪认罚的协商中,刑事被追诉人首先是协商程序的启动者。认罪认罚程序的启动是以检察官询问犯罪嫌疑人是否愿意认罪认罚开始,如果他不愿意,无论检察官是什么样的意愿都无法启动认罪认罚程序,否则就违背了自愿认罪认罚这个基本原则。被追诉人同时是协商的参与者,是直接与控方进行对话的主体。刑事诉讼法第 173 条规定公诉人要听取犯罪嫌疑人、辩护人或值班律师的意见,《指导意见》进一步规定检察院在提出量刑建议之前要充分听取辩方意见并尽量协商一致,①旗帜鲜明地将被追诉人确定为协商的一方当事人。按照最高人民检察院的意见,被追诉人参与协商时同控方的地位是平等的。②

　　人民检察院首先是协商的主导者与决定者。认罪认罚从宽制度确定构建起检察官主导下的控辩协商程序,人民检察院既是协商的参与者,也是协商的主导者,并享有最终的决定权。认罪认罚从宽制度是以检察主导为基础的制度设计,检察官主导着整个制度的适用,他首先主导着认罪认罚的程序,包括程序启动、程序选择、案件类型选择、协商程序,同时又在实体方面发挥着重要

① 《关于适用认罪认罚从宽制度的指导意见》第 33 条。

② 最高人民检察院:适用认罪认罚从宽制度的若干问题"2. 这种量刑协商程序系在检察官主导下进行的平等协商。首先,量刑协商系在控辩双方之间进行,法官作为裁判者,不能介入,否则就失去了基本的中立性和超然性,也容易使被追诉人失去真正的自由选择权。这不同于德国量刑协商程序中法官可以参与,与美国辩诉交易类似。其次,检察官主导量刑协商程序。这种主导体现在:一是是否启动协商,由检察机关决定。因为,虽然认罪认罚从宽制度适用于所有刑事案件,但可以适用不是一律必须适用,对一些情节特别恶劣、后果特别严重、社会危害性特别大的被追诉人,即使认罪认罚,检察机关也可以决定不对其提出从宽处罚的建议,也就是说不适用认罪认罚从宽制度。此类案件,既然不适用从宽处罚,自然谈不上开展量刑协商。二是根据与辩护人达成的一致,在辩护人或者值班律师的见证下,提供认罪认罚具结书由被追诉人签署。三是在提起公诉时将认罪认罚具结书等材料一并移交法院。四是庭审中说服法院采纳量刑建议。人民检察院提出量刑建议前,应当充分听取被告人、辩护人或者值班律师、被害人及其诉讼代理人的意见,尽量协商一致。再次,控辩协商系平等进行。虽然协商程序由检察官主导,但具体开展协商,控辩双方系平等的关系,为保障量刑协商平等进行,被追诉人应当在辩护人或者值班律师的帮助下与检察官开展协商,同时,检察官应当充分听取辩方对案件处理、程序适用的意见,并向辩方开示证据,确保信息对称,保证被追诉人在充分知悉案件情况的基础上自愿认罪认罚。实践中,许多地方探索建立了证据开示制度,在诉前沟通时,将所掌握证据情况向被追诉人或者辩护人进行开示,使双方在信息对称的情形下,开展平等的沟通协商,取得了较好的效果"。

主导作用,包括主导认罪、认罚、罪名认定以及量刑适用。①

　　人民检察院同时又是协商的参与者,是同辩方进行对话和沟通的执行者。在被追诉人愿意认罪认罚时,检察官提出对案件事实和法律适用的意见,进而提出量刑建议,并告知辩方,同时听取他们的意见,并适时调整己方意见,尽量寻求双方利益平衡。双方达成合意后,检察机关出具《认罪认罚具结书》文本,被追诉人在律师的见证下签署具结书,尽管检察机关不在具结书上署名,但具结书作为控辩双方协商一致结果的书面载体,仍然具有"契约"的性质,检察机关应当受其约束。但人民检察院又不是跟被追诉人完全等同的协商参与方,他在认罪认罚案件中享有诸多足以影响被追诉人命运的权力,这些权力甚至影响着侦查机关和审判机关:检察机关在审查逮捕中就可以将认罪认罚情况作为重要考量因素,并向侦查机关提出开展认罪认罚工作的建议;有权依职权启动认罪认罚程序,有权决定是否采纳辩方意见,有权提出具体量刑建议,有权决定是否适用认罪认罚程序,有权向法院提出程序适用或转换建议,有权主持签署具结书,有权对被追诉人裁量不起诉或经核准不起诉,有权审核公安机关基于认罪认罚做出的撤案决定,有权对法院的判决提出抗诉等。②

2. 协商的协同主体:侦查机关和人民法院

　　侦查机关是控辩协商的推进者。我国法律规定认罪认罚从宽制度在侦查阶段能够适用,但学界对此颇有争议,侦查阶段适用认罪认罚确实存在一定的风险,可能会与侦查机关的调查取证职能发生冲突,最主要是容易诱发非自愿性认罪认罚,同时也会对侦查的中立性产生影响。尽管如此,法律仍然肯定了侦查阶段犯罪人能够进行认罪认罚,但这个阶段的协商十分有限,仅仅在两种情况下可能会发生,一种是强制措施。被追诉人在侦查阶段表示认罪认罚并

---

① 曹东:《论检察机关在认罪认罚从宽制度中的主导作用》,《中国刑事法杂志》2019 年第 3 期。

② 闫召华:《检察主导:认罪认罚从宽程序模式的构建》,《现代法学》2020 年第 4 期。

符合取保候审等非羁押性强制措施的适用条件的,公安机关可以对其不予拘留或提请批捕,这中间暗含着协商;另外一种是十分特殊的情况,那就是案件符合刑事诉讼法第182条规定的特殊撤销案件情形时,[①]侦查机关可以同辩方进行协商,但司法实践中这种情形十分鲜见,并且这种情况事实上的决定权依然在检察院手中,因为撤销案件需要经过检察机关逐级上报最高人民检察院核准,如果侦查机关的同级检察机关不同意则不会有后面的上报程序发生。在绝大部分案件中,侦查机关发挥的作用是推进协商的适用,侦查机关在讯问被追诉人时应当告知其认罪认罚可以从宽处理的规定,被追诉人表示愿意认罪认罚时应当记录在卷并在起诉意见中做出说明。侦查机关的这些行为,很明显能够让被追诉人在刑事诉讼程序开始之初就进入协商思考和准备状态,为案件进入审查起诉阶段后的控辩协商奠定基础。

审判机关是控辩协商的确认者与审查者。[②] 如前所述,在我国控辩协商的结果即《认罪认罚具结书》是不能直接成为裁判结论的,案件仍然需要法院组织审判进行实质性审查(案件依然要达到事实清楚、证据确实充分的证明标准)之后以判决书的形式作出司法确认,审判机关是控辩协商的审查者和确认者。法院的审查范围包括:第一,审查确认认罪协商案件存在事实基础;第二,审查确认被告人系自愿认罪认罚,没有受到任何强迫;第三,审查被告人明确知晓自己的权利和认罪认罚的法律后果;第四,审查确认《认罪认罚具结书》内容真实、合法,系被告人在律师见证下签署。

审判机关在认罪认罚案件中一方面发挥着司法审查、监督侦查和起诉机关的审前行为、确保司法公正的作用,审判机关与侦查、检察机关相互制约的关系仍然存在,但更多的是对侦查、检察机关的配合。认罪认罚从宽制度是

---

① 第182条被追诉人自愿如实供述涉嫌犯罪的事实,有重大立功或者案件涉及政府重大利益的,经最高人民检察院核准,公安机关可以撤销案件,人民检察院可以作出不起诉决定,也可以对涉嫌数罪中的一项或者多项不起诉。

② 孙道萃:《认罪认罚从宽制度研究》,中国政法大学出版社2020年版,第131页。

一种合作式司法,这种合作不仅仅是控辩双方合作,在我国刑事诉讼主要以公权力推进的模式下,还当然包含着侦查、起诉、审判机关尤其是后两者之间的合作。这是因为,检察机关在审查起诉阶段跟被追诉人协商达成的合意如果总是在审判阶段不被接受和承认,合意就缺乏必要的确定力和既定力,辩方的信赖利益总是得不到实现,久而久之便会失去同控方协商的兴趣导致认罪认罚从宽制度被虚置。正因为如此,刑事诉讼法才规定对认罪认罚的案件,检察院提出的量刑建议,法院原则上应当采纳,只有在明显不当的情况下才能不采纳量刑建议,采纳量刑建议意味着具结书的确定力被认可,这是审判机关对检察机关最重要的配合,也是协商程序具备可获益性的基础。

3. 协商的参与主体:辩护(值班)律师和被害人

认罪认罚从宽协商中还有两类重要参与主体即辩护(值班)律师与被害人。律师参与是被追诉人自愿协商和理性协商的最重要保障,是提升被追诉人主体地位的具体反映和强化,被害人参与则是保障人权的另外一层含义,也是司法公正和程序正义的内在要求。没有律师的参与,控辩协商的平等性和明智性无从谈起,没有被害人参与,协商结果则难言正当。

辩护(值班)律师是协商的重要辅助者。平等是协商正当性的前提,协商能力平等是主体平等应有之义。刑事司法中,政府公诉取代个人起诉之日起控辩双方能力就处于天然失衡状态。控方一般由具有深厚法律知识和丰富控诉经验的法律精英人士担任,而被追诉人绝大部分既不懂法律,也没有诉讼经验,二者能力可谓天壤之别,如果协商在二者之间开展,就如同让一个连英语都不懂的人同一个国际谈判专家进行一场商务谈判,无论外在机制多么公正也因为谈判能力过于悬殊而使得结果并不公平。这就需要对控辩双方的协商能力进行平衡,在控方能力恒定的情况下(政府公诉已经成为刑事诉讼中的常态,刑事起诉已经不可能退回到个人私诉),提升辩方协商能力是唯一路径。而提升辩方能力的方法,一是加强普法教育,通过提高全民法律意识和法治思维来普遍性的提升刑事被追诉人的法律水平,这是一个十分浩大且耗时久远的事情,无法在短期内实现,加之刑事协商十分专业,即使被追诉人获得足够的法律知识,缺乏诉讼经历也无法与经验老到的检察官进行"势均力敌"的谈判,现实而有效的方法是为被追诉人引入帮助者,律师则是最佳人选。在法律职业同质化发展的情况下,律师的参与对平衡控辩协商能力发挥着十分重要的作用,充分确保律师参与有助于维护被追诉人的合法权益和维护司法公正。我国法律在设计认罪认罚从宽制度的时候充分认识到这一点,认罪认罚的被追诉人不仅可以委托辩护律师或者依法接受指定辩护,国家还为其提供了随时都在的"急诊医生"——值班律师。律师在认罪认罚协商中的辅助作用主要体现在:第一,通过会见、阅卷以及同办案机关的沟通交流,帮助被追诉人了解案情,综合判断控方掌握的证据是否足以支持有罪指控,帮助被追诉人对案件的裁判结果做出准确的预估;第二,向被追诉人提示诉讼风险,告知诉讼权利,解答咨询,向其释明法律,协助司法机关确保被追诉人明确知晓认罪认罚的性质和后果;第三,向检察机关充分表达对案件的实体和程序问题的综合意见,指出案件在事实认定、证据采信、程序适用等方面存在的问题,及时向检察机关展示被追诉人可能不构成犯罪的证据,或提示办案机关及时收集有利被追诉人的证据,以帮助司法机关对案件做出合法、公正的认定;第四,同检察机关协商,为被追诉人争取最大化利益,促进协商的公正性有效实现。

　　被害人是协商结果的重要影响者。前文提到,协商性司法的目标中含有"恢复性正义"的要求,修复被害人是"恢复性正义"的首要含义。在协商性司法中如果只关注对被追诉人从宽处罚,完全忽视被害方,刑事诉讼对社会的修复功能则无法完全实现,同时也会引发被害方不满造成更严重的后果。[①] 我国法律在制度设计中充分考虑到对被害人权利的同等关注,《刑事诉讼法》规定认罪认罚案件办案机关要听取被害方的意见,《指导意见》第五部分进一步

----

① 贺江华:《再论以检察院为中心刑事被害方救助机制之构建——以台湾地区被害人保护制度为启示》,《湖北民族学院学报(哲学社会科学版)》2017年第3期。

细化，办案机关不仅要听取意见，还应将其得到修复的情况作为从宽处罚的重要依据。此外，《指导意见》还要求办案机关促进和解，协助为其办理司法救助，由此可见，被害方的意见对协商的达成以及协商结果有着重要影响，被害人也是协商机制的参与者，有权通过表达意见影响协商进程和结果。

（二）协商要遵守的基本原则：平等、自愿

平等协商和自愿协商仍然是我国认罪认罚协商需要遵守的基本原则。尽管我国的认罪认罚从宽制度具有较强的职权性要素，检察机关在协商中居于主导地位，但这并不意味着检察机关在协商中是"高高在上"的，也不意味着检察机关可以强行推进协商。

1. 平等协商原则。认罪认罚协商在检察官主导下进行并不意味着作为协商主体的检察机关居于高于辩方的地位和特权，二者之间仍然是一种平等关系。我国检察机关在认罪认罚协商中实际上扮演着双重角色，它既是依职权主导认罪认罚从宽制度适用的国家机关，也是控辩协商的一方当事人。在主导认罪认罚从宽制度适用时，它享有作为国家机关所特有的职权，比如采信证据、认定事实、确定罪名以及推动程序向下一个阶段发展等，这个时候检察官的身份是公权力的行使者，是"官"。一旦启动协商，双方开展对话和沟通，检察官的角色则转变为当事人一方，与辩方享有同等的权利。很多学者在对认罪认罚协商的主体地位进行分析和评价时都是笼统地认为双方平等抑或不平等，这种不加区分的评价得出的任何结论都是偏颇的，将行使检察职权时的检察官同被追诉人置于平等地位必然损害国家追诉的权威性，而把作为协商主体的检察机关置于高于辩方的位置则容易导致"强迫协商"或者"强制交易"，我们在理解认罪认罚协商的平等性时，一定要对检察机关的角色进行区分，以避免做出错误的评价。

协商过程的平等性体现在：第一，协商在控辩双方之间进行，法官作为裁判者并不介入协商，而是保持中立性，一旦协商达成协议，法官则中立地审查

协商的合法性和协议的公正性;第二,协商以言辞对话形式展开。刑事诉讼法第 173 条规定认罪认罚的案件,检察机关对被追诉人不再限于"讯问",而是要听取他对案件的实体认定和程序适用等各方面的意见,不仅如此,检察机关还要听取辩护(值班)律师的意见,不采纳意见还应当说明理由,提出量刑建议前要尽量同辩方协商一致,这些规定都十分清晰地表明,控辩协商过程中,检察机关不再"高高在上",而是不断地同辩方沟通并适时作出回应,对话的平等性十分明显;第三,被追诉人享有完全的自由决定权。被追诉人不愿意认罪认罚的,检察机关应当及时按照普通案件作出决定,被追诉人不接受检察机关量刑建议的可以不签署具结书,不同意适用简易程序或速裁程序的不得适用简易或速裁程序,显然被追诉人在认罪认罚协商中是完全自由的,没有被控制或者被压制;第四,协商在一系列特殊保障制度中开展。例如,为保障协商双方能力对等,法律规定被追诉人应当在律师帮助下与检察官开展协商;为保障协商时双方信息对称,检察官应当向辩方开示证据,律师有权及时行使充分的阅卷权等。

2. 自愿协商原则。协商性司法如果脱离自愿性原则就丧失了存在的正当性基础,自愿是认罪认罚程序启动和展开的基本要求,自愿"认罪"是程序启动的前提,自愿"认罚"则是对协商过程的确认。刑事诉讼法第 15 条概括起来就是"自愿认罪,愿意受罚,从宽处理",作为认罪认罚从宽制度的原则性规定,该条两次使用了表示被追诉人主观意愿的词,足见自愿性在认罪认罚从宽制度中的基础性地位。

自愿协商原则在认罪认罚从宽制度中主要体现在以下方面:(1)认罪自愿。关于"认罪"的含义在我国一直有争议,有学者认为"认罪"包括认事实和罪名,有的学者认为认罪仅仅是指认事实,无论认罪的具体内容是什么,被追诉人承认事实抑或承认罪名,都必须是自己心甘情愿的。"自愿"应当包括两个方面:从认识因素上讲,被追诉人应当充分认识自己的行为性质和后果;从意志因素讲,被追诉人做出的承认是在完全自由状态下的意思表示。被追诉人基于认识错误做出的"认罪"不符合自愿性要求,违背自己意志做出的"认罪"也不符合自愿性要求。被追诉人的"认罪"表示还应当是明确的,检察机关询问被追诉人是否自愿认罪认罚,如果被追诉人保持沉默则不能认为其自愿认罪,当然,如果被追诉人自愿在具结书上签字,则是以行动表明自愿认罪。(2)自愿认罚。自愿认罚的表现形式比较多样,被追诉人表示接受量刑建议、向被害人赔偿损失或赔礼道歉、主动退赃退赔、采取措施消除犯罪造成的不良后果、主动缴纳罚金等都可以认定为是自愿认罚。(3)具结自愿。自愿认罪认罚的最终表现是被追诉人自愿签署具结书,对自己的意志表达做出书面确认,还有很重要的一点是,对认罪认罚具结书,被追诉人有权主动撤销。

(三)协商内容:量刑协商

从条文看,刑事诉讼法第173条规定人民检察院要围绕犯罪事实、罪名、适用法律、从宽处罚建议、审理程序以及其他事项听取辩方意见,但这并不意味着案件的事实和涉嫌罪名可以"协商"确定。

我国检察官本身也是司法官,负有正确认定事实、准确适用法律的责任和义务,在任何案件中,检察官都要遵守"以事实为根据,以法律为准绳"的基本原则,要坚持"证据裁判",根据证据认定事实,根据法律确定罪名,事实和法律都是不允许双方"商定"的。认罪认罚案件中,检察机关就事实认定和罪名确定听取辩方意见本质上与普通案件中听取辩方意见并没有不同,之所以要特别强调听取辩方意见是因为在这类案件的处理中,检察官已经不仅仅是起诉权的行使主体,一旦被追诉人选择认罪认罚,检察机关对案件事实和罪名做出的认定就可能成为案件的裁判结论,检察机关实际上扮演了"准裁判官"的角色,在认罪认罚案件中围绕事实和罪名听取辩方意见只是为了保证这种"准裁判"更具有准确性,同时也避免双方达成合意后签署的具结书因为事实认定或者法律适用错误而被法院撤销。

也就是说,听取辩方意见不代表辩方可以就事实、罪名和法律适用问题与检察机关"讨价还价",案件的事实、涉嫌罪名和法律适用只能由检察机关本着客观公正的原则实事求是地根据证据和法律作出认定,这部分实际上还是属于检察机关依职权认定的范畴。在我国认罪认罚协商中,协商只能围绕量刑进行,"按照通常的看法,这种控辩协商不适用于被告人的行为不构成犯罪或者不应追究刑事责任的案件,控辩双方也不能就所指控的罪名和罪数进行协商,而主要围绕着量刑的种类和量刑的幅度进行协商,我们可以将其称为量刑协商制度。"①

　　具体而言,量刑协商的范围包括:(1)刑罚种类。根据《指导意见》,认罪认罚案件检察机关应当就主刑、附加刑、是否适用缓刑等提出建议,听取辩方的意见,这就意味着,控辩双方可以就适用的刑种(比如自由刑和财产刑)、轻刑与重刑(不同的刑期、不同的罚金刑数额等)等进行协商,主刑、附加刑都在协商之列;(2)量刑幅度。控辩双方可以围绕量刑的幅度进行协商,包括从轻处罚(在法定刑幅度内按照较低的幅度量刑)、减轻处罚(在低一个或者两个层级的法定刑范围内处刑)、免除处罚(直接不予刑事处罚);(3)刑罚执行方式。缓刑是我国刑法规定的执行方式之一,具体包括被判处拘役或有期徒刑缓期执行和死刑缓期执行两种,对被追诉人而言,如果能够判处缓刑意味着不被关押或不会被立即执行死刑,被判处缓刑者生活基本不会受到很大影响,被判处死缓者生命不会受到威胁,因此缓刑往往是很多被追诉人愿意认罪认罚的重要驱动力。

　　除了量刑协商,我国司法实践中实际上还有一种围绕强制措施展开的协商,因为强制措施只是对刑事被追诉人临时性的约束手段,这种协商往往被理论研究忽视,但实践中它却具有旺盛的生命力。我国是个羁押率相对比较高的国家,大部分案件的被追诉人在判决生效前处于羁押状态,具有迫切的重获自由的渴望,经常会以愿意认罪认罚为条件换取办案机关变更强制

---

　　①　陈瑞华:《刑事诉讼的公力合作模式——量刑协商制度在中国的兴起》,《法学论坛》2019年第4期。

措施,反过来,办案机关也会将变更强制措施作为对被追诉人适用取保候审、监视居住等非羁押性强制措施的条件,以强制措施为内容的协商是客观和普遍存在的。

（四）协商的对价（筹码）

没有对价（筹码）的协商是没有基础的,往往是"水中月、镜中花",即使我国认罪认罚协商制度不属于辩诉交易,协商双方仍然掌握着一定的筹码,这是同对方协商的"底气",也是促使协商展开的重要驱动力。

我国检察官参与协商的"筹码"仍然是检察裁量权。虽然我国检察官并不具有几乎不受限的自由裁量权,但检察官在案件的处理过程中还是享有一定的酌定处理权,具体包括:(1)裁量不起诉权。刑事诉讼法第 177 条规定检察机关对情节轻微的被追诉人可以不起诉。(2)附条件不起诉权。这种权力主要在未成年人犯罪案件中适用,法律规定对罪行较轻、确有悔改的未成年犯,人民检察院可以设置一定的条件和考验期,如果在考验期内被追诉人遵纪守法、没有再犯,可以不起诉。(3)羁押必要性审查权。我国把大部分案件的审前羁押必要性审查权赋予人民检察院行使,除了审判阶段的逮捕由法院决定,侦查和审查起诉阶段的逮捕都是检察院批准或决定,执行逮捕后检察机关还可以进行动态的羁押必要性审查。(4)量刑建议权。检察机关有权提出量刑建议,可以建议法院对被追诉人从轻、减轻或免除处罚,也可以建议法院对被告人适用缓刑。在认罪认罚案件中,检察机关的量刑建议对法院有一定的约束力,法院不能没有正当理由地拒绝采纳。[1] 检察机关的这些裁量权,让检察机关在具体案件中能够根据案情、当事人的表现、再犯可能性等提出各种有针对性的处理方案,亦可能提出对被追诉人而言最优化的方案,这些方案,就是检察机关换取被追诉人认罪认罚的最有力"筹码"。

---

[1] 贺江华:《检察裁量权的再配置——在"认罪认罚从宽"背景下展开》,《苏州大学学报（哲学社会科学版）》2020 年第 6 期。

被追诉人能够用以协商的"筹码"是什么呢？或者说控方能够从被追诉人认罪认罚得到的"好处"有哪些？这其实同时涉及认罪认罚从宽制度适用的驱动力问题。

首先，被追诉人享有反对强迫自证其罪的权利，认罪能大大降低案件的侦破难度。"口供是证据之王"的时代虽然已经一去不复返，随着现代"无罪推定"原则的普及，各国也都建立了较为严格的口供规则，比如单独口供不定案、非法口供排除规则等，但口供在侦查阶段对案件的侦破所具有的重要价值依然是不容忽视的，最了解刑事案件样貌的非被追诉人莫属，只要被追诉人开口陈述案件经过，案件侦破难题就能够迎刃而解。尤其是在隐秘性较强的复杂犯罪中，常常会因为缺少目击证人或者其他能记录犯罪过程的证据而让侦查机关"一筹莫展"，如果这个时候被追诉人选择认罪并提供线索，侦查机关就能够"顺藤摸瓜"找到足够的定罪证据以使案件达致"事实清楚，证据确实充分"的侦查终结标准。虽然我国没有那般完整的沉默权规则，刑事诉讼法第52条还是宣告性地规定了"不得强迫任何人证实自己有罪"，为被追诉人"开口"设置了一道屏障。当强迫性获取口供的手段被禁止时，侦查、起诉机关唯有通过"从宽承诺"来换取口供。从这个角度而言，我国法律规定在侦查阶段认罪比审查起诉、审判阶段认罪获得的量刑折扣更大是有道理的，因为被追诉人越早认罪，越早交出自己的"筹码"，追诉方在口供中获取的"利益"就越大，相应给辩方的"回报"也就应该越高。

其次，被追诉人认罪认罚能够缩短诉讼周期，提升诉讼效率。"案多人少"在当前同样困扰着我国的司法机关，大量的刑事案件让检察机关和法院均"不堪重负"，被追诉人认罪认罚，案件可以进入快速处理通道，刑事诉讼的效率被大大提高，检察机关和审判机关的工作成效更为突出。

最后，被追诉人认罪认罚能有效修复社会关系，使案件处理达致良好的社会效果。我国司法机关一贯注重案件办理的法律效果和社会效果相统一，传统司法模式中经常出现重判被告却无法弥补被害人创伤的情形，甚至引发被害人因为仇视社会进而转化为犯罪分子，"张扣扣案"是个典型。① 认罪认罚案件中被追诉人的认罪尤其是认罚行为（比如赔偿被害人损失、向被害人赔礼道歉等）能有效化解被害人心中的怨恨，缓解被害方经济困境，修复矛盾、平息纠纷从而使案件的最终处理结果让涉及其中的"每一个人民群众都感受到公平正义"。换句话说，追诉方的让步换来的不仅仅是个案的平和处理，还包括社会的安宁和稳定。

上述种种被追诉人认罪认罚为公安司法机关带来的"红利"也就是追诉人手中掌握的协商"筹码"。

（五）协商的驱动力

协商的驱动力关系到认罪认罚从宽制度司法适用的推进方式。与辩诉交易从实践到立法的"自下而上"入法过程不同，我国认罪认罚从宽制度是从规范到实践"自上而下"的入法模式，先有顶层设计然后进行试点最后入法，这种模式有效避免了"自下而上"模式"各自为政"的混乱状态，使得我国的协商一开始就规范统一，但"自上而下"模式下，主体适用的积极性和主动性以及制度的生命力远远不如"自下而上"的自发式入法模式，为了克服这一点，认

---

① 1996 年，当时张扣扣年仅 13 岁，其母汪秀萍因琐事与邻居王正军、王富军（王自新二子）发生争吵并厮打，过程中王正军捡起一根木棒朝汪秀萍头部猛击一下，致其重伤后死亡。1996 年 12 月 5 日，当地法院对该起案件作出了一审判决，法院认为，被告人王正军犯故意伤害致人死亡罪成立，但王正军未满 18 周岁，且能坦白认罪，其父已代为支付死者丧葬费用，加之被害人汪秀萍对引发本案起因上有一定的过错行为，应当对被告人王正军从轻处罚。法院以故意伤害（致人死亡）罪判处王正军有期徒刑 7 年。关于民事赔偿部分，被告人王正军的犯罪行为给附带民事诉讼原告人张福如造成的经济损失应予赔偿，但鉴于被告人王正军系在校学生，又未成年，且家庭经济困难，确实无力全额赔偿，故酌情予以赔偿，判令被告人王正军的监护人王自新一次性偿付附带民事诉讼原告人张福如经济损失 9639.3 元。该案宣判后，张扣扣及其家人始终认为法院裁判不公，轻判了王家父子，还未成年的张扣扣则一直对王家父子怀恨在心，甚至将替母报仇作为自己的人生目标，然而当时的公安司法机关始终没有人理会这个未成年人的心理状况。2018 年 2 月 15 日，张扣扣在自家楼上观察到王自新、王校军、王正军和亲戚都回到其家中并准备上坟祭祖，张扣扣戴上帽子、口罩，拿上事先准备好的单刃刀尾随跟踪伺机作案。在王校军、王正军一行上坟返回途中，张扣扣持刀先后向王正军、王校军连戳数刀，随后张扣扣持刀赶往王自新家，持刀对坐在堂屋门口的王自新连戳数刀，致 2 人当场死亡、1 人重伤抢救无效死亡。

罪认罚从宽制度在设计时就必须考虑到推动主体积极适用的问题。

我国的认罪认罚从宽制度是侦查机关、检察机关、审判机关、被告人及被害人共同参与的制度，能够为各方参与主体提供利益供给。

侦查机关积极推动认罪认罚的主要动力来自通过被追诉人的口供有效获得侦查案件的突破。这一点，本文在前一部分已经做出充分说明，被追诉人在侦查阶段认罪认罚如实供述犯罪事实能够为侦查机关打开侦查僵局，降低侦破案件和查找证据的难度，能有效提升案件侦破率和侦查效率。

检察机关和审判机关驱动力在于认罪认罚协商能够有效提高诉讼效率，①实现刑事案件繁简分流，将检察官和法官从"案山案海"中解放出来。同时，认罪认罚协商还能有效促进社会和谐稳定，实现案件办理社会效果和法律效果的统一。认罪认罚的被追诉人会自觉受教育矫治，主动修复社会关系，化解社会矛盾。同时在协商中引入被害人参与，充分关注被害人的利益保护，加上被追诉人的积极赔偿、赔礼道歉等行为能有效弥补被害方遭受的损害，消解内心仇恨，平复双方矛盾，真正实现"案结事了"。

被追诉人的驱动力则主要是获得实体宽大处理和尽早摆脱诉讼程序、回归稳定生活。一方面，通过认罪认罚，被追诉人可以获得一定比例的"量刑折扣"甚至降低刑期档次，或者适用缓刑，这对能够确定自己有罪的被追诉人而言具有相当大的"诱惑力"；另一方面，对被追诉人尤其是处于羁押状态的被追诉人而言，刑事诉讼往往是一个漫长的过程，依据我国刑事诉讼法，如果被追诉人被羁押，不考虑延期或程序回转的情形，正常情况下一个刑事案件的诉讼周期最短也近八个月（拘留期最长 37 天，侦查期 2 个月，审查起诉期 1 个月，一审审理期 3 个月），在此期间，被追诉人及其家属要时时刻刻为其未知

---

①　《最高人民法院、最高人民检察院关于在部分地区开展刑事案件认罪认罚从宽制度试点工作情况的中期报告》（2017 年 12 月 23 日）统计数据：对于认罪认罚案件，检察机关审查起诉平均用时 26 天，人民法院 15 日内审结的占 83.5%。适用速裁程序审结的占 68.5%，适用简易程序审结的占 24.9%，适用普通程序审结的占 6.6%；当庭宣判率为 79.8%，其中速裁案件当庭宣判率达 93.8%。

的命运"忐忑不安"。对有些被追诉人而言，与其在不确定中等待，还不如通过"自认"获取明确的结果以尽早摆脱诉讼。

被害人的驱动力者大多是基于能够获得及时、足额的经济赔偿，弥补自己的损失，以及化解同被追诉人之间的矛盾，平和社会关系。

（六）理性协商的保障机制

1. 证据展示制度。证据展示制度是控辩双方在协商时"信息对称"的保障，在我国，证据展示是通过辩护律师行使阅卷权实现的，近年来刑事诉讼法对辩护律师的阅卷权行使一直呈扩大保护趋势。1979 年刑事诉讼法仅仅在第 29 条规定辩护律师可以查阅本案材料，结合其他规定，辩护律师直到开庭前七日才能行使阅卷权。至于阅卷的范围和方式，该法没有作出具体规定，而是由司法机关自行掌握，如此一来，辩护律师能看到案件的哪些材料，对材料能否复制完全由法院说了算，在当时刑事诉讼具有浓厚阶级斗争色彩的背景下，被追诉人都被视为"敌人"，法院作为对敌专政机构自然不会关注保护被追诉人的利益，辩方的阅卷权事实上受到十分严格的限制。1996 年第一次修正刑事诉讼法让这种情况得到明显改善，辩方阅卷权开始扩大。被追诉人获得律师帮助的时间提前到首次接受讯问或被采取强制措施之日，此时律师虽然不是辩护人，但也可以向办案机关了解案情。案件移送审查起诉后，被追诉人有权委托辩护人查阅、摘抄、复制案件的诉讼文书和技术性鉴定材料，案件移送法院后辩护人有权查阅案件事实材料。2012 年我国将"尊重和保障人权"写入刑事诉讼法，作为被追诉人权利保障最重要手段的辩护制度进一步完善，被追诉人委托辩护人的时间提前到侦查阶段，且从审查起诉之日起辩护律师就有权查阅、摘抄、复制全部案卷材料，不仅如此，其他辩护人也可以阅卷。至此辩护律师获得十分完整的阅卷权，为辩方在开庭前全面了解控方掌握的证据材料提供了保障。

2018 年认罪认罚从宽制度入法后，我国在被追诉人获得律师帮助权方面做出进一步扩展,建立值班律师制度,对于自愿认罪认罚、没有委托辩护人的被追诉人,由办案机关通知值班律师为其提供法律咨询、程序选择建议等法律帮助。应当说,值班律师制度是我国法律专门为认罪认罚协商增设的配套制度,目的就是确保认罪认罚的被追诉人都能够获得及时、有效的法律帮助,以保证认罪认罚的自愿性和明智性。对于值班律师的权利,刑事诉讼法规定得比较模糊,起初也引发理论界各种争论,其中最主要的就是值班律师有没有阅卷权和会见权。对此,《指导意见》予以明确,在第三部分第 14 条规定值班律师有权会见被追诉人,有权查阅案卷材料。

辩护人、值班律师和被追诉人本人的阅卷权一起构成我国证据展示制度的主要内容,由辩方到办案机关查阅卷宗是控方向辩方展示证据的方式,这种方式将获取案件证据信息的主动权完全交给辩护(值班)律师,有其高效性以及确保证据材料不扩散、保护当事人隐私和案件办理信息的优点,但这种模式不利于被追诉人本人知悉权的保障,这一点将在后文阐述。

2. 值班律师制度。值班律师制度的设立基于两个主要原因:第一,被追诉人认罪认罚自愿性和明智性的保障需要得到律师及时、有效帮助;第二,辩护律师资源不足以保障每个被追诉人都获得律师辩护。刑事诉讼法规定了两种辩护人的产生方式,一种是委托辩护,由被追诉人聘请律师担任辩护人,因为需要支付律师费,这种辩护要求被追诉人或其家属具备一定的经济能力,对经济困难的被追诉人而言并不容易获得;另一种是指定辩护,指定辩护是我国法律援助制度的组成部分,是国家免费为符合条件的被追诉人提供的法律帮助,律师的办案费用由政府承担,但指定辩护有严格的条件限制,①惠及面十分有限。尽管当前我国很多法院都在进行刑事辩护律师全

---

① 刑事诉讼法规定,被追诉人、被告人因经济困难或者其他原因没有委托辩护人的,本人及其近亲属可以向法律援助机构提出申请。对符合法律援助条件的,法律援助机构应当指派律师为其提供辩护;被追诉人、被告人是盲、聋、哑人,或者是尚未完全丧失辨认或者控制自己行为能力的精神病人或未成年人或者可能被判处无期徒刑、死刑,没有委托辩护人的,人民法院、人民检察院和公安机关应当通知法律援助机构指派律师为其提供辩护。

覆盖改革,但这种全覆盖只在审判阶段发生,认罪认罚案件中被追诉人恰恰是在审前阶段对律师帮助有需求。由于委托辩护和指定辩护无法保证所有的被追诉人都能得到律师帮助,而在认罪认罚协商中,没有律师帮助被追诉人很难充分认识到自己的行为性质和后果,为解决这一矛盾,法律设置了值班律师制度。

关于值班律师的定位,理论界一直有争议。从法律的规定来看,值班律师不同于辩护人,二者的区别可以做一个类比,值班律师相当于是医院急诊室的医生,讲求及时性和实时性,而辩护人像是住院部的管床医生,讲求连贯性和有效性。对值班律师的职责,《指导意见》规定是为被追诉人提供法律帮助,具体包括提供法律咨询、提出程序适用建议、帮助申请变更强制措施、对案件的罪名、检察院量刑建议、案件处理等提出意见、帮助申请法律援助以及其结见证。[①]《指导意见》明确值班律师有权会见被追诉人,亦有权阅卷。

乍看起来,值班律师与辩护人差不多,仔细分析二者还是有差别:第一,值班律师没有调查取证的权利;第二,法律没有规定值班律师的职责包括同办案机关之间的沟通(《指导意见》第15条对辩护人的职责则做了这一规定);第三,值班律师不能参加法庭审理。应该说《指导意见》在刑事诉讼法的基础上对值班律师的权利做了很多扩展,但始终没有规定值班律师可以参加庭审,以避免值班律师彻底"辩护人化"。

与辩诉交易的运行机理进行比较,可以发现我国在对认罪认罚从宽制度进行设计时同样有着对协商性程序本身内在品质的追求,同样用"协商性的程序正义"标尺来衡量我国的认罪认罚从宽制度,将各种制度进行归纳整理可以得出结论如下表:

----

① 具体包括:(一)提供法律咨询,包括告知涉嫌或指控的罪名、相关法律规定,认罪认罚的性质和法律后果等;(二)提出程序适用的建议;(三)帮助申请变更强制措施;(四)对人民检察院认定罪名、量刑建议提出意见;(五)就案件处理,向人民法院、人民检察院、公安机关提出意见;(六)引导、帮助被追诉人、被告人及其近亲属申请法律援助;(七)法律法规规定的其他事项。

表 6-1

协商性的程序正义要求	相关制度或规定
可弃权性	无罪答辩：普通程序
	认罪认罚：速裁程序、简易程序、普通程序
弃权的自愿性	辩护制度、值班律师制度
	证据开示制度（律师阅卷权）
	公安机关、检察机关的告知义务
	法官司法审查制度
可协商性	检察官听取辩方意见
	法官中立
诉讼结果上的可获益性	检察量刑建议权
	被追诉人不被强迫作有罪陈述
最低限度的参与	控方听取意见

第七章 认罪认罚协商之实践审视

2019 年 1 月 1 日新修订的《刑事诉讼法》正式生效,认罪认罚从宽制度从试点走向全面展开,其适用率逐步提高:2019 年 1 月,检察环节认罪认罚的适用率是 20.9%,同年 6 月提高到 39%,到 12 月则达到 83.1%,[①]到 2020 年底,这个数据达到 85%,检察机关的量刑建议采纳率则接近 95%。[②] 入法两年适用率就达到 85%以上,显现出该制度强大的生命力,也反映了我国社会对协商性司法的这一"中国方案"是高度接纳的,可以肯定,认罪认罚从宽制度已经成为我国处理刑事案件的主要程序。

由于该制度在我国尚处于起步阶段,加之仓促入法、制度本身设计较为粗疏,认罪认罚从宽制度在司法适用中还是暴露出些许不足,遭遇各种困境,甚至引发矛盾和冲突,正如导论部分所言,"余金平案"是这些矛盾和冲突的一次集中爆发。归纳起来,认罪认罚协商程序在实践运行中暴露出的问题主要体现在两个方面:一是协商主体的协商程序被虚置,二是协同主体的配合机制失灵。协商程序被虚置主要表现为协商主体之间的合意结果并没有经过对话和

---

① 《最高人民检察院关于人民检察院适用认罪认罚从宽制度情况的报告》(2020 年 10 月 15 日)。

② 《最高人民检察院工作报告》(第十三届全国人民代表大会第四次会议,张军,2021 年 3 月 8 日)。

沟通的过程,协商主体一方或双方没有充分表达意见,或者意见没有引起对方的重视和回应,或者协商结果对案件处理没有发挥实质性作用。而协同主体配合机制失灵主要表现为公安机关、人民检察院、人民法院之间配合不默契甚至出现内耗,尤其是法院对协商合意不愿意接受和采纳,协商合意的约束力不够。

认罪认罚从宽制度在司法适用中呈现出的问题是多样而混杂的,梳理起来并不容易,当前的学术研究成果也大多是针对某种现象或者某个问题"就事论事",分析单个问题固然简单,但要系统性地对该制度展开诊断,就需要有个"参照系"或者说"诊断标准",毕竟实践中出现的矛盾和冲突都只是现象,隐藏在背后的根本原因才是学术研究需要解决的,针对具体疏漏提出解决思路可能不难,难就难在要找到一个科学的"参照系"去对认罪认罚从宽制度进行系统性的评估。本文写作也一度陷入困境,后来笔者从陈瑞华教授的"协商性的程序正义"理论中获得启发,既然协商性司法范式是具有"内在优秀品质"的,按照这些品质的标准去衡量认罪认罚从宽制度就应该能够发现该制度体系存在的各种问题,因此本部分将以"协商性的程序正义"的内在要求为参照系来分析认罪认罚从宽制度本身的缺陷以及我国刑事诉讼系统对其的供给不足。

一、"可放弃性权利"供给不足

按照陈瑞华教授的观点,"可弃权性"是"协商性的程序正义"的基本要素之一。所谓"可弃权性",是指在刑事诉讼中,无论是程序正义价值还是公正审判的权利,都处于可以选择的状态,被追诉者拥有放弃的权利。① 简单地说,"可弃权性"就是被追诉者享有"自由放弃自己权利"的权利,且放弃权利不会导致对其不利的评价或者后果。被追诉人放弃权利的前提是拥有权利,

---

① 陈瑞华:《论协商性的程序正义》,《比较法研究》2021 年第 1 期。

如果法律对被追诉人的权利供给本身不充足，被追诉人处于"无权利可放弃"的状态，协商程序就不具备真正意义的"可弃权性"。

综合起来，被追诉人在协商性程序中放弃的权利主要是两项：无罪辩解的权利和获得普通程序审判的权利，但需要说明的是，只有在被追诉人行使这两项权利能够获利的情况下，被追诉人放弃权利才称得上是真正意义的放弃，因为只有放弃一件"有用"的物品才是有价值的放弃。置换到本文讨论中来，只有在进行无罪辩解和接受普通程序审判对被追诉人而言真正有价值的情况下，被追诉人的放弃才是有效的放弃，协商程序才谈得上"可弃权性"。反观我国刑事诉讼法，被追诉人可以"有价值的放弃"的权利其实并不充足。

首先说无罪辩解的权利。无罪辩解的权利实际上包括两个方面：一是被追诉人以积极的言辞方式表现出来的为自己进行开脱以及对指控进行辩驳的权利；二是被追诉人以消极的"不言语"的方式表现出来的沉默的权利。前者使被追诉人有机会能够向裁判机关表达意见以影响裁判结果，后者则给被追诉人提供了在整个刑事诉讼过程中不致因言语使自己陷入不利境地的"兜底"保障。在被追诉人对抗国家追诉并进行自我保护的过程中，消极的沉默权甚至比积极的辩解权更具有"有用性"，因此美国辩诉交易中，被追诉人放弃的最重要权利就是沉默权，沉默权也是被追诉人同控方谈判的重要"筹码"。我国刑事诉讼法在保障被追诉人的积极辩解权方面应当说规定已经较完备，但却没有赋予被追诉人沉默权，尽管刑事诉讼法第 52 条规定公安司法机关不得强迫任何人证实自己有罪，与沉默权具有某些相通之处，但第 120 条又规定被追诉人对侦查机关的讯问有如实回答的义务，也就是在侦查阶段，真正有罪的人并没有沉默的权利，因为沉默意味着没有履行如实回答的义务。加上我国有过分依赖案件卷宗倾向，侦查阶段的如实回答义务事实上会向后延伸，因为被追诉人在侦查阶段做有罪供述并签署的讯问笔录将直接伴随卷宗移送至审查起诉和审判阶段，一旦在后程序中被追诉人改变陈述则会被认为是"翻供"，是"态度不端正"，会导致重罚。沉默权的缺位使得在我国被追诉人的辩解权并不完整,因此所谓可弃权性实质上也并不完整。更重要的是,如实供述义务的存在使得控诉机关缺乏与被追诉人进行协商的驱动力,这一点将在协商的可获益性部分展开讨论。

其次是普通程序的审判权。在"对抗性的程序正义"中,所谓正当的法律程序是指程序对被追诉人而言是正当、可获利的,也就是被追诉人通过这个程序能够与控诉方"势均力敌"的抗衡,通过这个程序具有"取胜"也就是获得无罪判决的可能性,因而普通程序的设计必须十分精细,必须一方面能保证被追诉人充分地获得法官聆听的机会,另一方面要保证法官对被追诉人与控方的诉求同等关注。当普通程序对被追诉人而言十分有效时,被追诉人的放弃才是有价值的,在我国,普通程序与简易程序实际上并没有十分明显的区别,除了在文书送达、证据调查等方面后者比前者简单,流程上二者毫无区别,在精细度、对被追诉人获胜的"有效性"保障上,普通程序并没有明显的优势,放弃普通程序的价值也并不明显。更值得一提的是,我国刑事诉讼法没有规定认罪认罚案件必须适用简易程序或者速裁程序,实践中相当一部分的认罪认罚案件依然适用的是普通程序,被追诉人的"弃权"行为并没有产生"弃权"的结果,"可弃权性"更是无从谈起。

二、弃权自愿性保障机制欠缺充分性

"协商性的程序正义"要求被追诉人弃权必须具有自愿性,实现这自愿性要求"被追诉者必须有充分的知情权,了解自己行为的法律后果;要有表达真实意愿的机会,并使得这种表达得到司法审查;在作出自愿选择的意思表示之后,还应随时有进行程序反悔的机会,司法机关对于被追诉者的自愿选择和程序反悔,都应给予高度尊重"。[1] 我国刑事诉讼法围绕被追诉人认罪认罚的自

---

[1]　陈瑞华:《论协商性的程序正义》,《比较法研究》2021 年第 1 期。

愿性保障做出了一些努力，但这些制度还有待完善。

（一）过于依赖辩护律师的阅卷制度不能保障被追诉人充分知悉案件信息

如前所述，被追诉人的"知情权"首先是知晓案件信息也就是控方掌握的证据情况的权利，主要通过证据展示制度实现。在我国，控方证据的展示方式主要依赖辩护（值班）律师行使阅卷权，律师阅卷后从控方获得案件的证据信息，然后向被追诉人提示和告知证据情况。这是建立在两个预设前提之上的：所有的辩护（值班）律师都会及时、认真阅卷；所有的辩护（值班）律师都会把证据信息完整告知被追诉人，但当前我国的法律以及律师职业群体状况并不能保证这两个假设前提绝对成立。

根据我国法律，阅卷是律师的权利，被追诉人有没有权利阅卷法律则没有明确规定（刑事诉讼法仅仅规定律师自案件移送审查起诉以后可以同被追诉人核实证据），虽然针对这个问题一直有争论，但司法机关的普遍认识是被追诉人不享有阅卷权（被追诉人自己不能到司法机关查阅案卷）。被追诉人自己不能阅卷，他对证据信息的了解就完全依赖辩护（值班）律师。将被追诉人知悉证据的路径设计为由律师告知有一定的合理性，刑事案件的证据材料毕竟会涉及一些不便外露的信息，比如涉及政府秘密、商业秘密、个人隐私、证人信息保护等，因为被追诉人的不可控性，证据材料掌握在被追诉人手中很难防止外溢。掌握在律师手中，这种风险则会大大降低。在我国，律师是法律职业共同体的一员，国家对律师职业群体有严格的管理制度和考核制度，能够对律师的行为作出有效控制，律师一般不会将证据对外披露。但这种方式在保障被追诉人对案件证据信息知悉方面存有"硬伤"，律师如果是因为职业道德缺陷或者职业能力不足不能及时阅卷和认真阅卷，又或者对证据的价值不能做出准确的判断，他就无法为被追诉人提供全面和有价值的证据信息，零散的、片面的、无效的证据信息可能导致被追诉人做出错误判断。另外，律师也有可能故意隐瞒十分重要的信息,比如为了某种目的(收取高额律师费、获取胜诉以获得较好的名声等)而故意对被追诉人隐瞒对其有利的证据信息导致被追诉人错误认罪认罚,或者律师为了将案件往下一个阶段推进故意隐瞒对被追诉人不利的证据导致其不选择协商。

如果为被追诉人提供法律服务的律师是基于委托辩护,上述情况可能会好一点,律师会因为向被追诉人或其家属收取了服务费而尽职尽责维护被追诉人的合法权益。但如果是指定辩护或者值班律师提供帮助,情况则可能更加糟糕,法律援助律师和值班律师都是免费为被追诉人提供法律帮助,缺乏最基本的经济利益驱动力,更无法保证其能够尽职尽责为被追诉人充分展示和全面分析证据。

这种证据展示制度还有一个问题就是无法保证被追诉人"知情"的及时性。刑事诉讼法规定律师行使阅卷权最早是案件移送审查起诉之日起,而认罪认罚协商却可以发生在侦查阶段,由于不能阅卷,这个阶段不仅是被追诉人,就连律师都无从得知案件证据信息,被追诉人在对证据材料"一无所知"的情况下做出的认罪认罚意思表示既谈不上自愿性,更谈不上明智性。即使到了审查起诉阶段,有些案件卷宗材料特别多,阅卷工作量很大,检察院的审查起诉期一般情况下只有 30 天(其中还包括休息日),认罪认罚案件检察官都会迅速推进协商,这样留给律师认真、仔细、全面阅读卷宗材料的时间事实上十分有限,无法保证律师充分掌握案件信息。

"信息对称"对协商的程序正当性和结果公正性具有十分重要的作用,当证据展示制度不能为被追诉人知悉案件信息提供充分的保障时,被追诉人做出的"弃权"很难被认定为明智而自愿。

(二)值班律师不能有效提供法律帮助

在保障被追诉人的认罪协商明智性和自愿性上,我国对值班律师寄予很高期望,《指导意见》事实上已经将值班律师"辩护人化",本意是不断提高值班律师在刑事诉讼中的诉讼地位（按照传统刑事诉讼法对诉讼参与人的划分，值班律师显得有些"无名无分"，辩护律师是辩护人，值班律师却不能归属于任何一种诉讼参与人）以便其能够为被追诉人提供有效的法律帮助，为此《指导意见》在刑事诉讼法的基础上对值班律师的权利做了很多扩充，比如赋予值班律师会见权（刑事诉讼法只规定被追诉人有权会见值班律师）、阅卷权等。

实际上值班律师参与协商效果却十分不理想，具体而言表现在：

（1）值班律师会见难。客观方面，值班律师会见在押的被追诉人有制度性障碍。我国刑事诉讼法只规定辩护人有权不受限制的会见被追诉人，值班律师不是辩护人，《指导意见》虽然规定看守所应当为其会见提供便利，但总归因为"名分"的缺失，看守所为防范风险会设置各种障碍（比如要求办案机关出具各种身份证明甚至要求办案机关陪同等），如此一来，值班律师会见的积极性必然不高。主观方面，值班律师没有会见被追诉人的动力。值班律师本来只是临时性、应急性为被追诉人提供法律帮助，二者之间没有形成稳定的委托关系，一般情况下值班律师根本不愿意花费太多心思在这种"无名无分亦无利益"的案件当中，自然也就没有会见被追诉人的内驱力。

（2）值班律师很少阅卷。值班律师不阅卷也有外部客观原因和自身主观原因，客观上办案机关提供协助如果不充分，值班律师就很难阅卷，而主观上，阅卷是一项耗时耗力耗费金钱的事情，还要承担卷宗保密的风险，对值班律师而言完全是一件"吃力不讨好"的事情，因此值班律师一般不愿意阅卷。

（3）基本不展开实质性协商。当前实践中认罪认罚协商大多是靠辩护律师推动的，在委托辩护中，辩护律师与被追诉人之间是合同关系，基于履行辩护合同、追求良好辩护效果的需要，辩护律师会十分积极地尽可能推动协商。值班律师则没有这方面的动力，很多值班律师参与认罪认罚案件仅仅只是出于完成法律援助义务的需要，或者是为了应付主管部门（司法局）的要求，在案件补贴固定不变的情况下，值班律师会尽可能压缩自己的工作量，不会见，不阅卷,也不协商。

（4）帮助时机滞后。[①] 根据《指导意见》规定,值班律师是在被追诉人已经做出认罪认罚的意思表示之后才介入。理论上讲,法律帮助只有在被追诉人做出决定之前才有价值,在作出决定之后提供帮助实际功效会大打折扣。

（5）见证形式化。法律对值班律师的要求是为被追诉人提供法律咨询、分析案件、解释法律以及向办案机关提出意见,从而见证被追诉人的认罪认罚是自愿且明智的。实际上,值班律师在认罪认罚案件中仅仅只是发挥了"见证被追诉人是在未受到强迫的情况下签署的具结书",至于他是否内心真的自愿,以及是否真的是理性思考之后做出的选择,值班律师一般都不会去过问。[②]

（三）"自愿性"标准不明确,非自愿性认罪救济机制失灵

"协商性的程序正义"要求被追诉人弃权自愿性应当受到司法审查,司法审查为非自愿性弃权提供了救济程序,在被追诉人非自愿性弃权的情况下,法官应当予以纠正。我国刑事诉讼法规定法官应当对被追诉人认罪认罚的自愿性进行审查,但法律没有规定何种认罪认罚是非自愿性的,司法实践中掌握的标准过于严苛,缺乏科学性、合理性。

在我国,刑事诉讼法虽然规定了"自愿认罪""愿意认罚",但并未解释其内涵。《指导意见》只是概括性地指出法院应当审查"有无暴力、威胁、引诱",但对什么情形属于暴力、威胁、引诱,法律没有进一步详细说明,尤其是威胁、引诱如何界定没有明确的标准,检察官提出"不认罪认罚就建议法院重判"是否构成"威胁","认罪认罚就会轻判"是否构成"引诱",实务部门的认识并不

---

① 韩旭:《认罪认罚从宽案件中有效法律帮助问题研究》,《法学杂志》2021 年第 3 期。

② 笔者曾经参加过一次所在城市律协组织的关于值班律师的座谈会,会上多名律师公开表示"值班律师的职责就是见证被告人签具结书的时候没有被强迫,至于他知不知道案件情况,案件的定罪量刑是否准确则跟值班律师没有关系。"这种认知实际上带有普遍性。

一致，这就导致即使被追诉人是受到强迫而认罪，在事后也很难得到救济。

我国有部分司法人员将把认罪认罚自愿性等同于有罪供述的自愿性，即采用是否构成刑讯逼供的"痛苦规则"来判断被追诉人认罪认罚的自愿性，①将暴力、威胁、引诱的标准等同于非法证据排除规则中认定"非法口供"的判断标准，认为只有受到非法的强制做出的认罪认罚才是"非自愿"的，这导致实践中认定被追诉人"非自愿"认罪认罚十分困难，司法审查的救济功能失灵。在本书看来，认罪认罚"非自愿"的判断标准应该远远低于有罪供述的非自愿性标准，只要认罪认罚不是被追诉人的真实意思表示都应当认定为"非自愿认罪认罚"，误解、无知甚至不愿意均能够成为被追诉人"非自愿"的理由。

"非自愿性"认罪认罚标准不明确不仅导致司法审查救济机制失灵，还给被追诉人带来另外一个负面影响。我国认罪认罚从宽制度被设计为"检察主导下的控辩协商"，司法适用中热衷于凸显检察机关主导下的权力属性，检察机关决定着强制措施、罪名以及量刑，被追诉方只能被动回应，本应平等对话的控辩双方滑向"权力主导权利"的境地，检察官在与被追诉人达成具结书的过程中掌握着绝对的话语权，受制于"信息不对称"与"地位不对等"等原因，被追诉人本应受到尊重的个体自主权付之阙如，从宽结果俨然成为检察机关赐予被追诉人的"恩惠"，权力主导模式压缩了被追诉人自由选择的空间，②多重压力之下，"屈从型自愿"成为一种较为常见的认罪认罚。③ "屈从型自愿"本质上是一种"非自愿"的认罪认罚，应当得到法院的司法审查救济，被追诉人在审判阶段陈述自己认罪认罚并不是基于"自愿"而是"屈从"于检察权力

---

① 夏菲：《辩诉交易强迫认罪问题对认罪认罚从宽制度的警示》，《东方法学》2021 年第 4 期。

② 郭烁：《认罪认罚背景下屈从型自愿的防范——以确立供述失权规则为例》，《法商研究》2020 年第 6 期。

③ 笔者在以律师身份从事刑事辩护的过程中，经常遇到被告人内心并不承认自己构成犯罪，但却愿意认罪认罚的情形。

时,法官应当客观、中立的审查和裁判案件。十分遗憾的是,如果法官按照"痛苦规则"来衡量被追诉人的自愿性,"屈从型自愿"显然不符合"非自愿认罪认罚"的标准,如此被追诉人不仅得不到法官的救济,反而会被检察官和法官认为"翻供""反悔""态度不老实"从而招致重罚。

（四）被追诉人缺乏反悔权

"弃权自愿性"另外一个应有之义是协商当事人有权撤回"弃权",也就是在协商中做出"弃权"的意思表示之后,当事人有权撤回这种意思表示使之不发生法律效力,并且这种撤回不会给当事人造成任何不利后果,这种权利被称为反悔权。刑事协商程序中,反悔权应当是控辩双方均享有的权利,但主要是被追诉人的权利,我国认罪认罚从宽制度中有与被追诉人反悔相关的规定,但很难称为被追诉人享有反悔权,相关法律更多是站在国家机关的立场,规定出现被追诉人反悔时公安司法机关应当如何处理案件。

刑事诉讼法与被追诉人反悔有关的条文是第 226 条,该条规定被告人否认犯罪事实时案件不再适用速裁程序,明确规定被追诉人反悔后案件如何处理的法律文件是"两高三部"的《指导意见》,该意见在"十一、认罪认罚的反悔和撤回"第 51 条至 53 条中针对被追诉人反悔的各种情形如何处理作出具体规定。基于这些规定,有学者认为我国法律规定了被追诉人的反悔权,[①]笔者不认同这个观点。无可否认,我国刑事诉讼法规定有被追诉人反悔后案件的处理方式,但并没有从权利意义上赋予被追诉人反悔的自由,法律的规定仅仅只停留在"出现被追诉人反悔时,国家机关应当如何处理案件"这个层面,立法关注的依然是公权力如何运行,而非私权利如何实现以及得到保障。

作为权利的反悔,有两个基本要求:第一,反悔可以"获利",因为"获利"是权利的本质属性;第二,反悔不会导致"不利"。

---

① 谢小剑:《认罪认罚从宽制度中被追诉人反悔权研究》,《江西社会科学》2022 年第 1 期。

先说反悔的"获利性"。在认罪认罚案件中,被追诉人从反悔中获得的利益应当是使案件恢复到"认罪认罚"之前的状态,被追诉人享有无罪辩解的权利,案件适用普通程序处理,前者涉及的是被追诉人的认罪供述不应当作为认定其有罪的证据,后者涉及的是程序转换的必须性。对于程序转换的必须性,刑事诉讼法规定适用速裁程序处理的案件如果被告人否认犯罪事实的应当转换为普通程序或简易程序处理,应当说对这一问题做出了回应。据此得出,我国法律规定的不足主要是没有明确禁止被追诉人在认罪认罚中的有罪供述作为证据使用,司法实践中更是不做区分,只要被追诉人做出了认罪认罚,即使反悔,之前的供述仍然可以当然地作为认定其有罪的证据,甚至用以反驳被追诉人的无罪辩解,所以实践中经常出现检察官在法庭上反问被告人"你说你无罪,你为什么之前要认罪认罚?"

再说反悔不导致不利评价。我国法律没有明确规定被追诉人反悔的不得对其判处比不认罪认罚更重的处罚或作出对被追诉人不利的评价。被追诉人反悔,案件就不再属于认罪认罚案件,独立适用"认罪认罚"情节给予的量刑优惠不再适用是无可厚非的。但实践中,由于法律没有明确规定,很多检察官和法官将反悔等同于被追诉人"认罪悔罪态度不好"而从严从重处罚,这种做法显然违背了立法的初衷。认罪认罚从宽制度绝对不是将对被追诉人的评价引入两个极端,即"认罪认罚从宽""不认罪认罚从严",被追诉人拒绝认罪认罚只是放弃了自己通过认罪认罚获得宽大处理的权利,不应当招致加重处罚的评价,被追诉人反悔的,司法机关在取消认罪认罚量刑折扣之外再从重甚至加重处罚是严重违背法律精神的。而更为严重的是,部分司法人员甚至将被追诉人对"认罚"的反悔也界定为"认罪态度不好"并给予负面评价。

综合上述,在法律没有对被追诉人反悔可以获益和禁止遭受不利评价作出规定的情况下,很难说我国法律赋予了被追诉人反悔权。

跟被追诉人反悔还有一个相关的争议话题就是认罪认罚案件被追诉人是否享有上诉权的问题,实际上也涉及反悔的权利问题。实践中很多司法工作人员认为认罪认罚的被追诉人不再享有上诉权,法院判决后被追诉人如果提出上诉就是"违约"应当受到重罚,因此检察机关的态度是只要被追诉人提出上诉,检察机关就抗诉,法院通常也会加重对被追诉人的刑罚。[①]

三、认罪认罚从宽程序缺乏"可协商性"

本文在上编讨论中已经反复提到,协商程序的正当性来自其"协商性",平等、对话和妥协是协商最核心的要素,它首先要求控辩双方应就诉讼程序和诉讼结局进行平等的对话,自由表达本方的意愿并关注对方诉求,然后围绕着案件的实体结局和处理程序展开一定程度的交易,各自作出让步以寻找到双方都能接受的妥协方案最终成为向法院提出的刑事处理建议。[②] 按照这个要求,我国认罪认罚从宽程序缺乏"可协商性"主要体现在三个方面:

(一)控辩协商失之平等

认罪认罚协商的主体分别是检察机关和追诉人。前一章已经提到,我国检察官在认罪认罚从宽制度的适用中具有双重身份:程序的主导者和协商的参与者。作为程序主导者的检察机关是以公权力的行使者身份存在的,他仍然享有刑事诉讼法赋予的国家权力,以这种身份作出的决定具有强制力,被追诉人有异议权但没有协商空间,此时控方与辩方的地位并不对等。而当协商启动时,检察机关的角色就是协商参与者,此时他有权提出自己的意见、建议,也有权对对方的意见进行反驳,但这些意见、建议和反驳并不具有强制效力,辩方可以接受也可以不接受。

但在实践运行中,检察官有时候很难将自己的两个角色明确区分开,经常发生角色混淆,甚至有时是故意混淆。检察官发生角色混淆有两种表现:

---

① 胡铭:《认罪认罚从宽制度的实践逻辑》,浙江大学出版社 2020 年版,第 258 页。
② 陈瑞华:《论协商性的程序正义》,《比较法研究》2021 年第 1 期。

第一，以协商者的身份进行主导。对于应当由检察机关依职权作出决定、不允许协商的事项，检察官却与辩方进行协商，这种情形往往导致法律的权威性被破坏。比如当案件证据不足时，检察机关本应依证据裁判原则作出存疑不起诉决定，然而有些检察机关此时却与辩方进行协商，千方百计说服辩方放弃自己的权利，检察机关或作出裁量不起诉决定，或以较轻量刑建议提起公诉，这种情形就是司法实践中经常出现、被人们称为"和稀泥"的办案方式，极大损害了检察机关作为法律监督者的严肃性，也损害了法律的威严，使刑事司法丧失公正性。

第二，以主导者的身份参与协商。检察官在与辩方开展协商时将自己置于"高高在上"的位置，以无限优越和傲慢的姿态同辩方展开对话，具体表现有：(1)将自己的意见视为命令，不容辩方质疑和反驳，如果辩方不接受意见就认为被追诉人态度不端正、不老实，不是真心认罪悔罪；(2)用对被追诉人采取不利措施的权力逼迫其接受意见。比如对被追诉人声称如果不认罪认罚就逮捕羁押，或者扬言要请求法院对其从重、加重处罚，或者声称要在一审判决后提起抗诉等；(3)用打压辩护(值班)律师的方法强迫辩方接受意见。少数检察官在办理案件时，为了推行认罪认罚从宽制度的适用会利用对辩护(值班)律师的相对优势地位达到让辩方接受意见的目的。

角色混淆带来的是地位的不平等，控辩不平等还有协商能力不对等，主要为被追诉一方协商能力低下。就法律专业知识和诉讼实践经验而言，被追诉人本就无法与检察官相提并论，而法律制度为平衡控辩双方的能力做出的努力在实践中往往被打了折扣，导致被追诉人根本不具备足以与控方抗衡的协商能力。首先，我国审前羁押率一直偏高，尽管这些年做了一些努力，但审前羁押率仍然保持在60%以上，当被追诉人处于被羁押状态时，他的"命运"事实上掌握在检察官手中，平等协商很难实现。其次，被追诉人没有阅卷权，他对检察官掌握的证据材料"一无所知"，双方信息严重不对称，根本无从协商。最后，辩护(值班)律师不能及时到位或不具备职业道德或不认真负责或执业能力不足,法律帮助质效低下从而导致辩方协商能力不足。

(二) 控辩双方用以协商的"筹码"不足

"筹码"是对话和妥协的前提。我国刑事诉讼法供给检察机关和被追诉人用以协商的"筹码"均十分有限,不利于协商的充分展开。

1. 检察裁量权配置不足

尽管刑事诉讼法赋予检察机关一定的裁量权,但整体而言,我国对检察裁量权的配置难以匹配认罪认罚协商需求,主要表现为:

第一,裁量不起诉适用条件严苛、程序烦琐。检察裁量权最重要的应当是不起诉的裁量权,也就是检察官自行决定对某个案件或某个被追诉人不提起公诉的权力。当我们把认罪认罚从宽制度定位为一种案件处理机制时,裁量不起诉就是十分重要的一种认罪认罚后取代审判的案件处理方式。对轻微刑事案件的当事人而言,量刑折扣往往产生的宽大效果"微乎其微"因而不具有"诱惑力",如果认罪认罚能够换取不起诉,绝大部分被追诉人都会乐意进行协商。然而我国刑事诉讼法对不起诉裁量权的适用范围规定狭窄,并且适用程序也很严苛。刑事诉讼法将裁量不起诉严格控制在犯罪情节轻微的案件中。至于何为犯罪情节轻微则由司法机关进行掌握,从实践来看,被认定为"犯罪情节轻微"的一般包括:(1)刚刚达到追诉标准的犯罪;(2)没有造成任何实际危害后果或者危害后果极小的犯罪;(3)特殊主体比如未成年人、间歇性精神病人、75岁以上的老人等实施的犯罪;(4)过失犯罪且没有造成严重后果;(5)手段极其轻微的犯罪;(6)基本没有造成实质性损害的预备犯、未遂犯或中止犯等。此外还要"依法不需要判处刑罚"或可以"免除刑罚",对这一点,立法本意是让检察官自行裁量,然而司法机关却将之限缩理解为只有刑法明文规定才适用裁量不起诉,人为地缩小了适用范围。其次,不起诉决定程序烦琐。不起诉需要检察长决定并报上级检察院备案,自侦案件和监察委移交的案件还要经上级检察院批准。实践中，检察院为了慎重起见对裁量不起诉的内部决策程序比法律规定更为复杂，承办检察官拟建议作出不起诉决定的，一般要经过检察官会议讨论后再提交检察委员会，最后报检察长决定。与提起公诉相比，不起诉的决定程序要复杂很多，因此很多检察官在"多一事不如少一事"的心理状态下不愿意适用不起诉。

第二，检察官没有选择起诉的权力。理论界对选择起诉的概念有多种界定。最广泛意义上的选择起诉是指检察官在起诉时依据法律和职权决定何人、何行为应当被起诉或不起诉的活动。① 也有学者提出"选择性起诉"的概念来描述"在公诉案件中，检察机关对同一类群犯罪案件中多个符合起诉条件的犯罪人不合理地只起诉了某一个或者部分犯罪人的行为"。② 选择起诉的概念经常会与选择性起诉混淆使用，从定义上看，二者是有区别的，选择起诉是一个中性概念，是检察官依法行使裁量权的行为，选择性起诉则是一个贬义概念，描述的是检察官滥用裁量权的行为。但本文所说的选择起诉既不是最广泛意义的，也不是用来描述检察官滥用裁量权，本文是从裁量权行使的角度，描述这样一种情形：检察官在履行其起诉职能时，基于自由裁量，对符合起诉条件的案件，涉及数个犯罪或数个犯罪行为人时，出于正当的理由选择部分犯罪或部分犯罪行为人提起公诉，对其余的犯罪或犯罪行为人不予起诉。这种裁量情形往往发生在被追诉人涉及多个罪名或者共同犯罪案件当中，基于刑罚个别化、罪责刑相适应的原则，检察官可以基于正当理由选择起诉部分罪名或部分共犯，这种选择起诉（或者叫选择不起诉）产生的是犯罪行为差异化或犯罪人差异化处理的结果，在污点证人制度中，这种权力是基础和前提，在对向犯、同案犯中，部分犯罪行为人对他人犯罪的检举、揭发使得更严重的犯罪或犯罪行为人被追诉，检察机关选择对检举者不予起诉能够对较轻微的共犯或对向犯形成强大的诱惑力。我国法律没有明确规定检察官可以选择起

---

① 陈岚：《论检察官的自由裁量权》，《中国法学》2000 年第 1 期。
② 张旭、李峰：《论刑事诉讼中的选择性起诉》，《法学评论》2006 年第 4 期。

诉,但在 182 条核准不起诉中规定检察机关可以对"涉嫌数罪中的一项或者多项不起诉",实质上已经体现了选择起诉的内核。

第三,羁押必要性裁量空间有限。刑事诉讼法在规定逮捕的适用条件时两个条款均使用了"应当"一词,表明立法者实际上是倾向于"应捕尽捕"。第 81 条第一款一直被认为是裁量性的逮捕,该条对逮捕的"门槛"设置并不高,"有证据证明有犯罪事实,可能判处徒刑以上刑罚"就具备了逮捕的基本条件,至于"社会危险性"评价标准则比较灵活,可能再犯、有继续危害危险、可能毁坏证据或打击报复他人都是比较宽泛和抽象的标准,尤其是有逃跑企图也是危险性的标准之一。可以说,所有的犯罪行为人在实施了犯罪之后都会有"逃跑"的企图,甚至"逃跑"是一种本能,除非是没有"逃跑"的能力,比如残疾、重病等。而第二款被认为是法定应当逮捕的情形,只要是十年有期徒刑以上的犯罪或者有犯罪前科、身份不明的,则检察机关根本没有裁量权,必须逮捕。逮捕羁押的条件成就十分容易,立法倾向于"应捕尽捕",检察官的逮捕裁量空间就会被大幅压缩。

第四,量刑建议权受到诸多限制。我国检察官享有量刑建议权,但要受到各种各样的量刑规范化文件的限制,突破法定刑的条件十分严格而且程序烦琐,导致在量刑协商的时候,检察官的"筹码"实际上也十分有限。首先,我国是个成文法国家,刑法条文比较发达,对个罪的法定刑规定十分明确,按照罪刑法定原则的要求,检察机关在量刑方面必须严格遵守刑法规定的刑种和幅度,本身能自由裁量的空间较小;其次,我国实行量刑规范化制度,最高人民法院、最高人民检察院颁布有《常见犯罪的量刑指导意见》,每一种情节在量刑时的加权系数都有明确的规定,量刑规范制度有效防止了检察机关和审判机关滥用裁量权,但同时也限制了检察机关的正当裁量权;最后,裁量突破法定刑十分艰难。刑法第 63 条规定具有法定减轻处罚情节的可以降低到下一个量刑幅度进行量刑,但这部分实际上不属于检察机关的裁量范围,只要符合减轻处罚条件就应当降档处理。第 63 条第二款规定被追诉人虽然不具备法定减轻处罚情节,但是根据特殊情况可以在法定刑以下量刑,虽然为检察裁量预留了空间,然而这种情形要经过最高人民法院核准,报批程序十分复杂,事实上在实践中适用的可能性非常小。

司法实践中发生的量刑协商,基本上都是在特定的幅度范围内,而认罪认罚作为一个情节,在量刑中发挥的作用也不十分明显,尤其是《指导意见》明确规定认罪认罚与坦白、自首不能做重复评价,即在被追诉人已经具备自首、坦白情节的情况下,认罪认罚对他可能就没有了实质性意义,尤其是轻微犯罪案件刑罚本就十分轻微,或者一般案件经过其他情节加权后被告人的刑期已经到了法定刑幅度最低点的时候,检察官事实上已经丧失与被追诉人的"协商"资本。举个例子,比如被追诉人受贿 20 万,被追诉人的基准刑就是三年,他同时具有立功、主动退赃、坦白等情节,这些情节已经足以对其适用缓刑,在这种情况下,如果进行认罪认罚协商,检察官实际上已经无法给被追诉人任何"对价"。协商的制度价值也就落空,而且导致一种背离逻辑的不公平,那就是犯罪越重,协商获得的"回报"反而越高。

2. 被追诉人不具有沉默权,程序选择权亦十分有限

我国刑事诉讼法几乎没有为被追诉人提供与控方协商的"筹码",这是司法实践中协商流于形式的最根本原因,通俗地说,被追诉人手里没有什么控诉方想要的东西或者说没有控诉方必须通过协商才能够从被追诉人处获得的东西,导致控诉方根本没有与被追诉人协商的"欲望",反过来也就意味着被追诉人没有与控方"讨价还价"的资本。

如前所述,在协商性司法中,被追诉人最重要的"筹码"是沉默权。我国刑事诉讼法第 52 条规定"不得强迫任何人证实自己有罪"被认为是对沉默权的法律确认,但这并不意味着我国法律真正赋予了被追诉人沉默权,或者说不意味着被追诉人可以行使绝对沉默和不被不利推论的权利。这是因为在刑事诉讼法第 120 条中,法律规定"犯罪嫌疑人对侦查人员的提问,应当如实回

答"，对这条进行分析可以得出刑事被追诉人事实上有"如实回答"的义务，对客观上实施了犯罪行为的人而言就等于有"认罪"的义务，因为只有如实陈述自己的犯罪事实（认罪）才叫"如实回答"。由于认罪认罚案件的适用主体必须是实施犯罪行为的人（无犯罪行为的人认罪是被禁止的），根据前述规定，这类被追诉人本身就有对自己犯罪行为进行如实陈述的义务，这就意味着控方通过让被追诉人履行义务就能够得到有罪的供述，何来与之进行协商和交换的必要？这其实是刑事诉讼法第52条和第120条条文冲突在认罪认罚从宽制度适用中引发的逻辑悖论，导致的结果则是检察官没有强烈的通过协商换取有罪供述的驱动力，被追诉人放弃的所谓"沉默权"于控方而言价值甚微。

而另外一个"筹码"即被追诉人放弃正式审判的权利，置换到我国的法律话语体系就是程序选择权，这项"筹码"发挥的作用也并不理想。我国法律虽然规定了被追诉人在认罪认罚中享有选择审判程序的权利，但这种程序选择权并没有确定力，案件进入适用何种程序进行审判的决定权仍然在法院，其基本的逻辑是"法院决定适用简易程序或速裁程序时需要被告人同意，但被告人选择适用简易程序或速裁程序的，法院并不是必须适用相应程序处理"，也就是说，即使被追诉人选择适用简易程序或者速裁程序，法院仍然可以依职权采用普通程序处理，在这种情形下，检察官试图从简化程序中获得效率提高的对价亦因为法院的行为而经常落空，换言之，被追诉人的程序选择权对控诉方而言同样没有太大价值。

（三）被追诉人缺乏对案件结果的塑造力

在陈瑞华教授看来，参与主体对诉讼结果的塑造力和控制性、使诉讼结果体现合意正是协商性司法正当性和正义性之所在。经过前述分析，我们不难发现，我国认罪认罚协商中，被追诉人对案件结果的塑造力薄弱，体现在两个方面：

第一，在协商合意形成的过程中，被追诉人的意见很难被控诉方接受，也很难获得控诉方的让步，所谓"合意"大多是检察机关的单方意见。刑事诉讼法和《指导意见》只规定检察机关要听取被追诉人及其辩护（值班）律师的意见，对意见是否采纳却完全是检察机关的事情，只是在不采纳的时候需要向律师做出说明。司法实践中，通常是检察机关先提出具结方案然后让被追诉人选择接受或者不接受，至于其意见，很难进入检察官考量范围，基本不对具结方案产生影响，也就谈不上对裁判结果的塑造。

第二，承载"合意"结果的《认罪认罚具结书》对检察院和法院均没有强制约束力。这实际可以置换为量刑协商或者合意的效力问题。协商合意对裁判结果的塑造是通过"合意"对控辩双方和裁判者尤其是后者具有一定的约束力来实现的，控辩双方通过协商获得的只是一种"预期利益"，这种"预期利益"要转化为"现实利益"依赖裁判者接受"合意"并将之作为裁判结果，如果裁判者不接受"合意"，双方的"预期利益"就不能实现，"协商合意"也就无法转化为裁判结果。在具结书中的量刑建议对法院没有强制约束力的情况下，被追诉人签署具结书以后到底能否实现"期待利益"事实上处于未知状态，一旦法院不接受就意味着协商合意对案件的处理结果没有形成任何塑造力，对被追诉人而言协商也就没有产生实际价值，余金平案件就属于这种情形。

对认罪认罚协商程序形成的"合意"，我国并不是采用"协议"固定，而是由被追诉人单方签署《认罪认罚具结书》，至于《认罪认罚具结书》对检察机关和法院是否有约束力法律却没有明确，刑事诉讼法只是在第201条规定人民法院对检察机关的量刑建议"一般应当采纳"，似乎是认可了具结书的裁判约束力，但仔细分析就会发现，第201条并不是对"协商合意"约束力的规定。首先从形式外观上看，具结书本身就不是"协议"，不具有约束协商双方参与人的效力。当前司法实践中适用的《认罪认罚具结书》内容包括被追诉人的基本信息、权利知悉、认罪认罚内容以及自愿签署声明四个部分，具结书的签署人是被追诉人和见证律师，公诉人不签字，检察院也不加盖公章，可见，具结书并不具备协议也就是契约要求双方当事人签署的基本形式要件，它只是被追诉人向国家表示"认罪认罚"的单方承诺，被追诉人作为承诺人要受到具结书的约束，而代表国家的检察机关和人民法院只是承诺的"接受者"，并不被承诺束缚，因此第 201 条规定，人民法院认为量刑不当时有权要求检察机关调整量刑建议，却没有规定检察机关调整量刑建议必须经过辩方同意或重新同辩方进行协商，甚至也没有规定要求被追诉人重新签署具结书。其次，第 201 条规定人民法院对检察机关的量刑建议"一般应当采纳"被很多学者解读为具结书对法院具有约束力，[1]但在笔者看来，这条也不是对所谓"协商合意"的确认，而是规定法院应当尊重检察机关的量刑建议权，立法的出发基点仍然是为了保障公权力的顺畅运行，是为避免法检"打架"，协调起诉权和裁判权的关系，强调两机关互相配合而进行的制度设计。它并不是在确认协商合意的约束力，也将协商的重要参与者——被追诉人排除在外，法院考量的仅仅是是否接受检察机关的量刑建议，并非接受被追诉人的具结，因此，当法院认为量刑建议不当时，他只是建议检察机关调整或者自行调整，并不需要征询被追诉人的意见，检察机关调整量刑建议也没有重新与辩方协商的前置要求。"余金平案"的冲突很大程度与这一点有关，一审法院将检察院的"有期徒刑三年缓刑三年"量刑建议变更为"有期徒刑两年"显然没有征得辩方同意，否则就不会有后面的上诉和抗诉。

"协商合意"缺乏对诉讼结果最基本的塑造力是当前司法实践中认罪认罚从宽制度遭遇困境一个十分重要的原因，甚至可以说是一切矛盾和冲突的起源。法院和检察院的冲突看似是裁判权与检察权的冲突，根源上还是因为协商合意没有约束力，如果协商合意对法院具有约束力，法院就不能随意变更具结书记载的内容，法检冲突也就不会出现。至于辩方对认罪认罚从宽制度的质疑，很大程度也是因为辩方对"协商合意"的"信赖利益"总是得不到保

---

[1]　闫召华：《参见论认罪认罚案件量刑建议的裁判制约力》，《中国刑事法杂志》2020 年第 1 期。

障,审前签署的具结书中,"罪"的部分法院不愿意听取辩解,"罚"的部分又常常被变更,被追诉人的预期利益经常落空以致认罪认罚从宽制度被质疑是一个"诱骗被追诉人认罪的骗局"。

当然,我国当前的制度设计是充分平衡的结果,在认罪认罚案件中坚持法院的实质性审查功能有利于保障司法公正的实现,但不加任何区分地在所有认罪认罚案件中强调法院对案件的实质性审查会导致"协商合意"丧失对裁判结果的基本塑造力从而阻碍"协商性程序正义"的实现。归根结底,笔者认为我国还是应该构建有区别的认罪认罚处理程序,这一点将在下一章详细讨论。

四、协商程序设计不足以满足
参与主体的获利需求

"协商性的程序正义"要求参与主体能够从协商中"获利",这既涉及协商程序的正当性,同时也是协商性司法制度能否获得生命力的关键,道理很简单,主体为什么要同意和参加"协商"?因为"协商"能让他得到自己想要的东西,能实现他的某种利益需求。

协商驱动力不足是当前我国在推行认罪认罚从宽制度适用中遭遇的另外一个困境,具体表现为检察官并不是自发地适用认罪认罚从宽制度,而是基于"上级命令"或"考核压力"被动适用,公安机关和法院也对该制度"兴趣缺缺",法院甚至以不采纳量刑建议的形式抵制该制度。内驱力不足与我国的认罪认罚协商程序设计不足以满足参与主体的获利需求有关。为便于论述,本文按照各类主体来分别讨论。

(一)控辩双方

笔者曾于 2019 年 11 月也就是认罪认罚从宽制度入法接近一年时在居

住地城市就该制度的适用情况进行过调研,发现该市从 2018 年 11 月开始适用认罪认罚从宽制度,但直到 2019 年 8 月适用率仍然只有 20% 不到,大部分基层检察院甚至没有开始适用也就是适用率是 0。到了 11 月,该市认罪认罚从宽制度适用率突增到 70% 以上而且实现了所有基层检察院适用认罪认罚从宽制度全覆盖,这中间发生了一件重要的事情就是 9 月初市检察院就各基层院适用认罪认罚处理案件的情况进行了排名并在全市公布,对适用率较低的检察院的检察长全部进行约谈,这之后,部分基层检察院才开始重视并积极推进该制度适用,导致适用率出现激增。这种现象具有一定的普遍性,反映出认罪认罚从宽制度在我国司法实践中的适用依然是"自上而下"的,是一种上级主导型和考核导向型的推进方式,一线检察官的积极性不高,主动性没有激活。① 最高人民检察院《关于人民检察院适用认罪认罚从宽制度情况的报告》(2020 年 10 月 15 日)中也提到该制度"适用不平衡。部分检察院人员认识不足……因而不想用,不愿用",②并多次强调要想办法"应用尽用"。③

让人不禁心生疑惑"一个以检察机关为主导设计的有利于检察机关分流案件的制度为何检察机关缺乏主动和热情"? 个中原因是多样的,最根本在于缺乏驱动力,也就是推进制度适用的动力不足。

首先,关于认罪协商提升诉讼效率的驱动力。根据前文考察,无论是英美还是大陆法系国家,检察机关积极推进协商的首要驱动力是提高诉讼效率,提

---

① 贺江华:《"认罪认罚从宽"的检察应对——基于 Y 市检察系统的实证研究》,《三峡大学学报(哲学社会科学版)》2020 年第 5 期。

② 最高人民检察院《关于人民检察院适用认罪认罚从宽制度情况的报告》(2020 年 10 月 15 日)。

③ 最高人民检察院《关于人民检察院适用认罪认罚从宽制度情况的报告》(2020 年 10 月 15 日)"四、深化落实认罪认罚从宽制度的工作措施和建议(一)坚持依法该用尽用,让认罪认罚从宽制度更好服务经济社会发展。"最高人民检察院就十三届全国人大常委会对人民检察院适用认罪认罚从宽制度情况报告的审议意见提出 28 条贯彻落实意见(2020 年 12 月 01 日)"一、着力在依法能用尽用、提升案件质效上下功夫,树立正确的工作目标和业绩导向"。

高单位时间内解决案件的数量以缓解"案多人少"的矛盾。美国的检察官由律师兼任，因此这种动力更加强劲。主体基于该目的产生驱动力取决于两个因素：一是协商程序的效率大大高于正式审判程序；二是协商程序能够明显减少主体的工作量。然而在我国，这两个因素都不具备。第一，当前我国刑事诉讼法规定的正式审判程序和认罪认罚案件审判程序相比并没有复杂多少，正式审判程序的每一个环节，认罪认罚案件都要经历，只不过法庭调查和法庭辩论可以适当简化，换句话说，单个案件中，检察机关采用认罪认罚协商处理的，在审判环节并不能明显提升诉讼效率；第二，认罪认罚案件并不必然适用简易程序。我国法律没有规定法院必须采用简易程序或速裁程序审理认罪认罚案件，认罪认罚案件进入审判后依然有相当一部分适用的普通程序，[①]如果依然适用普通程序，则检察机关期待的繁简分流需求根本无法实现，协商对其而言没有任何价值；第三，认罪认罚案件不仅没有降低，反而是增加了检察官的工作量。相比普通案件，认罪认罚协商首先给检察官增加的一项重要工作就是量刑，普通案件中，量刑是法院的事情，检察官只需要笼统提出从轻减轻或从重加重处罚的量刑建议即可，然而在认罪认罚协商中，检察官要提出精准甚至确定的量刑建议，这对过去从未参与量刑工作、缺乏经验的检察官而言实际上是一项艰巨的任务。其次，认罪认罚案件给检察官增加很多事务性工作，主要包括：讯问被追诉人的次数；协调加害方和被害方关系，向被害方释法；缓刑案件庭前调查；同辩方协商；安排、找寻、联系值班律师等。[②] 审查起诉阶段工作量不降反升，审判阶段并不必然提升效率，双重之下，检察机关缺少对认罪认罚从宽制度的适用热情也就在情理之中。

其次，规避审判败诉风险的驱动力。四十年的审判实践表明，我国检察机

---

① 提起公诉共 948 件，法院适用普通程序 224 件，占比 23.63%；简易程序 326 件，占比 34.39%；速裁程序 326 件，占比 34.39%。（贺江华：《"认罪认罚从宽"的检察应对——基于 Y 市检察系统的实证研究》，《三峡大学学报（哲学社会科学版）》2020 年第 5 期）

② 贺江华：《"认罪认罚从宽"的检察应对——基于 Y 市检察系统的实证研究》，《三峡大学学报（哲学社会科学版）》2020 年第 5 期。

关在刑事诉讼的败诉风险微乎其微。我国刑事诉讼中,公检法三机关之间是分工合作、互相配合、互相制约的关系,检察院提起公诉的案件,法院一方面要通过司法审查进行制约,但"制约"位于"配合"之后。尽管党的十八届四中全会以后我国努力在刑事诉讼领域进行"以审判为中心"的诉讼制度改革,但过去侦查中心主义的影响仍然惯性存在,在侦查中心主义背景下,侦查、起诉、审判是一条"流水作业线",检察机关提起公诉的案件,法院极少会否定,判决无罪的就更稀少,有文章做过统计,从1996年到2015年20年间,我国的无罪判决率从未超过1%,2001年以后的无罪判决更加低迷,维持在0.1%左右,[①]既然检察机关拿到有罪判决、获得胜诉的概率几乎是百分之百,检察机关有何必要同辩方进行协商?

再次,获取有罪供述的驱动力。我国不具备控方同辩方协商的动力即获取被追诉人的有罪供述,刑事诉讼法第120条规定被追诉人对讯问有如实回答义务,基于如实回答的义务,对真正有罪的被追诉人而言(如果他没有犯罪则不能适用认罪认罚从宽制度),有罪供述是他的义务,也就意味着侦查机关享有对被追诉人采用法律可容手段获取其有罪供述的权力,所谓法律可容的手段,是指刑事诉讼法第56条规定的刑讯逼供以外的手段,可以理解为"适度的强制性取证"。如此一来,绝大部分案件在侦查阶段都已经获得了被追诉人的口供,到了审查起诉阶段,检察机关为获取有罪供述而进行协商的动力也就不复存在。

最后还有一点,如果认罪认罚协商能够降低此类案件的定罪标准,被追诉人的"自认"能直接成为裁判结果,检察官也会具有推动协商的积极性,但遗憾的是,我国法律明文规定,认罪认罚案件不能降低证明标准,亦不能仅仅根据被追诉人认罪认罚做出裁判,法院裁判案件仍然要严格遵守证据裁判规则,

---

① 杨雯清:《论我国无罪判决率低现状的困境——基于1996—2015年无罪判决情况统计的分析》,《兵团党校学报》2016年第4期。

坚持法定证明标准。①

至于辩方适用认罪协商的动力不足一方面是被动的,认罪认罚协商是检察院主导的协商性司法,如果检察机关不愿意适用,被追诉人亦无可奈何。但辩方也有主动不愿意适用的因素,主要就是认罪协商能够得到的量刑折扣太低,不具有足够的"诱惑力"。

(二)协同主体

作为认罪认罚协商的协同主体,侦查机关的态度实际上对协商的真正开始并没有太大的影响力,因为严格意义的协商是发生在侦查结束以后。

至于法院,从该制度运行近五年的状况看,法院不仅不愿意主动适用认罪认罚,甚至会以不认可具结书的形式阻碍协商程序的适用,进而引发检、法冲突。有学者从量刑建议被采纳的情况做了研究,"2019 年 10 月,最高人民检察院的统计数据显示,检察机关量刑建议的采纳率是 64.9%,与试点期间的整体采纳率 98.4% 相比,在当前认罪认罚案件中,审判机关不采纳检察机关量刑建议的情形大幅增加。"②反观原因,无非也是认罪认罚协商在提升诉讼效率的效果上方面并不十分明显,导致法院"兴趣缺缺",但最主要还是因为法院认为认罪认罚协商威胁到了自己的裁判权,让法院成为检察机关的"橡皮图章",损害了法院的权威,这一点涉及国家权力的配置问题,不属于本文讨论的范畴。

---

① 《最高人民法院、最高人民检察院、公安部、国家安全部、司法部关于适用认罪认罚从宽制度的指导意见》"一、基本原则。3. 坚持证据裁判原则。办理认罪认罚案件,应当以事实为根据,以法律为准绳,严格按照证据裁判要求,全面收集、固定、审查和认定证据。坚持法定证明标准,侦查终结、提起公诉、作出有罪裁判应当做到犯罪事实清楚,证据确实、充分,防止因被追诉人、被告人认罪而降低证据要求和证明标准。对被追诉人、被告人认罪认罚,但证据不足,不能认定其有罪的,依法作出撤销案件、不起诉决定或者宣告无罪"。

② 韩轶:《认罪认罚案件中的控审冲突及其调和》,《法商研究》2021 年第 2 期。

五、协商程序缺失

要实现"协商性的程序正义"中"最低限度的参与"这一要求,最直接的保障就是构建专门的协商程序,美国刑事诉讼中设有专门的"有罪答辩"程序,而且是作为审判的前置程序存在,协商发生在审判之前,其结果决定着实质性的审判是否需要开展,协商过程要求控辩双方充分参与。

反观我国,无论是刑事诉讼法还是《指导意见》都没有规定认罪认罚协商如何具体开展,缺乏程序性规则。刑事诉讼法只是规定控方应当听取相关人员的意见,辩方有权提出意见,但控方什么时候听取意见,如何听取意见,在什么场合听取意见,辩方提出意见后控方是否需要回应,如何回应,是否应当对自己的意见进行修正等,法律都没有作出规定。《指导意见》在第 33 条做了一些细化的规定,比如规定检察机关要在量刑建议提出前听取意见,要尽量同辩方协商一致,提出量刑建议要说明理由和依据,从文字上看,这里仍然只是规定了检察机关单方面如何开展工作,看不出双方之间的对话和沟通如何展开,尤其是缺少辩方意见影响案件处理结果的保障机制。缺少协商程序,当事人没有参与协商的切入路径和平台,"最低限度的参与"也就无法得到实现。

总体而言,认罪认罚从宽制度在保障"协商性的程序正义"实现方面存在的种种不足,根源依旧在立法对认罪认罚从宽制度的协商性司法性质并不清晰,整个制度呈现出十分"纠结"的样态,既想承认协商以实现协商性司法范式的"制度红利",又担心国家权力和威严流失,当制度运行到今天已经明确其协商性质之后,按照"协商性的程序正义"要求对该制度作出反思与重构就势在必行。

下篇

程序正义之维的认罪认罚
协商程序完善路径探索

第八章　刑事案件分类处理程序之构建

对制度进行批评不是学术研究的目的,在我们拿着"协商性的程序正义"这把标尺对认罪认罚从宽制度进行全景扫描发现种种问题后,探寻解决之道才是本文的最终落脚点。

毫无疑问,认罪认罚从宽制度是中国式的控辩协商这一命题已经被确认,对协商性司法范式的接受也是我国顺应潮流的正确态度,亦符合国家治理现代化的需求。基于此,刑事诉讼立法应当对协商性司法范式做出正面回应,并按照"协商性的程序正义"的内在要求重构认罪认罚从宽制度并增加配套供给。

认罪认罚从宽制度是作为"以审判为中心"诉讼制度改革的配套入法的,这是我们认识和设计该制度的基本出发点,忽视这一点,认罪认罚从宽制度必将走入误区。当前我国司法实践中出现一些认知,比如认罪认罚从宽制度适用率越高越好,案件办理越简单越好、越快越好,普通程序的适用越少越好,这些认识是危险的,必须尽快纠正。认罪认罚从宽制度的目的绝对不是"消灭"普通程序,而是让普通程序走得更好,更充分发挥其在维护司法公正上的作用。

在司法公正和诉讼效率之间,公正始终是刑事诉讼的第一目标,缺少效率的公正是昂贵的,缺少公正的效率则是不正当的。"以审判为中心"诉讼制度改革是为了提升司法公正,而认罪认罚从宽制度则是基于对诉讼效率的追求,二者并不冲突,而是高度统一在"让人民群众在每个司法案件中感受到公平正义"的社会主义司法目的观中。因此，完善认罪认罚从宽制度首先需要对我国的刑事诉讼程序进行体系化的梳理，构建刑事案件分类处理机制，明确各类程序的区分标准以及主要功能，唯有如此，才能让对抗性司法范式和协商性司法范式在我国刑事司法中"各司其职，和谐共处"，也才能在刑事诉讼中真正实现"繁案精办，简案快办"。

一、刑事案件分类程序的构建设想

（一）刑事案件程序分类的标准

前一章在分析我国刑事诉讼法对被追诉人"可放弃性权利"供给不足时提到，一方面我国的普通程序并不能为被追诉人提供精细的"出罪路径"，另一方面被追诉人放弃程序不能产生确定性的效力，出现这些问题的原因在于我国的刑事诉讼程序本身区分并不清晰，且各种程序重合点太多，很难让当事人作出"非此即彼"的选择。

当前我国对刑事案件的程序分类，标准是多样的，但层次不清晰，各个标准杂乱无章地混在一起，导致程序的界限十分模糊。大体上讲，我国刑事诉讼程序首先按照自诉还是公诉分为自诉案件处理程序和公诉案件处理程序，其次按照被追诉人是否认罪认罚，分为普通程序、简易程序和速裁程序。2018年刑事诉讼法修正后，我国刑事案件处理程序实际上变为两种路径：以处理认罪案件为目标的简化程序（包括简易程序、速裁程序）和以处理非认罪为目标的正式程序，二者的区别主要在审判阶段。这种改革的目的是实现刑事案件"繁简分流"，实现"简案速办、繁案精办"，从而优化司法资源配置，集中司法资源用以办理复杂案件。然而当前的程序界限并不清晰，大量认罪认罚案件仍然适用的是普通程序，与非认罪认罚案件混同在一起无法识别，而部分不认罪案件的审理程序又过于简单，加之我国没有对轻罪案件和重罪案件的处理程序作出区别性规定,刑事诉讼反而陷入"繁案不繁,简案不简"的尴尬局面当中。

事实上党中央已经注意到这一点,早在 2019 年,习近平总书记就在中央政法工作会议上指出"要深化诉讼制度改革,推进案件繁简分流、轻重分离、快慢分道"①,总书记的这一指示被理论界概括为"三分原则"。② 在刑事领域,"三分原则"从刑事一体化视角提出对犯罪的科学治理之道,它提出的是一种犯罪系统性分类治理的思路,对刑事案件整体以"繁简"为区分标准进行分类,在具体的方案上,既包括实体层面的"轻重分层"治理,也包括程序层面的"快慢分道"处理。

基于此,我国应当尽快建立精细化的刑事案件分类处理程序体系,按照一定标准将刑事案件的处理程序进行层次性分类,并为每类程序划定明晰的适用界限,鉴于本文的主题,在此只提出一般刑事案件的程序体系构建思路:③第一个层次,按照被追诉人是否认罪将刑事案件分为认罪案件和不认罪案件;第二个层次,按照被追诉人是否认罚将认罪案件分为认罪认罚案件和认罪不认罚案件;第三个层次,按照犯罪轻重,将认罪认罚案件分为微罪、轻罪和重罪案件,三者划分的标准是应当判处的刑罚,处刑在一年有期徒刑以下、拘役、管制或独立适用附加刑的为微罪案件,处刑在三年有期徒刑以下的为轻罪案件,三年有期徒刑以上则为重罪案件。④ 将进入诉讼程序的犯罪案件做类型化区

---

① 习近平:《论坚持全面依法治国》,中央文献出版社 2020 年版,第 248 页。

② 刘传稿:《参见轻重犯罪分离治理的体系化建构》,《中国刑事法杂志》2022 年第 4 期。

③ 从横向看,我国刑事诉讼程序可以分为一般程序和特别程序,特别程序体系不在本文讨论范围。

④ 关于轻罪和重罪的划分标准,理论界主要有三种观点:(1)实质标准说。主张根据犯罪性质、犯罪危害程度等犯罪内在的特质确定犯罪的轻重等级。(2)形式标准说。主张以刑罚的轻重为标准划定犯罪的轻重等级。(3)实质与形式标准综合说。主张以实质标准为主,以形式标准为辅来划分轻重等级。大部分学者主张依据法定刑区分重罪和轻罪,认为轻罪案件是指法定刑在三年有期徒刑以下的案件,我国刑事诉讼法接受这一区分标准,1996 年刑事诉讼法将简易程序的适用范围界定为"依法可能判处三年以下有期徒刑、拘役、管制、单处罚金的公诉案件",2012 年刑事诉讼法规定对三年有期徒刑以下的案件可以适用独任审理,2018 年刑事诉讼法规定对三年有期徒刑以下的案件可以适用速裁程序,实质上反映出立法者认为三年有期徒刑以下的案件属于轻罪案件,因此本文采用这一标准进行区分。

分后，再分别设置不同的程序对案件进行处理，根据上述分类具体设计后的程序体系如下表所示：

表 8-1

案件类型			处理程序
不认罪			普通程序（正式审判程序）
认罪	不认罚		简易程序
	认罚	重罪	
		轻罪	速裁程序
		微罪	处罚令程序
			审前分流程序：污点证人制度、附条件不起诉等

此处需要就"认罪"做个必要说明，理论及实务界对认罪认罚从宽制度中的"认罪"一直有争议，主要分歧点是"认罪认罚"中的"罪"，是仅仅指犯罪事实，还是包括罪名。有的学者认为认罪包括对检察机关指控的事实和罪名的认可，[①]但大部分人认为认罪只需要承认犯罪事实，并不要求承认罪名，即只要被追诉人承认指控的犯罪事实就构成认罪。[②]《指导意见》也是这一观点，规定被追诉人"虽然对行为性质提出辩解但表示接受司法机关认定意见的，不影响'认罪'的认定"。

本书的观点与主流观点虽然结论一致，但有些细微的区别：第一，"认罪"仅仅指被追诉人承认被指控的已经达到构成犯罪标准的事实，而不包括对罪名的承认，也就是"认罪"仅仅指"认事"；第二，与主流观点不同的是，本文认为对罪名的承认是"认法"的范畴，应当属于"认罚"。在本文看来，罪名的选择是个法律问题，是适用刑罚时才主要考虑的问题，接受某个罪名并接受这个罪名项下的刑罚属于"认罚"的内容。也就是说，认罪认罚从宽制度中的"罪"

---

① 陈瑞华：《"认罪认罚从宽"改革的理论反思——基于刑事速裁程序运行经验的考察》，《当代法学》2016 年第 4 期。

② 周新：《认罪认罚从宽制度立法化的重点问题研究》，《中国法学》2018 年第 6 期。

应当是抽象的"犯罪"概念,即依法应受刑罚处罚的危害社会的行为,[1]而并非具体的与特定罪名联系的犯罪概念。例如,被追诉人在实施盗窃的过程中被人发现,将发现者推倒在地后逃跑,"盗窃他人财物并推倒发现者"已经达到了应受刑罚处罚的危害社会行为这一抽象的犯罪标准,被追诉人只要陈述并认可这个事实就是"认罪",但他可能不接受检察机关提出的抢劫罪及量刑建议,而认为只构成盗窃罪。他如实陈述犯罪过程就构成"认罪",应当按照"认罪"案件处理,但因为他不接受罪名和量刑建议,则不属于认罪认罚的案件,不能按照认罪认罚程序处理。

在笔者看来,刑事诉讼中将罪名归入"认罚"范畴有助于理顺当前司法实践中对认罪认罚从宽制度适用的混乱局面。在当前将罪名归入"罪"的范畴的情况下,无论认罪认罚中的"认罪"是否包括罪名都会出现尴尬。

如果采用"认罪"必须包括"认罪名"的观点则限制了被追诉人的辩解权和辩护权,因为被追诉人不认可罪名的行为会被认定为"不认罪",最终归为认罪态度不好而招致重罚,这显然对被追诉人不公平。

而采用认罪不包括"认罪名"的观点则人为降低了认罪认罚从宽制度的适用条件,最重要的一点是这种处理方法会使案件的处理陷入一个无法自洽的逻辑错误当中:被追诉人连罪名都不接受,何以接受建立在特定罪名基础上的刑罚? 在其对罪名尚且有异议的情况下,何以认定他的"认罪认罚"是自愿的?

仍然以上述假设案件为例,在积极追求认罪认罚适用率的背景下,检察官根据《指导意见》的规定,可能对案件做出这样一种处理:检察官提出一个跟盗窃罪相当的量刑建议,但罪名仍然是抢劫罪,辩方从实用主义角度考虑,或惧于检察官的威严或惧怕被认定为不认罪而招致重罚,最终接受了量刑建议,签署《认罪认罚具结书》,但辩方保留对罪名的异议甚至在审判阶段就此再提出辩解意见。这种处理方式一方面严重违反了罪责刑相适应原则,可能导致

---

① 张明楷:《刑法学(第五版)》,法律出版社 2016 年版,第 86 页。

重罪轻罚，另一方面也不利于被追诉人认罪认罚"自愿性"的保障。

将罪名归入"罚"的范畴之后，上述案件处理就变得非常简单，处理程序也变得十分清晰，只要被追诉人承认指控的基本事实即"盗窃他人财物并推倒发现者"就是认罪，控辩双方对案件事实不再有争议（细节争议除外），案件可以进入简化程序处理，不需要启动普通程序。进一步，如果被追诉人再对抢劫罪的罪名以及量刑建议均接受，案件就能够适用认罪认罚程序处理，实体上被追诉人可以得到认罪认罚的"量刑折扣"；如果他不接受抢劫罪这一罪名认定，或者对量刑有异议，则按照认罪案件简化审理，实体上被追诉人仍然可以得到认罪的"量刑折扣"，只是不能享受认罚的"量刑折扣"，同时他可以围绕着罪名和量刑充分行使辩护权。

（二）轻、微犯罪和重罪案件分别适用"案件处理机制"和"案件审查机制"

在对认罪认罚从宽制度和辩诉交易制度进行比较时，本文提到，辩诉交易是一种典型的案件处理机制，它所构建的协商程序和普通程序是并行、选择适用关系，而我国则是将协商程序混同在普通程序之中，导致认罪认罚从宽制度时而是案件处理机制，时而是案件审查机制，这种不加区分的做法带来司法适用的种种混乱，并且给被追诉人行使辩护权造成障碍。

我国在建立认罪认罚从宽制度时，一方面对其适用范围不作任何限制，另一方面又不加区分在所有案件中坚持证据裁判原则和法官的实质性审查，如此导致的结果就是轻罪案件不能快速处理，重罪案件不能确保司法公正。因此本文主张对我国认罪认罚从宽制度做出调整，重构速裁程序并建立处罚令程序，在这两种程序中将认罪认罚协商界定为案件处理机制，降低证据裁判规则，淡化法官的实质性审查，强化协商合意对案件裁判结果的塑造力和约束力；在重罪案件中则坚持法官实质性审查，将被追诉人的认罪认罚作为一种案件查明机制，并明文规定一旦被追诉人反悔，案件必须转入普通程序（正式审判),同时对正式审判程序做出完善,提升正式审判程序的精细度。

二、普通程序的"精细化"提升路径

第四章介绍美国辩诉交易的运行机制时提到过普通程序(正式审判)与协商性司法程序之间的关系,正式审判程序的"精细化"是协商的倒逼机制,只有将正式审判变成昂贵的"奢侈品",各方主体才会选择"便宜快捷"的协商程序。在我国对案件进行分类化处理后,普通程序即正式审判程序应当成为刑事诉讼中的"奢侈品",必须进行精细化构建,从而为"繁案精办"的实现提供程序基础。

当然,普通程序的"精细化"改造不是"为了精细而精细",更不是人为地增加审判程序的复杂度,"精细化"的方向一定是让正式审判程序在实现正确定罪量刑、避免冤枉无辜、确保司法公正方面更具"有效性",提升程序的公开性、民主性和对等性。为实现这一目标,正式审判程序需要具备三个基本品质:第一,能够为被追诉人提供充分辩解以及同控诉方同等获得胜诉的机会;第二,能够让被追诉人的意见同控诉方一样获得裁判者的同等关注,即裁判者应当保持中立;第三,辩方在诉讼过程中就国家权力行使合法性提出的任何合理的质疑都能够得到司法审查并获得专门的程序救济。

围绕上述要求,本文主要针对我国现行刑事诉讼法规定的普通程序提出三个方面的改造建议,基本出发点是在普通程序中严格遵守以审判为中心的原则,实行证据裁判规则,以保证庭审具有实质性意义,而改造后的普通程序应当为被追诉人获得无罪判决提供尽可能充分的路径。

(一)审判组织的多元化改革思路:将"七人合议庭"设置为普通程序的法定审判组织

实行人民陪审员陪审自 1979 年制定刑事诉讼法时就作为一项基本原则

规定在我国刑事诉讼法第一章任务和基本原则当中,经过四十余年的发展,我国已经探索出一套符合中国国情和诉讼文化以及司法实践需要的人民陪审制度。

2018年4月颁布的《中华人民共和国人民陪审员法》对陪审制做出改革,该法首次规定了"七人合议庭"。根据该法第14条,人民法院采用陪审法庭审判案件的,可以组成三人合议庭,也可以由法官三人与人民陪审员四人组成七人合议庭,第22条则规定七人合议庭审判的案件,人民陪审员只对事实认定表决,对法律适用可以发表意见但不参加表决,这是我国对陪审制度做出的一次重大改革,一方面增加了陪审法庭的人数,另一方面对事实审和法律审作了适度分离,在构建二元裁判主体方面做出有益探索。2018年修正刑事诉讼法时对这一规定作了吸收,第183条规定基层人民法院或中级人民法院适用普通程序审理一审刑事案件的组织形式是三人或七人合议庭。"七人合议庭"的入法为刑事审判普通程序的"精细化"提供了契机。

应该说,"七人合议庭"是我国吸收借鉴域外陪审制度的有益因素并结合我国国情做出的制度创设,其目的在于推进司法民主,促进司法公正,提升司法公信,[①]该制度同时承担两个方面的功能:一是服务法院和法官的功能,"通过陪审实现司法专业判断与群众朴素认知的有机统一";二是监督和制约功能,"切实保障人民群众对审判工作的知情权、参与权、监督权"。[②]"七人合议庭"优点在于:第一,能引入更多人民群众加入审判,使法院审判能够充分获得尽可能广泛的"民意",充分实现诉讼民主;第二,对案件的结果引入更多元的意见,以保证案件处理结果最大可能实现公正;第三,有效实现人民群众对法院审判行为的监督,能有效保证裁判者中立。

然而十分遗憾的是,依据当前的法律,"七人合议庭"的适用十分有限。

---

① 最高人民法院:《人民陪审员制度的中国实践》,https://www.court.gov.cn/wpload/file。

② 魏晓娜、杨振媛:《七人合议庭在刑事案件中的适用——对〈人民陪审员法〉第16条第1项的法教义学解释》,《中国政法大学学报》2023年第2期。

首先是法律文本本身规定的适用范围有限。综合《人民陪审员法》《刑事诉讼法》及其司法解释的规定,在我国的刑事诉讼中,"七人合议庭"适用于三类案件的审判,包括可能判处十年以上有期徒刑、无期徒刑、死刑且社会影响力重大的案件,涉及征地拆迁、生态环境保护、食品药品安全且社会影响力重大的案件以及其他社会影响重大的案件,也就是法律将"七人合议庭"的适用范围限定在重大刑事案件范围,而将大量的"微"或"小"刑事案件排除在外,但就当事人个人权利遭受的贬损而言,重大案件与微小案件事实上并没有本质区别。其次,即使是具备上述"重大"特征的案件,在司法实践中也并不一定适用"七人合议庭",因为重大案件是否具有重大影响力仍然属于人民法院司法裁量范围,人民法院仍然能依职权决定不适用"七人合议庭",有学者统计,2019 年最高人民法院公布"年度人民法院十大刑事案件",人民法院报对之的报道为"入选的十个刑事案件均为人民法院报 2019 年所报道的具有重大社会影响力、公众关注度高、审判结果具有重大突破、对公序良俗有重要示范引领作用的刑事案件",[1]然而对这些被人民法院自己认定为"具有重大社会影响力"的案件,只有张扣扣故意杀人案、浙江乐清滴滴顺风车司机杀人案两件适用了七人合议庭审理。[2]　由此可见,即使在重大案件中,"七人合议庭"也不必然获得适用。

就与本文相关的话题而言,从目前的法律文本分析,无论是哪一种案件,"七人合议庭"的适用条件都与被追诉人是否认罪无关,也就是认罪与否目前不是"七人合议庭"适用的考虑因素,甚至有学者提出只要符合《人民陪审员法》第 16 条第 1 规定的情形,认罪认罚的案件也可以适用"七人合议庭"。[3]

---

① 陈丽英:《本报评出 2019 年度人民法院十大刑事案件》,《人民法院报》2020 年 1 月 12 日。

② 魏晓娜、杨振媛:《七人合议庭在刑事案件中的适用——对〈人民陪审员法〉第 16 条第 1 项的法教义学解释》,《中国政法大学学报》2023 年第 2 期。

③ 魏晓娜、杨振媛:《七人合议庭在刑事案件中的适用——对〈人民陪审员法〉第 16 条第 1 项的法教义学解释》,《中国政法大学学报》2023 年第 2 期。

本书认为，这种理解并没有挖掘出"七人合议庭"的真正价值，对认罪认罚案件适用"七人合议庭"无异于"杀鸡用牛刀"，属于司法资源浪费。此类案件中，在明智性和自愿性都得到切实保障的前提下，被追诉人认罪认罚说明对定罪这一核心争议问题，控辩双方没有实质性分歧，在犯罪事实认定没有根本分歧的情况下适用"七人合议庭"来对所谓事实问题进行表决根本没有必要性，除非是死刑这种剥夺公民生命权的案件为慎重起见可以作出例外规定。因此在本书看来，我国应当将认罪与否作为适用"七人合议庭"的判断标准，并将其作为审理不认罪案件的普通程序的法定组织形式。

众所周知，接受陪审员审判是西方法治话语体系中正当程序原则十分重要的内涵，英美国家的正式审判程序就是指陪审团审判，在大陆法系国家，重罪案件（大部分大陆法系国家不允许在重罪案件中适用协商）亦是由陪审法庭进行审判。据此可以认为，陪审法庭是世界范围内认可的刑事普通程序的审判组织形式。而在我国，刑事诉讼法第 183 条规定人民法院审理一审案件，"应当由审判员三人或者审判员和人民陪审员共三人或者七人组成合议庭进行"，也就是说陪审法庭只是我国法院审理案件时的一种选择，人民法院审理案件可以适用陪审，也可以不适用陪审。而"七人合议庭"更是被规定为一种特殊的审判组织，只有在特定案件中且人民法院认为有必要时才会依职权适用，与被追诉人的意志毫无关系，显示出当前对"七人合议庭"的设置目标，依然是为司法权的顺畅行使以及司法公信力和权威性的保障提供服务。但考察陪审制度的发展历史可以发现，陪审除了是国家司法权顺畅行使的保障机制，还应当是公民的一项重要权利，"凡自由人，非经其同等地位者依法审判，或者根据王国法律，不得逮捕、拘禁、没收财产……"[1]我们在改革司法制度的过程中必须注意到陪审制度蕴含的权利逻辑，这更符合我国"人民司法"的本质属性。

---

① 见 1215 年英国《大宪章》第 39 条。

　　本书认为,从提升正式审判程序精细度、保证裁判中立以及强化诉讼民主、确保司法公正、保障刑事被追诉人权利等角度出发,我国应当将"七人合议庭"设置为正式审判程序的法定审判组织,规定适用普通程序审判的一审案件均应当适用"七人合议庭",在此基础上,将认罪与否作为其适用的主要判断标准,只要是被追诉人不认罪的案件,人民法院就应当组成"七人合议庭"对案件进行审理,同时将接受"七人合议庭"审判作为刑事被追诉人的一项重要权利并纳入被追诉人"程序选择权"的范畴,"七人合议庭"的首要适用条件是"不认罪",而刑罚轻重、影响力大小、案件类型等是次要考量因素。也就是说,刑事被追诉人一旦选择认罪就意味着他同时放弃了接受普通程序审判和接受"七人合议庭"审判的权利。

　　当然,"七人合议庭"也并不是绝对适用,基于权利可以放弃的逻辑,即使在不认罪案件中,如果被追诉人以明示的方式(比如签署放弃声明书或者在记录放弃"七人合议庭"审判的笔录上签字)放弃接受"七人合议庭"审判,人民法院亦可以采用其他形式的合议庭审理,但严重犯罪即可能判处十年有期徒刑以上刑罚的案件必须适用"七人合议庭"审理。

　　同时,在审理过程中将定罪程序和量刑程序分体,陪审员只参与定罪即事实认定程序的表决而不参与量刑环节的表决,从而实现事实审和法律审的分离。另外在表决机制上,也应当改变"简单多数"的表决原则,"3+4"的模式中,在职业法官达成一致意见的情况下,只需要争取到一名人民陪审员的支持就可以形成多数意见,这并不利于陪审制度监督、制约法官的功能实现,也不利于保障审判中立,可以参考大陆法系法国和德国的做法,规定凡是对被告人做出有罪认定的需要合议庭三分之二以上人员同意。①

　　还有一个值得讨论的问题就是陪审员的选任方式。当前我国陪审员的选

---

　　① 法国刑事诉讼法第 359 条要求凡是对被告人不利的决定,在一审,至少需要 8 票赞成(法国重罪法庭由三名职业法官和 9 名陪审员共 12 人组成);德国刑事诉讼法第 263 条规定"在行为的罪责问题和法律后果上所做的每一项对被告人不利的裁决,须有 2/3 多数票同意"。

任方式是聘任制,《人民陪审员法》规定由司法行政机关会同基层人民法院从通过资格审查的人民陪审员候选人名单中随机抽选确定后提请同级人民代表大会常务委员会任命,任期五年且一般不得连任;具体案件中的陪审员则由法院从陪审员名单中随机抽取确定。对于陪审员的选任机制,主要需要防范两种风险:第一,陪审员与职业法官同质化。现代国家陪审制存在的正当性源于公民有获得同等地位者审判的权利,只有与被告同等地位者才具有与之类似的生活背景,具有大体相同的社会经验和价值判断,能够理解被告人在特定情境下的行为选择,由他们对被告人的行为性质作出判断才具有合理性和公正性,①才有可能实现"法理"与"情理"的融合。在陪审员与职业法官趋于同质化的情况下,陪审员的思维方式、价值标准以及情感倾向与职业法官并无二致,产生的判断也趋于"法律理性",陪审的必要性已然丧失;第二,陪审员被操控。陪审意见要对案件裁判结果产生实质性影响,陪审员就应当是意志独立的个体,不应当被引导,更不应当被操控。一旦陪审员被操控就会演变成职业法官意见的"背书者",陪审也就沦为形式从而出现所谓"陪而不审",案件的裁判结果实质上就是职业法官的意见,陪审对法院的监督制约功能、吸收民意功能均无法实现。

我国法律规定陪审员不得连任正是为了防止陪审员"法官化",用随机抽取确定个案陪审员的方式能在一定程度上防止陪审员被操控,但这种模式不足以彻底防范上述两种风险。就个案的陪审员选任而言,随机抽取的方式从理论上是可以防止人民陪审员同法官之间的差异性以及防止事前的沟通影响陪审员的认识和判断。但事实上,一个法院的人民陪审员人数并不是特别多,根据陪审员法的规定,每个基层法院配备人民陪审员的人数标准为不低于员额法官的3倍,大部分基层法院是按照3倍的最低标准配备,而我国占据绝对多数的基层人民法院的员额法官数在20—30人左右,这就意味着一个法院的

---

① 魏晓娜、杨振媛:《七人合议庭在刑事案件中的适用——对〈人民陪审员法〉第16条第1项的法教义学解释》,《中国政法大学学报》2023年第2期。

人民陪审员人数一般在 60—90 名左右,基于法院内部的民事、行政、刑事审判划分,陪审员也会有一个大类分配,即使按照平均数,分配到刑事审判庭的也就 20—30 人左右,这 20—30 人在五年内与刑事审判庭的法官共同持续合作,双方难免形成较为熟络的关系,甚至法官会对每个陪审员的偏好、价值取向有所认知,以至于在"随机抽取"时做出倾向性的干预以方便获得与自己意见一致概率较大的陪审员参与案件审理,从而达到操控案件结果的目的。

基于上述担忧,本文主张取消聘任制,建立人民陪审员候选名单库,在具体案件中由法院从名单库中随机抽选确定人民陪审员,同时在随机抽取时设置标志性检索条件,如职业、经济收入、年龄、性别、民族、文化程度等,以尽可能保证参与案件审理的人民陪审员与被追诉人地位同等或者大致相当。

上述改革建议最终的目的是在普通程序中构建多元裁判主体,使更多的普通民众参与控辩双方有根本分歧的案件即非认罪案件当中,一方面,可以在非认罪案件中充分吸收民意,扩大司法的民意基础,使裁判结论更符合民众的常识常理和常情判断,尊重民众的朴素情感以获得民众对司法的理解和支持,更好促进有罪被告人服从司法裁判;另一方面有利于分化和转移法官责任,降低无罪判决对法院以及法官个人的冲击力,也有利于提升无罪判决率,有效避免人为制造冤假错案。关于陪审制度的"卸责"功能,倪化强教授曾经在《形式与神韵——基督教良心与宪政、刑事诉讼》一书中做出充分的阐述,他指出在中世纪的欧洲,基督教文化中的"血罪"观念使得刑事法官成为一项危险工作,由于担心受到上帝责罚,人们都不愿意担任法官去裁判生命刑或肢体刑,为了解决这一矛盾,英格兰发展出陪审团这一独特的避祸机制,将原本由法官一人承担的"血罪"责任改由 12 个陪审员分摊。[1] 我国虽然没有基督教的"血罪"观点,法官在裁判案件时同样会承担巨大的压力,但与西方国家当时情况不同的是,我国法官和法院承受的压力主要是在无罪案件当中,由于"无罪推

---

① 倪化强:《形式与神韵——基督教良心与宪政、刑事诉讼》,上海三联书店 2012 年版,第 52—62 页。

定"理念并未得到社会普遍认同,大部分民众有一种简单的认知即"被告人即是犯罪人",①被告人被判无罪会引发社会对法院和法官司法公正和清廉的猜疑,由"七人合议庭"做出的无罪判决能有效消解这种猜疑,缓释法院和法官作出无罪裁判的压力,促使无罪判决率得到提升从而进入合理范畴,反过来亦会促进认罪认罚协商程序的适用。

(二)定罪量刑程序分离改革思路:设置相互独立的定罪程序和量刑程序

我国现行刑事审判程序没有区分定罪程序和量刑程序,刑事审判的所有环节都是围绕定罪和量刑混合同步进行,这种不加区分的审判模式最大的不足是给被追诉人充分行使辩护权造成严重障碍。

从逻辑上讲,刑事案件的裁判应当分两个步骤依次展开:首先是定罪,也就是先对被追诉人的行为是否构成犯罪做出判断,具体包括被追诉人是否实施了指控的犯罪行为,指控的犯罪行为是否为被追诉人实施,指控的行为是否构成犯罪,被追诉人是否满足被追究刑事责任的条件等。被追诉人的行为构成犯罪且应当承担刑事责任,这是对被追诉人裁量适用刑罚的前提和基础。在确定被追诉人构成犯罪以后,下一步才能针对被追诉人的犯罪如何量刑进行裁判。在这种逻辑清晰的裁判步骤中,辩方可以依次开展辩护:先就被追诉人的行为是否构成犯罪发表辩护意见,充分陈述辩方在行为定性方面的意见;在法官宣告被追诉人罪名成立之后,辩方再围绕量刑开展辩护,向法院陈述被追诉人应当获得轻缓化刑罚处罚的事实及理由。

而我国当前定罪量刑混合进行的庭审模式,一方面让量刑意见经常被定罪意见掩盖而显得无足轻重,另一方面又常常让辩护方陷入无罪辩护和罪轻辩护的"两难选择",对辩护权充分行使的阻碍主要发生在后一种情形下。通

---

① 陈瑞华:《留有余地的判决——一种值得反思的司法裁判方式》,《法学论坛》2010年第4期。

常在刑事案件中,辩方有两种辩护选择,一种是无罪辩护,即辩方提出被追诉人不构成犯罪或控方的有罪指控不能成立(因为证据不足不能成立或因为无责而不成立),这是一种完全否定指控的辩护方案,通常会引发较为激烈的控辩对抗;第二种是罪轻辩护,辩方对被追诉人构成犯罪没有异议,认为控方的有罪指控能够成立,但提出被追诉人因具有各种情节可以从轻、减轻甚至免除处罚。这种辩护方案因为不会从根本上否定指控,一般不仅不会引发控辩激烈对抗,有时候还可以获得检察机关的协作。从逻辑上讲,无罪辩护和罪轻辩护是不相容的,辩方很难同时做无罪辩护和罪轻辩护,试想,如果辩护律师在法庭上跟法官说被追诉人不构成犯罪但应当从轻处罚是否会被法官认为辩护律师自相矛盾? 这就导致在很多案件中,辩方对案件的定罪有异议,认为被追诉人无罪,但如果被追诉人被定罪,案件中又有很多对其有利的情节,此时辩方就面临选择:如果做无罪辩护就要放弃对被追诉人有利的情节,一旦最后被判有罪,这些情节可能就无法在量刑时发挥作用;而选择罪轻辩护,就意味着被追诉人要放弃自己无罪辩护的权利。①

　　在构建程序分类体系后,普通程序的定罪程序和量刑程序分离更具必要性,它在保护和实现被追诉人的充分辩护权、实现人权保障的刑事诉讼目的方面具有十分重要的价值。定罪程序和量刑程序分离之后,被追诉人选择不认罪的时候完全没有了"后顾之忧",他能够在定罪程序阶段充分向合议庭表达自己在案件的定性方面的意见,一旦被判有罪,他还有机会在量刑阶段就自己的各种从宽处罚情节发表意见。关于定罪程序和量刑程序分离在保障辩护权充分行使方面的作用,德国学者赫尔曼教授曾明确指出:"在德国的庭审中最后辩论可能给辩护律师带来一个特殊的问题。如果辩护律师想要主张被告人无罪,他或者她将申请无罪释放。由于律师无法确定法庭是否一定会判决无罪,他必须同时解决一旦被告人被认定有罪应当判处何种刑罚的问题。由于

---

① 在百度搜索输入"律师可以同时做罪轻辩护和无罪辩护"进行检索可以发现实践中对这一问题存在疑惑的不在少数。

美国刑事诉讼中存在一个单独的量刑庭审,辩护律师就不必面临这种困境。"①

至于具体的程序设计,本书提供如下思路:

对人民检察院提起公诉的被追诉人不认罪的案件,法院应当组成"七人合议庭"公开开庭审理,开庭审理分两个阶段进行,第一个阶段围绕被追诉人是否构成犯罪展开,庭审步骤依然可以延续当前"开庭——法庭调查——法庭辩论——被告人最后陈述"的模式,庭审举证、质证、辩论均围绕被追诉人是否构成指控的罪名展开,庭审要严格遵守证据裁判规则,在这一阶段,公诉方不得向法庭出示被追诉人的前科劣迹、不良日常表现等容易让合议庭对被追诉人产生否定性评价的证据材料。定罪庭审结束后,合议庭进行合意、表决以确定被追诉人是否有罪。如果被追诉人被认定有罪,则案件进入量刑阶段。这一阶段人民陪审员不再参加(死刑案件除外),而由审判员以听证的方式进行,控辩双方围绕被追诉人的量刑情节进行举证、质证和辩论,最终由法官做出量刑裁决,量刑裁决应当详细阐述量刑依据。甚至在这个阶段,被追诉人如果愿意认罪认罚则仍然可以获得刑罚"优惠",只不过优惠的力度应当明显低于审前程序的认罪认罚。

(三)审前程序司法审查实质化改革思路:构建刑事程序违法之诉

四十多年来,我国刑事诉讼法先后经过三次修正完善,在约束国家权力、保障人权方面取得巨大成就,但遗憾的是我国一直没有建立刑事程序违法之诉。

程序性制裁理论是诉讼法领域的重要理论之一。这种理论提出,根据法

---

① 陈瑞华:《定罪与量刑的程序分离——中国刑事审判制度改革的另一种思路》,《法学》2008 年第 6 期。

律制度所要制裁的违法行为性质,违法行为可以分为"实体性违法"和"程序性违法",对于程序违法行为,除了依法剥夺违法者利益从而达致实体制裁以外,还应当苛以程序性制裁,以某种方式宣告程序行为无效,程序性制裁是对"程序性违法"进行制裁的主要方式,程序性制裁既是程序法独立价值的必要体现,也是法院纠正司法非正义行为的必要手段和促使警察、检察官、法官遵守法律程序的有效措施,程序性制裁要通过一种相对独立的司法裁判程序加以实施,这种程序通常被称为"审判之中的审判"(a trial within a trial),或者"诉中诉""案中案"(case in case)。[①]

刑事诉讼是一种典型的司法程序行为,在这个过程中,侦查、审查起诉、审判机关等行使公权力的机关违反法定诉讼程序的行为构成程序违法应当受到程序性制裁,如果被追诉人的权利遭受损害则应当得到救济,这个理念已经被我国刑事诉讼法接受,非法证据排除规则、程序违法二审直接撤销原判都是体现。但在程序上,我国却一直没有构建专门的程序违法制裁或救济程序,程序违法的裁判始终混杂在实体裁判之中,且经常被"实体真实或正确"淹没。

以非法证据排除为例,2012年刑事诉讼法修正案确立了非法证据排除规则,却没有设置专门的非法证据排除程序,仅在刑事诉讼法第187条规定开庭以前人民法院可以召开庭前会议解决非法证据排除问题,但该条没有将非法证据排除作为必须启动庭前会议的事由,寄希望于庭前会议作为非法证据排除前置程序的期望因此落空,对非法证据的裁判最终与案件实体裁判混同在法庭调查中进行。[②] 应当是认识到非法证据排除的重要性,2018年再次修改刑事诉讼法后,最高人民法院在2021年关于刑事诉讼法的司法解释中规定"庭审期间,法庭决定对证据收集的合法性进行调查的,应当先行当庭调查",

---

① 陈瑞华:《刑事诉讼法》,北京大学出版社2021年版,第115—119页。

② 2013年最高人民法院《关于适用〈中华人民共和国刑事诉讼法〉的解释》第100条第2款规定:"对证据收集合法性的调查,根据具体情况,可以在当事人及其辩护人、诉讼代理人提出排除非法证据的申请后进行,也可以在法庭调查结束前一并进行。"

改变了以往"一并进行"的模式，将非法证据审查作为法庭调查的先行环节，但该解释同时又规定"为防止庭审过分迟延，也可以在法庭调查结束前调查"，①给"一并进行"仍然留下空间。

基于一直以来"重实体轻程序"的思维惯性，对非法证据，我国司法人员有一种代表性而且具有普遍性的观点，那就是虽然侦查机关的取证采用了法律禁止的手段（在很多司法人员看来属于程序有瑕疵），但因为被追诉人或者证人的陈述是真实的，所以证据可以采纳作为定案依据。"虽然程序违法但因为真实所以可采纳"是很多法官的裁判逻辑，在他们看来，仅仅因为警察的取证程序不合法就把"内容真实"的证据排除是对犯罪分子的放纵，事关定罪的关键证据被排除更是对司法公正的严重侵犯。在程序违法裁判同定罪量刑的实体裁判混同在一起时，程序正义更显得那么"微不足道"。然而事实证明，程序违法有时候会直接影响案件的裁判结果，比如非法证据，若认定被追诉人有罪最关键、最核心的证据如口供、证人证言等是采用刑讯逼供、威胁利诱等非法方式获得的，这些非法证据若不被及时排除就可能导致冤假错案，缺乏程序违法之诉导致程序违法行为无法有效识别最终影响案件的实体公正可以说是我国刑事司法的一个系统性"bug"。

当然，出于司法效率的考虑，并不是所有的程序违法都需要程序之诉，只有那些严重违反法定程序、可能影响案件实体裁判的程序违法行为才有必要启动程序之诉，从世界各国的经验来看，需要得到专门程序救济的程序违法主要是侦查机关非法取证和审判机关违法审判。对侦查机关的非法取证是通过非法证据排除规则进行救济，很多国家都建立了专门的排除程序，比如美国在审前动议程序进行证据禁止之听证，英国的预先审核程序。② 审判程序违法通常有两种表现，一是法院没有裁判权即管辖权缺失，这涉及审判的根本合法性问题，二是审判过程违法，审判机关严重违反法定程序。对前者启动司法审

---

① 卞建林：《排除非法证据的制度反思》，《当代法学》2023 年第 3 期。
② 陈瑞华：《刑事程序的法理》（下卷），商务印书馆 2021 年版，第 449—450 页。

查的原因通常是辩方提出管辖权异议,而后者是基于被告方提出上诉,基于此,管辖权异议之诉和程序性上诉二审亦应当是刑事诉讼法当中应当设置的独立程序。

然而纵观我国刑事诉讼法,除了审判程序违法能够通过二审获得专门的司法程序审查以外,当事人提出的非法证据排除申请和管辖权异议申请均是混同在案件的实体裁判之中进行的行政化处理。对于非法证据的排除,我国采用的处理方式是在庭前会议或者法庭调查中由主审法官或合议庭进行审查做出决定,决定作出后,辩方意见不被接受的只能在案件实体裁判结果出来后作为一个不服从判决的理由提出上诉寻求二审法院解决。而对管辖权异议就更加简单,直接由合议庭在庭前会议或者法庭审理中做出决定,辩方意见被驳回的亦不得救济。① 可见,除了审判程序不合法可以通过二审上诉得到程序救济,对非法证据排除、管辖权异议我国实际上都没有设置专门程序,而是将之混同在实体裁判程序中,而这两种违法行为,恰恰是司法实践中辩方最关注、最容易提出异议,同时也最容易对裁判结果产生影响的程序问题,它既关系到案件的实体公正,又影响着诉讼参与人对司法公正的感受和评价。

在对刑事程序进行类型化处理之后,"精细化"普通程序必然需要构建符合我国国情的刑事程序之诉。本文提出两种方案,一种是短期内的权宜之计,即改造庭前会议制度,强化庭前会议在非法证据排除和管辖权异议申请上的司法审查功能,将之设置为独立的救济程序,并建立相关程序性上诉制度;第二种则是对未来的预期,那就是在我国建立专门的刑事预审程序,此处只讨论第一种方案,后一种将在本书最后一章进行系统论述。

---

① 《人民法院办理刑事案件庭前会议规程(试行)》第 11 条规定"被告人及其辩护人对案件管辖提出异议,应当说明理由。人民法院经审查认为异议成立的,应当依法将案件退回人民检察院或者移送有管辖权的人民法院;认为本院不宜行使管辖权的,可以请求上一级人民法院处理。人民法院经审查认为异议不成立的,应当依法驳回异议"。由此可见,辩方提出的管辖权异议申请被人民法院驳回的并没有任何救济程序,唯一的办法是提起上诉在二审以程序违法申请撤销一审判决,该救济路径依然是在实体裁判作出之后才能得以进行。

2012年修正刑事诉讼法在我国建立了庭前会议制度。在开庭以前,审判人员可以召集公诉方和辩护方就案件的管辖、回避、出庭证人名单、非法证据排除等程序问题听取意见。当前我国对庭前会议的功能定位是提前审查部分程序问题,为审判程序的顺利开展提供保障,其主要作用是为庭审程序扫清障碍、避免因为程序(形式)问题导致庭审被中断。庭前会议一般由主审法官(或合议庭)主持,参与者主要是公诉人和辩护律师(偶尔通知被追诉人参加),会议主要围绕程序问题开展,但也可以对没有争议的证据予以固定,如果辩方提出非法证据排除申请的,庭前会议还要就证据的可采信进行调查。

当前的庭前会议制度呈现出两种异化趋势:一是形式化,庭前会议成为"走过场"和"表演秀";二是实质化,法院在庭前会议中对案件做出实质性裁判。这两种趋势都使庭前会议制度的正当性根基受损,本书无意对当前庭审会议制度做任何评价,而仅仅是结合主题建议将庭前会议对非法证据排除申请和管辖权异议申请的司法审查功能进一步强化,让庭前会议成为一种独立的对是否适用违法性制裁进行司法审查的程序。

事实上,在我国司法实践中,证据不合法引发的被追诉人不认罪或辩护律师做无罪辩护的案件并不鲜见,但非法证据排除意见被采纳的却十分少见,一个重要的原因是我国没有建立独立于案件实体裁判程序的非法证据审查程序,被质疑非法的证据材料往往混在卷宗中一起进入裁判者的视野,以致一方面排除非法证据十分困难,辩方意见不被接受时没有单独的救济程序,只能等到判决后全案上诉,另一方面即使证据最后被排除,却无法消除它对裁判者心证已经造成的事实上的影响而实质性进入裁判结论。

对庭前会议制度的改造构想之一就是利用庭前会议建立非法证据排除程序,辩方提出排除非法证据申请的,人民法院应当启动庭前会议,就辩方的申请组织控辩双方以言辞方式就证据的合法性展开辩论,在庭前会议做出决定之前,法院不得对案件开展实体审理。庭前会议做出的关于证据是否为非法证据,应否被排除的裁判,控辩双方可以向上一级法院提出抗诉或上诉,这就是所谓的"审中之审"。还有一点，为了消除非法证据对裁判者心证的影响，庭前会议的主持者和裁判者应当分离，一旦辩方提出的非法证据排除申请成立，证据被排除，庭前会议的主持法官就不能参与案件的审理。

同理，对庭前会议进行改造后，辩方提出的管辖权异议申请同样通过庭前会议进行审查并作出先行裁定，对于这种先行的裁定亦可以上诉，通过管辖权异议之诉的独立程序解决审判合法性争议，为后期实体裁判的正当性和合法性排除障碍。基于这一构想，本文认为我国还有必要对人民法院的内设机构进行改革，可以考虑建立刑事案件预审法庭，由预审法庭负责案件的审判前准备工作以及主持庭前会议，经过预审的案件，在进入正式审判后就只剩事实认定和法律适用问题，法庭审理的主题更加集中。

提升精细化程度之后的普通程序，一方面更加符合对抗性司法正义的要求，另一方面也为协商性司法程序预留了空间，使认罪认罚从宽制度在提升诉讼效率方面的价值能够得到凸显。

三、简易程序的完善对策

基于前述刑事案件分离处理方案改革之后，简易程序的适用范围包括被追诉人认罪不认罚的案件和被追诉人认罪认罚的重罪案件，这两类案件进入审判阶段后适用简化程序处理，与普通程序的区别在于：

第一，简易程序的合议庭可以由审判员或者审判员和人民陪审员三人组成，无须组织"七人合议庭"。被告人认罪意味着控辩双方对事实没有争议或者争议很小，可以认定为就"案情较为简单"，没有组织"七人合议庭"进行审判的必要性。

第二，庭审不再严格区分定罪程序和量刑程序，但法官必须就定罪问题组织法庭调查。因被追诉人承认指控的犯罪事实，控辩双方对定罪没有分歧，因此无须进行完整的定罪庭审程序，但法官应当就定罪组织法庭调查确认两点：

(1)公诉方指控的犯罪事实符合事实清楚、证据确实充分,能排除合理怀疑的标准;(2)被追诉人认罪系真实的意思表示,且是在律师帮助下做出的明智选择。在这个阶段,首先由公诉方向法院完整出示指控犯罪的所有证据,辩方可以发表综合质证意见,然后由合议庭根据公诉方的举证来判断认定被追诉人有罪的证据是否确实充分,是否能够排除合理怀疑。在确认指控犯罪成立之后,合议庭再审查被追诉人在审前阶段的辩护权和获得法律帮助的权利是否得到充分保障,认罪是否自愿,得到肯定性确认之后,合议庭进一步处理量刑问题。

第三,被追诉人不认罚的案件,合议庭应当组织量刑情节调查和辩论。在这个环节,合议庭可以围绕双方有争议的量刑情节组织庭审,由控辩双方就各自的主张向合议庭进行举证、质证,并发表辩论意见,再由合议庭做出判决。需要强调一点,对于被追诉人认罪但不认罚的案件,法院应当将认罪作为一个从轻处罚的情节予以考虑,但从轻的幅度不能高于同类案件认罪认罚的被追诉人。被追诉人既认罪又认罚的重罪案件,法庭可以不组织量刑庭审,而是着重审查被追诉人认罪认罚的自愿性和明智性、检察建议的正当性和合理性。

第四,程序转换。在适用简易程序对认罪案件审理时,如果出现以下几种情形,法院应当中止审理并将案件转为普通程序:(1)合议庭认为案件可能存在被追诉人不构成犯罪或不应当被追究刑事责任的情形;(2)合议庭认为控方指控犯罪的证据不足以排除合理怀疑;(3)被追诉人的认罪违背其真实意思;(4)被追诉人对认罪反悔或者辩护律师做无罪辩护。如果是认罪认罚案件,被追诉人仅仅只是对认罚反悔,不接受检察机关的量刑建议,则案件仍然采用简易程序审理,法院依法对被追诉人的量刑情节进行审查并作出裁判,但法院不能将被追诉人反悔作为对其从重处罚的理由。

第五,上诉。依照简易程序审理的认罪案件被追诉人有权提出上诉。对认罪认罚重罪案件,如果法院没有采纳量刑建议并判处比量刑建议更重的刑罚时,被追诉人可以提出上诉;但对法院采纳量刑建议的判决,本书认为应当对上诉做出一定的约束,实行上诉许可制是一种可行的方案,[①]被追诉人提出的上诉申请需要先经过二审法院审查,二审法院经审查认为具有合理理由并符合上诉条件准予上诉的启动二审程序,经过法院允许的上诉,二审法院要受上诉不加刑原则约束。二审法院不批准上诉、被追诉人仍坚持上诉的,二审法院应当受理,但在裁判时不受上诉不加刑原则约束,二审法院可以加重对被追诉人的处罚。

需要说明一点,此处对认罪认罚重罪案件适用简易程序提出的构想,遵循的思路就是在重罪案件中,将认罪认罚作为一种案件查明机制,法官仍然要坚持证据裁判原则,要对案件进行实质性审查,充分发挥司法审查功能,以确保司法公正。

四、轻微犯罪认罪认罚案件
处理程序多元化探索

为实现认罪认罚从宽制度对刑事案件进行"繁简分流"的功能,在轻罪和微罪案件中应当侧重于追求诉讼效率,努力实现"简案快办",为此,本文主张在轻、微犯罪案件中将认罪认罚从宽制度设计为一种案件处理机制,注重实现"协商合意"对案件处理结果的塑造,并在微罪案件中构建"协商取代审判"制度。

(一)在微罪案件中建立处罚令制度

对可能判处一年有期徒刑以下刑罚或单处罚金的微罪案件可以借鉴德国的处罚令制度构建书面审程序。在本书第二章已经对德国的处罚令程序做了详细的介绍,处罚令程序在提升办理轻微犯罪的高效快捷度上具有十分明显

---

① 胡铭:《认罪认罚从宽制度的实践逻辑》,浙江大学出版社 2020 年版,第 265 页。

的优势，我国理论界也有很多借鉴处罚令程序的建议，但都有一种担心那就是书面审理如何保证司法公正。德国法律在设计这一制度时已经做出防范：第一，处罚令程序只适用可能判处罚金或 1 年以下有期徒刑并宣告缓刑的轻微犯罪，对这类犯罪书面审理已经足以让法官作出公正判决；第二，只有法院和检察机关对被指控人的行为和可能判处的刑罚均同意时才可以签发处罚令；第三，被追诉人如果对法官处罚令有异议有权提出异议。①

在我国，可能判处一年有期徒刑以下或单处罚金的案件大部分是十分轻微的犯罪行为，这类犯罪通常案情不复杂，证据的获取也比较简单。以醉酒型危险驾驶罪为例，2011 年《刑法修正案（八）》将醉驾纳入刑法进行规制到今天，"醉酒型"危险驾驶罪已经成为我国排名第一的犯罪，每年都有高达 30 余万人因醉酒驾驶被定罪判刑，大约占全国刑事案件总数的三分之一，②在笔者所在的城市，"醉酒型"危险驾驶罪甚至已经占提起公诉犯罪的一半以上，可以说这类案件的处理直接关系到刑事司法效率。"醉酒型"危险驾驶罪的证明实际上非常简单，司法实践中绝大部分"醉酒型"危险驾驶罪都是交通警察现场查获，有执法记录仪记录下完整的查获过程，只要有鉴定意见证明血液酒精检测结果达到 80mg/ml 以上就可以认定被追诉人实施了"醉酒驾驶机动车"的犯罪行为，一般不需要太多复杂的证据，这类案件一般被追诉人也都愿意认罪认罚，而且"醉酒型"危险驾驶罪的量刑是可以直接根据其血液酒精含量"量化"的，因此以协商取代审判来处理这类案件一般不会损害司法公正。

本文认为可以在此类案件中借鉴德国建立处罚令制度，具体构想为：在侦查机关侦查终结移送审查起诉后，如果被追诉人在辩护（值班）律师帮助下愿意认罪认罚，控辩双方协商一致达成合意的，检察机关直接按照"协商合意"以申请书的形式向法院申请对被追诉人进行处罚的命令，法院经书面审查后认为申请成立的，按照申请签发处罚令，认为申请不成立的，检察机关应当提

---

① 兰跃军、李欣：《德国的处罚令程序及其借鉴》，《犯罪研究》2020 年第 4 期。
② 尹彦品、王艳荣：《醉酒型危险驾驶罪回顾与完善刍议》，《河北法学》2022 年第 4 期。

起公诉。为保障被追诉人的权利,法院在审查时应当听取辩护(值班)律师和被追诉人的意见,要审查其认罪认罚的自愿性。同时还应当赋予被追诉人反悔权,被追诉人在收到处罚令后在一个时期内(比如五日)可以对处罚令提出异议,一旦被追诉人提出异议,处罚令立即丧失效力,案件由检察院提起公诉,按照相应程序处理。如果过了反悔期被追诉人没有提出异议则处罚令直接交付执行,被追诉人不得提出上诉。

(二)提升速裁程序的快捷性以及"协商合意"的确定力

在简易程序的基础上,速裁程序进一步简化,这一点《指导意见》已经规定得十分清晰,但本书认为,在构建类型化的案件处理程序后,当前的速裁程序还可以从两个方面进行优化:第一,在速裁程序中直接规定"协商合意"的确定力,规定控辩双方经过协商达成协议后,人民法院对协议的自愿性、合法性进行审查,除非案件不存在基础性犯罪事实,人民法院应当按照双方的协议作出判决。第二,人民法院依照速裁程序审理案件实行一审终审,被追诉人不得提出上诉。但在判决作出前,被追诉人有权反悔,被追诉人反悔,撤回认罪的案件转换为普通程序处理,如果只是不接受处罚则案件转为简易程序处理。

(三)构建和完善审前协商处理机制

在轻、微犯罪案件的处理中,协商还可以用来实现审前刑事案件分流,结合当前我国刑事司法的特征,可以探索的制度有二:一是在侦查程序中构建污点证人制度,二是扩大附条件不起诉制度的适用,鉴于这两个程序构建较为复杂,将在下一章专门讨论。

第九章　审判外协商程序探索

在上一章构建的刑事案件类型化处理程序中对普通程序、简易程序、速裁程序以及处罚令程序的构想都是围绕如何使协商程序被审判程序兼容的思路进行的,依然停留在"协商性的审判程序"框架之中,本章试图从"协商排除审判"的角度尝试讨论在我国建立与审判并行的"审判外协商程序"。

当我们从社会治理的角度看待对犯罪行为的惩处时就会发现,无论我们认为刑事审判多么神圣,对其寄予何种厚望,它也不过只是处理犯罪引发社会纠纷的一种方式而已,不是唯一方式,也并不一定是最好方式,任何一个国家,即使是纠问制时代,也没有将刑事审判作为犯罪引发纠纷的唯一解决方式。跳出这个思维窠臼,从社会治理现代化和纠纷处置多元化的角度,协商在刑事司法中应当承担起更大的责任,在一定范围内可以作为与刑事审判并行的处理刑事犯罪的第二条路径,即审判外协商程序。

在我国认罪认罚从宽制度框架下,审判外协商程序可以被界定为对轻微刑事案件,被追诉人在侦查或审查起诉阶段愿意认罪认罚,并自愿履行公安机关或人民检察院提出的条件的,公安机关或人民检察院可以做出决定不将案件交付审判从而处理刑事犯罪的一种方式。审判外协商程序是一种典型的案件处理机制,与审判并行处理刑事犯罪。我国现行刑事诉讼中已经存在审判外程序,典型代表就是裁量不起诉,2018 年刑事诉讼法确立的核准撤销和核准不起诉其实也是审判外案件处理机制,因此本章的探索实际上存在制度基础,如何在这些既有制度中纳入协商因素或者如何将既有的制度与协商相结合才是本文讨论的重点。

一、三个需要强化的理念

人是主观的,任何行动都是意识主导的结果,当前我国认罪认罚协商在实践中遭遇的种种障碍很大层面与一些重要的理念在我国还没有普及和深入人心有关。无论是前一章关于类型化刑事案件处理机制的建构设想还是本章关于审判外协商程序的探索,本文都主张我国的立法和司法应当"欣然的、充分的"接受以认罪认罚从宽制度为代表的协商性司法范式并对其予以足够的"信任",让其在更宽广领域发挥治理犯罪的作用,对"协商"在刑事司法中的充分运用需要我们不断强化三个重要理念。

(一)无罪推定

关于无罪推定与认罪认罚协商的关系,学界没有人讨论过,二者似乎是不相干的,然而在笔者看来,无罪推定是认罪认罚协商的前提和基础。

无罪推定是一项古老的犯罪追诉原则。早在 1764 年,贝卡利亚就在《论犯罪与刑罚》一书中提出"在没有做出有罪判决以前,任何人都不能被称为罪犯","因为任何人,当他的罪行没有得到证明的时候,根据法律他应被看作是无罪的人"。[1] 时至今日,无罪推定已经成为一项国际性的刑事司法原则,也是现代刑事诉讼中体现对人权保护的重要标志。在《世界人权宣言》和《公民权利和政治权利国际公约》当中都有明确规定。[2]

---

[1]　[意]贝卡利亚:《论犯罪与刑罚》,第 16 节《关于拷打》。

[2]　《世界人权宣言》第 11 条"凡受刑事控告者,在未经获得辩护上所需的一切保证的公开审判而依法证实有罪以前,有权被视为无罪";《公民权利和政治权利国际公约》第 14 条"凡受刑事控告者,在未依法证实有罪之前,应有权被视为无罪"。

认罪认罚从宽:一种协商性司法范式

无罪推定主要回答了刑事诉讼中两个重要的问题:第一,如何确定一个人在法律上有罪,第二,在法律认定他有罪之前应该如何对待他。对前一个问题,无罪推定要求:(1)认定一个人有罪的权力专属于法院;(2)法院必须经过合法、公正的审判程序才能做出有罪判决;(3)证明被告人有罪的责任由控方承担;(4)被控方没有协助控方举证的义务,被告人对指控有权保持沉默;(5)控方履行证明责任必须达到法定标准(通常是确实、充分或者无合理怀疑)。无罪推定有三项衍生规则:控方举证、沉默权以及疑罪从无。至于在法律宣告一个人有罪之前应当如何对待他,无罪推定的回答是:任何人在法院最后定罪之前在法律上是无罪的人。①

了解了无罪推定的含义,我们可以发现,无罪推定是协商性司法得以存在的重要基础。首先,无罪推定为协商提供了可能性。无罪推定将证明被追诉人有罪的责任赋予了控方,在国家公诉普行的今天,控方也就是国家的代表,即举证责任由国家承担。被追诉人享有沉默权,没有"认罪"的义务,并且该原则要求控方履行证明责任必须达到一定的要求,如果达不到标准就只能宣告被追诉人无罪。在这种情况下,被追诉人手上就掌握着国家想要的"有罪陈述",这是他得以与国家谈判的"筹码"。如果他能够主动认罪,交出"筹码",国家获得有罪判决会变得简单而快捷,不需要耗费太多成本,这亦是国家愿意同被追诉人进行协商的最主要动因,也是协商性司法在刑事诉讼中存在的基础。而在有罪推定原则下,被追诉人只要一进入刑事诉讼就是有罪的,国家甚至不需要用证据来证明被追诉人有罪,而是由被追诉人提供证据证明自己无罪,这样一来,被追诉人手里没有国家想要的任何东西,当然也就没有与之协商的资本。其次,无罪推定是平等协商的基础。无罪推定将刑事诉讼中的被追诉人视为"无罪之人",这为双方平等协商提供了可能性,试想,如果一开始就认为被追诉人是"戴罪之身",国家去跟一个罪犯"讨价还价",威严

---

① 宋世杰:《外国刑事诉讼法比较研究》,中国法制出版社 2006 年版,第44—45 页。

何在?

　　"协商性"在我国当前认罪认罚从宽制度适用中表现得不明显,很大程度与我国没有建立完整的无罪推定原则或者说无罪推行原则没有被司法机关和全社会普遍认同和接受有关。1996年我国修正刑事诉讼法,最大的亮点就是接纳了无罪推定的思想,在第12条规定未经判决不得确认任何人有罪,并将被追诉人的名称确定为犯罪嫌疑人和被告人,摈弃了1976年刑事诉讼法中的"人犯"这一称谓。但对无罪推定的核心要求,比如沉默权规则,我国刑事诉讼法一直没有明确承认,虽然在2012年规定了反对强迫自证其罪,但同时又保留了被追诉人如实回答讯问的义务。沉默权的缺失使得控方获得被追诉人有罪证据并不十分困难,在这种情况下,协商的动力也就变得"可有可无"。

　　因此,要让协商性司法真正在我国司法中能够显示出生命力,建议我国进一步在建立完整的无罪推定原则上做出努力,废除刑事诉讼法第120条关于如实回答的规定,真正赋予被追诉人不被强迫自证其罪的权利。更重要的是司法人员的观念必须更新,不能总是将被追诉人看作罪犯,总是认为一个"罪犯"根本没有资格跟自己对话,也没有资格"讨价还价",更不能认为"认罪"是被追诉人的义务。

（二）契约自由

　　随着中国市场经济改革进程的不断推进,"合同即正义""契约乃当事人之间的法律"成为多数法律人的信条,①私权领域意思自治、合同自由或者说契约自由开始深入人心。在市场经济领域,人们普遍认同每个经济主体都应该能够按自己的利益需求而自主地进行选择和同他人交换,在无害公共利益和他人利益的前提下,应当允许当事人双方自愿达成契约,允许在契约中包括

---

　　①　冯果、段丙华:《公司法中的契约自由——以股权处分抑制条款为视角》,《中国社会科学》2017年第3期。

相互同意的条款。① 当社会出现分工以后，人的自我劳动是单方面的，需求却是多方面的，这就需要相互交换来实现利益最大化，当人们都是"理性经济人"时，自愿的交易既让人们相互得利又能够增进社会效率。

契约自由的要求包括：（1）主体参与交易的自愿性。个人是自己行为的最佳判断者，人们在选择自己的行为时会对成本和收益作出评估，交易的自愿性就要求允许权利所有人在其自身的权利边界内完全依自己的判断进行选择。（2）交易的预期互利性。交易的任何一个参与者都是有预期的，都希望通过对方来实现自己的利益追求，因此合意只可能在双方都能接受的"点"上达成，从这一点上讲，对互利"点"的认同，也就是共识，是契约自由的固有含义，非互利的交易在人类行为常规领域十分少见。（3）交易的权利性。交易客体本质上是主体的权利，而不是作为权利载体的财产或其他。（4）交易的无害性。人类社会是相互依存的，人们之间也就必然存在利益冲突，绝对的自由当然也就不存在，所以契约自由应当受到限制，当事人之间的交易必须以对公共利益、社会利益和他人利益不造成损害为界限。②

契约最初只在民事领域存在，人们一度认为契约与公权力不相容。但随着社会发展，契约思想慢慢渗透到国家制度中，成为国家权力对个人自由和民主权利深切关怀的一种方式，"契约观念开始从单纯的市民社会私法领域走出来，涉足政治国家领域，染指社会公共生活，与宗教、伦理、文化一起，用来解释社会民主政治与国家政权制度"③。本书第一章讨论的协商民主其实就是在政治民主领域的一种公共契约，人们通过对话和沟通达成共识（合意）蕴含着十分明显的契约精神。当公共领域同样存在契约的"神秘面纱"被揭开以

---

① 蒋兆康：《契约自由及其法律制度基础——一种法律经济学观点》，《法学》1992 年第11 期。

② 蒋兆康：《契约自由及其法律制度基础——一种法律经济学观点》，《法学》1992 年第11 期。

③ 张凌、李婵媛：《公法契约观视野下的刑事和解协议》，《政法论坛》2008 年第 6 期。

后,契约便在公法领域以各种形式确立起来,行政法领域有了行政契约、行政和解,民事诉讼领域有了民事和解,而刑事诉讼领域也出现刑事和解、协商性司法等。

在认罪认罚协商中确立契约自由理念,主要是强调主体协商的自愿性、协商的互利性以及无害性。主体一方(在刑事诉讼中主要是控诉一方),不能利用优势地位强迫对方参与协商,在当事人的自由意志被违背时,法律应当为其提供救济渠道,或宣告协商无效,或赋予当事人撤销协商承诺的权利。协商的互利性则是要求双方在协商中对对方利益的必要容忍,尊重对方在追求自己利益最大化上所做的一切努力,任何只追求一方利益实现的所谓合意的都是不正当的。至于无害性则要求认罪认罚协商也不能伤害国家利益、社会公共利益和他人合法权益,比如控辩双方的协商不能忽视和损害被害方的利益,不能制造冤假错案损害和动摇国家司法公正的根基,不能异化为"钱权交易"成为司法腐败的"新平台"。

(三)协商平等

在对协商民主的介绍中已经提到,平等是协商民主的重要特征,也是协商民主这种民主形式的正当性基础,无论是何种主体,只要被纳入协商机制当中,他就应该享有平等的参与机会、说服能力以及资源能力。在同一个意义上使用协商概念的协商性司法,也应当将平等作为其基本要求,这本身也是"协商性的程序正义"的内在要素。

如前所述,协商性司法追求的是合意,不平等协商达成的合意必然也不平等。平等应当是协商的本质,如果没有平等就等于没有协商。"协商就是共同商量,即两方以上的主体就共同涉及的事项进行商量,并且能够得出各方都能接受的结果,其必须以各方地位平等为基础。"①

---

① 顾永忠:《量刑协商须以控辩平等为基础》,《人民检察》2020年第16期。

本书之所以用"协商平等"而不是"平等协商"，是因为我国的认罪认罚从宽制度本身具有职权性和协商性两种因子，控辩双方不可能一直是平等的，如果要求追诉机关时时刻刻以平等心态看待被追诉人未免有些"强人所难"，也不符合我国的刑事司法是国家实现刑罚权的过程这一基本定位。但一旦双方选择以协商的方式来解决分歧，就应该秉持"平等"的理念对待和参与协商。对于检察官而言，要摒弃高高在上的心态，平等对待被追诉人及辩护（值班）律师，同时也要充分听取辩方意见，对合理意见给予足够的重视，并尽量吸收、采纳，即使不能采纳，也应当将不采纳的理由和根据充分地向对方做出说明，以期被对方理解和接受。

二、中国特色污点证人制度探索

法律规定认罪认罚从宽制度适用于我国刑事侦查、起诉、审判的全过程，这一点应该说和世界各国的控辩协商制度规定都不相同。在第二章关于协商性司法的特征讨论中谈到，协商性司法在侦查、起诉和审判各个阶段都是可能存在的，各个阶段的制度形式不一样，尽管在个别国家也规定在侦查阶段可以采用协商性司法方式，比如荷兰的"警察弃权"制度，①但典型意义的协商都是发生在审查起诉以后。

这种规定是科学的，当案件处于侦查阶段时，如果允许双方协商会出现很多副作用，可能会导致警察消极怠工，或者引发信息不对称的不平等协商，或者出现以获取有罪供述为目的的协商并最终导致变相刑讯逼供。因此尽管我国法律规定被追诉人在侦查阶段也可以认罪认罚，但这种认罪认罚更多只是一种态度上的意思表示，只是被追诉人为争取宽大处理而向侦查机关表明自己的立场，真正意义上的协商在这个阶段无法进行，一方面因为按照我国法

---

① 荷兰法律规定在侦查阶段，对一些轻罪，警察可以同被追诉人进行交易，嫌疑人缴纳一定数额的金钱，警察可以不移送有关犯罪的主要证据给检察机关。

律,这个阶段辩方对案情信息基本"一无所知"无从协商,另一方面侦查机关对案件没有实质意义上的处置权根本无法做出任何可能兑现的承诺。如此,在我国当前的司法实践中,认罪认罚是在侦查阶段有所发生,但认罪认罚协商其实并不存在。

在笔者看来,要推进认罪认罚协商在侦查阶段适用,一个行之有效的路径是构建符合我国国情的污点证人制度,这是本书对法庭外协商程序的第一个探索。

（一）污点证人制度的概念厘清

关于污点证人制度的概念学术界一直有争议,但对其进行概念上的塑造不是本文的研究重点,在此只根据行文需要做个必要的厘清。首先需要说明的是,并不是只要有前科劣迹的人就叫污点证人,也不是任何被追诉人都可以成为污点证人,污点证人在刑事诉讼法中使用时是一个特定的概念。

从名称看,污点证人由两个关键词构成:污点+证人。何为污点? 污点的本意是指污迹,用以人是指有劣迹,但不是所有的劣迹都是污点证人中的"污点",只有那些指客观存在的、应当予以刑法上的否定性评价但还未进行实质性处理的犯罪行为才是此处的"污点",道德上的劣迹、行政法意义的劣迹以及已经被追究刑事责任的前科都不能被认定为污点证人中的"污点"。还有十分重要的一点,作为"污点"的犯罪事实必须与污点证人参与作证的犯罪事实之间存在实质性的联系,主要表现为两种情形:污点证人和其他被追诉人系共同犯罪,或者污点证人的犯罪事实与其他被追诉人的犯罪事实直接相关,比如污点证人是受贿案被告人的行贿人。[①] 这一点对区分污点证人制度和立功制度十分重要,立功并不要求他人的犯罪一定和自己有牵连,甚至不需要有任何关联性,且构成立功只需要提供他人犯罪线索即可,并不必须提供能够证

---

① 徐磊:《污点证人制度研究——以美国为蓝本兼及中国污点证人制度的构建》,中国人民公安大学出版社 2016 年版,第 15 页。

明他人犯罪事实的信息，在追诉他人犯罪的司法程序中也并不一定需要立功者作证，污点证人的要求显然高于立功者，可以认为是一种特殊的立功。

对证人的概念我们并不陌生，按照通说在我国诉讼法上，证人是指当事人以外了解案件情况并向公安司法机关提供案件信息的人。① 我国刑事诉讼法将刑事被追诉人排除在证人之外，因此按照这一概念来理解污点证人时就出现了一个逻辑矛盾：既然刑事被追诉人不能成为证人，那何以能够成为污点证人？ 要厘清这一点源头——英美国家的法律话语体系中，污点证人中的证人指的是广义上的被追诉人而非一般证人，他原本是某个刑事案件的被追诉人（包括犯罪嫌疑人和被告人），只是经过特殊的协商程序而转换为证人，这是污点证人与其他证人的核心区别，即使移植到我国，污点证人中的"证人"也应当是指刑事被追诉人。②

基于上述，本文所称污点证人是指因参与犯罪而了解案件情况，经过司法机关指定赋予其作证后刑事责任的豁免权，提供证据证明与之有关联的其他人犯罪事实的人。污点证人需同时满足两个要件：自身涉嫌犯罪，能够并愿意提供他人犯罪之事实信息。由是观之，污点证人本质上是一种特殊的证人，应该说是经过身份转换的证人，转换前是刑事被追诉人，转换后是证人，而转换的条件是其向办案机关就其他人的关联事实进行作证。因此，污点证人制度实际上是国家在不得已的情况下"退而求其次"与罪犯进行的一种交易：罪犯向国家提供对重大案件定罪有价值的证据，国家免除其刑事责任，最终表现形式就是罪犯以证人的身份指证其他被追诉人而免除自身的刑事责任。因此污点证人制度是指国家为取得某些重要的证据或比较重大案件的证据，或者为追究首恶分子的严重罪行，对同案或其他案件中罪行较轻的罪犯作出承诺，如

---

① 马克思主义理论研究和建设工程重点教材《刑事诉讼法学》编写组：《刑事诉讼法学》（第三版），高等教育出版社 2019 年版，第 69 页。
② 徐磊：《污点证人制度研究——以美国为蓝本兼及中国污点证人制度的构建》，中国人民公安大学出版社 2016 年版，第 6 页。

果他们放弃拒证权而提供某些关键的证据,将不再对其进行刑事追究的制度。①

污点证人制度属于协商性司法的范畴,本质是国家与刑事被追诉人之间的司法交易,国家以放弃一定的刑罚权为"筹码"换取污点证人的合作。之所以污点证人制度与认罪认罚从宽制度有关,是因为污点证人与其他被追诉人的犯罪行为之间具有牵连性,污点证人在作证过程中必然如实陈述自己的犯罪行为,如前文提到的费上利在林世元受贿案中提供的证词,实际就是在陈述费上利本人向林世元行贿的过程,等于"认罪",这也是污点证人获得刑事责任豁免的逻辑起点。众所周知,公民有作证的义务,但公民同时享有不被强迫自证其罪的权利,一旦作证可能陷自己于不利境地时,证人有权拒绝。污点证人作证具有双重性:一方面是履行公民作证义务,另一方面是放弃自己保持沉默的权利。由于其放弃权利的行为会给国家带来"收益"——在更重大案件中实现刑罚权,作为激励,国家免除其刑事责任。

国家与污点证人的这场"交易"一般发生在侦查当中,对国家而言,"交易"越早发生效果越好,对于一些性质严重的犯罪,比如黑社会组织犯罪,污点证人越早提供首要分子或主犯的犯罪证据,国家就能越早对黑社会组织进行有效控制和打击,降低其社会危害性。因而作为一种协商性司法,"污点证人交易"是侦查阶段较为有效的协商制度,这种制度在治理犯罪方面的价值是不言而喻的,它既能有效治理污点证人本人犯罪,又能有效打击其他更严重的犯罪,在当前犯罪日趋复杂和隐蔽性的背景下,借助协商性司法的发展在我国建立污点证人制度以拓宽认罪认罚从宽制度的适用具有必要性和可行性。

(二) 我国构建污点证人制度的基础

从现有的法律看,我国实际上已经具有类似污点证人制度的规定:

---

① 王以真:《外国刑事诉讼法学参考资料》,北京大学出版社1995年版,第430页。

1. 刑法规定。我国很早就有立功制度,《刑法》第 68 条规定一般立功可以从轻或减轻处罚,构成重大立功可以免除处罚,重大立功免除处罚制度为污点证人制度提供了实体法依据。而《刑法》第 164 条、第 390 条、第 392 条则更接近污点证人制度。[①] 三条都规定行贿人或者介绍贿赂人在被追诉前主动交代行贿行为或介绍贿赂行为的可以减轻或免除处罚,很显然,行贿人在交代自己的行贿犯罪时必然会陈述他人的受贿犯罪,介绍贿赂人在交代自己犯罪行为时必须如实陈述介绍谁向谁行贿,只有这样才能得到刑罚减免奖励。这些规定与污点证人豁免制度具有内在一致性,行贿或者介绍贿赂相对受贿犯罪而言是较轻的犯罪,国家真正希望实现的利益是在受贿案件中打击相关人员的腐败行为,因为行贿受贿犯罪的隐秘性和对向性,如果受贿人和行贿人均保持沉默,案件的侦破会十分困难,通过行贿人或介绍贿赂人的作证换取更严重的受贿犯罪行为得到法律惩罚是符合公共利益的选择。因此可以说,我国实体法领域其实已经有了污点证人制度,程序法领域应当做出回应。

2. 刑事诉讼法。刑事诉讼法在两个方面为污点证人制度提供了制度支持:第一,裁量不起诉制度。《刑事诉讼法》第 177 条规定人民检察院对犯罪情节轻微、不需要处罚或可以免除处罚的被追诉人可以不起诉。对于犯罪情节较轻的污点证人,在作证中交代自己所犯之罪可构成自首,交代他人所犯之罪可认定为立功,自首、立功都是十分重要的减轻或免除处罚的情节,一般都符合裁量不起诉的适用条件。第二,核准撤销案件和核准不起诉制度。2018 年修正的《刑

---

① 第 164 条"为谋取不正当利益,给予公司、企业或者其他单位的工作人员以财物,数额较大的,处三年以下有期徒刑或者拘役,并处罚金;数额巨大的,处三年以上十年以下有期徒刑,并处罚金。行贿人在被追诉前主动交代行贿行为的,可以减轻处罚或者免除处罚";第 390 条"对犯行贿罪的,处五年以下有期徒刑或者拘役,并处罚金;因行贿谋取不正当利益,情节严重的,或者使国家利益遭受重大损失的,处五年以上十年以下有期徒刑,并处罚金;情节特别严重的,或者使国家利益遭受特别重大损失的,处十年以上有期徒刑或者无期徒刑,并处罚金或者没收财产。行贿人在被追诉前主动交代行贿行为的,可以从轻或者减轻处罚。其中,犯罪较轻的,对侦破重大案件起关键作用的,或者有重大立功表现的,可以减轻或者免除处罚";第 392 条"向国家工作人员介绍贿赂,情节严重的,处三年以下有期徒刑或者拘役,并处罚金。介绍贿赂人在被追诉前主动交代介绍贿赂行为的,可以减轻处罚或者免除处罚"。

事诉讼法》在第182条规定了特殊情况下对刑事责任的免除,即被追诉人自愿认罪,有重大立功或者案件涉及国家重大利益的,经过核准可以撤销案件,检察院亦可以不起诉,或者对数罪中的一项或多项不起诉。据此,在被追诉人构成"重大立功"或者为国家"重大利益"做出贡献的前提下,如果被追诉人自愿认罪认罚,国家经过利益衡量可以对其免予刑事追究,免除的方式有两种:撤销案件或者不起诉。这可以视为基于利益权衡原理对域外追诉协助型污点证人制度的引入,①协助型污点证人是指就"他人的案件"向控诉机关提供实质性协助。

可见,无论是刑事实体法还是程序法,我国立法都已经接受了污点证人可以豁免刑事责任的理念,现在需要做的只不过是在程序法领域让该制度更加清晰,适用更加明确。

(三) 构建污点证人制度的具体设想

尽管适用范围十分狭窄和有限,但特殊不起诉还是为认罪认罚协商提供了新的实现路径,尤其是在侦查或调查阶段,以行贿罪为例,特殊不起诉给出了这样一种可能性:在监察机关调查受贿人犯罪的过程中,根据线索找到行贿人(或者行贿人主动到监察机关),监察机关以不追究行贿的刑事责任为承诺,换取行贿人如实交代自己向受贿人行贿的事实(可能还包括其收受其他人贿赂的事实),最终为受贿人的犯罪事实认定提供重要证据。基于此,检察机关经过核准对行贿人做出不起诉决定。这显然是认罪认罚协商的过程,在这场协商中,国家对被追诉人做出超过"量刑减让"的"刑罚减免"承诺,实体上免除刑罚,程序上终止追诉且阻断审判,可谓双方"各取所需,皆大欢喜"。

基于此,在推进认罪认罚协商机制全面建立的过程中,不妨将核准撤销和特殊不起诉制度进一步拓展为中国特色的污点证人制度,如此一来,协商在侦查阶段的适用就有了现实可能性。

---

① 董坤:《认罪认罚从宽中的特殊不起诉》,《法学研究》2019年第6期。

1. 污点证人的刑事责任豁免类型。污点证人制度的核心是刑事责任豁免,但关于豁免的内容,各国规定不一样,有的国家是直接豁免罪行,例如德国,[①]有的国家是豁免证据,如美联邦、加拿大等。[②] 罪行豁免是指国家对于被豁免的证人就其在提供的证言中所涉及的任何罪行均不再追诉;证据使用豁免是指被豁免的证人提供的证言或任何根据该证言而获得的信息不得在随后进行的任何刑事诉讼中用作不利于该证人的证据。[③]

本书主张我国直接豁免罪行,理由在于:第一,证据使用豁免不具有确定性,达不到促使被追诉人配合国家的目的。证据使用豁免只是禁止国家将污点证人的证言用作对其不利的证据,并不禁止对其提起追诉,如果不依靠他本人的证据依然可以对污点证人定罪,则污点证人的作证就没有获得任何肯定,不符合制度设计初衷;第二,证据使用豁免不利于协商的开展。一方面,仅仅只是豁免证据使用,相当于国家提供给污点证人的“不追究责任”承诺仅仅只是一种可能性,还需要其他条件成就,即其他证据不足以支持对污点证人的追诉,在这种情况下污点证人参与协商的积极性不高;另一方面,证据使用豁免理论上为“协商诈欺”提供了可能。直接豁免罪行,意味着只要污点证人配合就可以得到确定的、立即实现的“回报”,即刑事责任被免除,其参与协商的积极性必然很高,协商利益也能够得到保障。

---

① 《德国刑事诉讼法典》第153e条规定:“(恐怖组织的成员)如果在行为之后、得知行为被发觉之前,行为人为消除对联邦德国的存在或者安全或者法定秩序的危险有所贡献的,经有权管辖的州最高法院同意,联邦最高检察官可以对这种行为不予追诉。如果行为人在行为之后,向有关部门告发了与行为有关联的、事关叛逆、危害民主宪政、叛国或者危害外部安全的企图方面的情况而作出这样的贡献时,同样适用此规定;业已起诉时,经联邦最高检察官同意……有管辖权的州最高法院可以停止程序。”

② 美国联邦最高法院在“卡斯蒂格诉合众国(Kastigar v.U.S.)”一案中指出:“想要不顾及证人对其特权的主张而强迫他作证,‘处理’豁免权的授予并不是必需的……防止使用受强制而作出的证言,以及直接和间接从中获得的证据的豁免权已提供了这种保护。”加拿大还将证据使用豁免上升到宪法的高度。1982年的《加拿大权利与自由宪章》第13条规定:“在任何程序中作证的证人,有权使任何有罪证据不在任何其他程序中被用作证明其犯罪的证据,因作伪证而受到指控或提供相互矛盾的证据时除外。”

③ 汪海燕:《构建我国污点证人刑事责任豁免制度》,《法商研究》2006年第1期。

2. 适用范围。结合我国现状,污点证人制度引入的同时应严格限制其适用以避免滥用造成不利影响。传统观点认为污点证人应运用于毒品犯罪、恐怖活动犯罪、贪污贿赂犯罪、有组织的集团犯罪等犯罪中,本文认为不必拘泥于此,污点证人制度的适用的确需要严格限制,但并不意味着将其约束在一定的案件范围,其适用并不在于是何种案件,而在于案件的特点,因此应当限定的是污点证人制度适用的条件,而不是案件范围,参照世界各国的做法,我国可以规定适用污点证人制度的案件应当具有以下要求:(1)属于重大、疑难案件或者案件涉及国家重大利益。所谓重大、疑难是指在一定范围内引起较大影响、社会关注度高,且现有证据证明下仍存在争议的案件。这类案件往往涉及重大公共利益,不能侦破将使国家刑罚权落空,公共利益受损,司法权威被质疑,例如前面提到我国曾经在"重庆虹桥垮塌案"的办理中尝试适用污点证人制度,该案就具有重大性和复杂性,对涉案贪污腐败分子如果不依法追责,根本无法给受害人家属以慰藉,无法向人民群众交代,会严重损害人民群众对党和政府的信心。(2)办案机关陷入取证困境。在现有技术和司法资源下,办案机关收集的证据不能达到刑事诉讼法的证明标准,而与该案有牵连的污点证人掌握着侦破案件的关键证据,他的配合能够为案件侦破提供有效帮助。在一些对向犯或有组织犯罪中,犯罪往往在十分隐秘或精心布置的情况下发生,行为人有较强的反侦查能力,且通常会形成攻守同盟,这导致案件侦破十分困难,侦查(调查)机关有时穷尽全力依然无法突破,污点证人的配合和帮助有利于帮助侦查机关顺利获取证据,有利于案件侦破打开局面。(3)污点证人应当是案件牵连者中罪行轻微者。包括对向犯中罪行较轻的一方,比如行贿受贿案件中的行贿人;或者共同犯罪中情节较轻且社会危险性和主观恶性较小的人,例如从犯、胁从犯。

上述适用范围也为污点证人制度的适用提供了界限,该制度不应当被扩大适用,否则会成为部分人不正当逃避法律责任的工具。首先,在不涉及公共利益的案件中一般不应当适用污点证人制度,类似行为人共同实施盗窃、抢劫、故意杀人、故意伤害等案件；其次，案件如果不陷入取证困境亦不能适用，污点证人制度不应当成为侦查（调查）机关减释自己调查取证职责的工具；最后，从刑事责任上相比，污点证人的责任不应当重于其他被追诉人的责任。污点证人制度的本质是国家放弃一个较轻的刑事责任者换取在其他人身上实现更大刑罚权，如果污点证人的责任重于其他被追诉人，这场交换就是不正当的，形象地说就是国家在这场交易中绝对不允许做"赔本买卖"，比如不能让共同犯罪中的主犯、行贿受贿案中的受贿人做从犯、行贿人的污点证人。

3. 污点证人制度的运行程序。污点证人制度的运行程序主要涉及两个方面：如何启动以及由谁来认定。世界范围关于污点证人制度的适用程序主要有两种方式：一种是检察官启动，法院审查。大多数国家都采用这种方式，警察在侦查中会向被追诉人提出合作的动议，如果能够达成，则由检察官向法院提出申请，法院审查并最终决定是否对证人予以豁免。另一种方式是由检察机关自行决定是否对证人适用责任豁免，无须经过法院的审查批准。我国香港特别行政区采用的就是这种方式。例如，香港《检控政策及常规》规定刑事检控专员在适当的情况下可以批准免予起诉那些为协助执法机构侦查或控制犯罪活动而可能犯下刑事罪行的人。① 两种方式相比较，前一种侧重保证公正，后一种侧重效率，可谓各有千秋。

本书认为，在认罪认罚从宽制度框架下，第二种方式更适合我国，也更能够维持现有法律的稳定性，基于刑事诉讼法第182条规定，我国对污点证人的适用程序还可以扩展至侦查（调查）机关自行决定。据此，我国污点证人制度的适用程序可以作如下设计：

（1）侦查（调查）机关直接豁免。监察体制改革以后，我国对刑事案件的调查取证分属两个系统，职务犯罪案件由监察机关依据《监察法》进行调查，其他案件由公安机关等侦查机关依据《刑事诉讼法》进行侦查。结合司法实

_____

① 汪海燕:《构建我国污点证人刑事责任豁免制度》，《法商研究》2006年第1期。

践经验,污点证人制度的适用主要是在职务犯罪和其他重大犯罪案件中,因此在监察调查和侦查中都可能会需要污点证人协助。我国《监察法》虽然没有对认罪认罚从宽制度作出类似《刑事诉讼法》那般系统的规定,但《监察法》第31条和第32条规定监察调查案件中被调查人自愿认罪认罚的,监察机关移送起诉时可以建议从宽处罚,也就意味着在职务犯罪案件的调查阶段同样可能出现认罪认罚协商。完整的协商程序建立后,为提升打击犯罪的效率,在侦查和调查阶段,侦查(调查)机关就可以同污点证人展开协商,如果污点证人愿意并为侦查(调查)机关侦破主案或主犯提供实质性证明协助,侦查(调查)机关在报上级批准后可以直接作出撤销案件的决定,但这种方式一般适用于犯罪情节十分轻微的污点证人。

(2)检察机关决定豁免。侦查(调查)机关认为直接撤销案件不适合的,适用第二种方式。侦查(调查)机关在侦查、调查过程中认为需要确定污点证人,应当提前向检察机关报告、提出说明。检察机关经审查后认为若没有污点证人就不能侦破案件、国家重大利益将受损害的可以确定采用污点证人,检察机关应当报请上一级检察机关批准,上级检察机关批准后,检察机关通知侦查(调查)机关案件得以采用污点证人制度。

(3)协商的进行。在侦查(调查)阶段,被追诉人可以提出转为污点证人的申请,侦查(调查)机关也可以在讯问中向被追诉人提出"合作动议",如果被追诉人提出的申请侦查(调查)机关认为可行或者侦查(调查)机关的合作动议被接受,侦查(调查)机关应当立即安排律师为被追诉人提供法律帮助。在获得律师帮助后,被追诉人仍然同意转为污点证人,侦查(调查)机关就双方达成的合意出具详细的书面报告(为方便陈述本文将之称为"合作计划")向上级或者检察机关报批。在"合作计划"得到批准后,由污点证人向侦查(调查)机关陈述关联案件的犯罪事实。如果此时污点证人拒绝陈述,则"合作计划"无效,侦查(调查)机关不得强迫其陈述。污点证人按照"合作计划"向侦查(调查)机关提供了他人犯罪的证据(包括证言、污点证人应当掌握的能够证明其他人罪犯的书证、物证、视听资料、电子数据等各种证据)之后,侦查(调查)机关应当将"合作计划"执行情况报告给批准机关,批准机关依法做出撤销案件或不起诉的决定。

(4)污点证人反悔的处理。污点证人反悔的应当根据具体情形做出处理:"合作计划"达成后,污点证人拒不作证或不提供证据的视为"合作计划"无效,侦查(调查)机关按照正常程序启动对其的追诉。污点证人在提供证言后反悔,从而推翻之前的证词或者在案件的后期处理中不配合侦查(调查)机关(比如要求出庭时无正当理由不出庭作证或者出庭后不陈述事实)的,视为"合作计划"破产,决定机关有权撤销基于"合作计划"做出的撤销案件或不起诉决定,依法追究被追诉人刑事责任。污点证人反悔的,公安司法机关不得加重对其的处罚或者仅仅以反悔为理由对其从重处罚,但污点证人达成"合作计划"后故意作虚假陈述的依照法律可以从重处罚。

(5)污点证人的权利救济。污点证人履行作证义务后,如果办案机关不兑现承诺,其如何救济? 这是一个难题,首先要求办案机关应当诚实守信,保护当事人的信赖利益,其次法律应当赋予污点证人申诉的权利。

三、附条件不起诉制度扩展探索

附条件不起诉制度是我国在 2012 年修正刑事诉讼法时针对未成年人案件构建的审前程序分流制度,第 282 条规定对未成年人实施轻微犯罪、符合起诉条件但有悔罪表现的,检察机关可以设置一个考验期进行监督考察,在考验期内未成年人能够遵守规定的,检察机关将对其不再提起公诉。

检察官在审前分流刑事案件是世界各国通行做法,分流方式有两种:一是无条件不起诉将案件直接排出刑事诉讼,我国的裁量不起诉就是这种;第二种方式最终结果也是不起诉,但检察官会设置一定的条件或要求,被追诉人完成要求达到条件才不起诉。后一种情形就是严格意义的程序分流,采用"矫治+不起诉"模式,在不起诉之前增加一个矫治环节,检察官认为可以不起诉又担心被追诉人没有得到矫正时,为其设置一定的任务,被追诉人能够完成则被认为社会危险性消除,无须起诉。这种做法实际上是让刑事处罚提前至审前程序,被追诉人在考验期内要完成的预定条件一般对其具有一定的约束性和管控性,比如我国法律规定未成年人在考验期内要服从监管、按要求报告自己的行动、未经批准不得离开居住地等,这些实际上具有跟管制、缓刑一样的限制人身自由的效果,完成考验条件的过程类似刑罚的执行过程,同样能实现教育和改造犯罪行为人的功能。但附条件不起诉不会给被追诉人留下犯罪记录,有利于其顺利回归社会,尤其是在我国,犯罪引发的负面影响会拓展至行为人的求学、就业等领域,甚至会对其子女产生负面影响,例如我国法律规定国家机关、国有企业、事业单位工作人员一旦犯罪就可能被开除公职,有犯罪记录的人员子女在应征入伍、参加公务员考试等方面都会受到阻碍。在一些轻微犯罪案件中通过检察分流,既能有效打击犯罪,又能避免短期自由刑给被追诉人造成的负面影响。

在未成年人领域已近运行十年的附条件不起诉制度为我们建立审前分流程序奠定了良好的基础,本文认为可以进一步将该制度与认罪认罚从宽制度相结合,完善附条件不起诉制度并拓展其适用范围,从而构建另外一种审判外协商程序。

(一) 扩大附条件不起诉的适用对象和适用范围

附条件不起诉其实在国外有参考范例,德国的附条件不起诉、日本起诉犹豫制度都是此类型的制度。关于起诉犹豫,1918 年日本司法省法务局指示称:"凡被疑案件,虽诉讼条件完备,有充分犯罪嫌疑,且犯罪情节并非轻微,但根据嫌疑人的主观情况,在一定期间可暂缓提起公诉,以观察其间之行为。如有违法行为时,则以诉诸起诉程序为目的,实行这样一种不起诉处分。"[①]如

---

① 孙长永:《日本的起诉犹豫制度及其借鉴意义》,《中外法学》1992 年第 6 期。

果说日本的起诉犹豫制度是否具备协商性质存有争议，德国的附条件不起诉制度则是一种典型的协商制度。①

我国可以借鉴日本和德国的做法，首先将附条件不起诉制度的适用对象扩大到所有主体，包括自然人和单位，事实上，当前我国正在如火如荼进行的合规不起诉改革其实就是一种对单位犯罪适用的附条件不起诉制度。其次将附条件不起诉的适用范围拓展至可能判处三年有期徒刑以下的轻、微犯罪案件。"附条件不起诉的优点在于给了检察官一个缓冲期和考察期，能够动态评估被追诉人的社会危险性和再犯可能性，且在附属条件的完成过程中，被追诉人能够得到必要的矫治，司法程序本身对犯罪治理的功能得以实现。扩大这一制度的适用对象和范围，既能消除检察官的顾虑，又能有效教育犯罪行为人，避免短期自由刑的危害，对初犯、偶犯、过失犯、青少年犯等社会危险性较小的犯罪行为人，无疑是一种能彰显司法人性化和体现恢复性司法理念，且行之有效的教育与惩罚相结合的措施。"②

（二）将"认罪认罚"设置为附条件不起诉的适用条件

现行法律只规定未成年被告人"有悔罪表现的"可以适用附条件不起诉，并没有将"认罪认罚"作为适用条件，附条件不起诉制度并未纳入认罪认罚从宽制度的体系。

可能有人会认为"有悔罪表现"当然就是认罪，其实不尽然。"悔罪"的意思是被追诉人对自己的犯罪行为表示后悔，"悔罪"的前提当然是认识到自己的犯罪行为的错误性，但这种"认罪"与我们在认罪认罚中追求的"认罪"不具有同义性。"认罪认罚"的"认罪"是如实陈述犯罪事实，"认罪"对案件的证明发挥了一定的作用，从形式上看，认罪认罚案件中一定有犯罪嫌疑人、被告

---

① 马明亮：《协商性司法——一种新程序主义理念》，法律出版社 2007 年版，第 36—39 页。

② 贺江华：《检察裁量权的再配置——在"认罪认罚从宽"背景下展开》，《苏州大学学报（哲学社会科学版）》2020 年第 6 期。

人供述这种证据形式存在。但"悔罪"却不一定要求被追诉人做有罪供述,也不一定要求有口供。刑事诉讼法第 55 条规定其他证据充分、没有口供也可以认定被追诉人有罪,也就是说,公诉机关在没有口供的情况下亦可以认定被追诉人有罪,在这种情况下,被追诉人接受了有罪的认定并对自己的行为表示后悔,也称为"悔罪"。

因此本书主张把附条件不起诉纳入认罪认罚从宽制度体系,将"自愿认罪认罚"设为适用附条件不起诉的必备条件。

(三)考验方式的拓展

为适应扩大后的案件范围和适用对象,对所附条件以及考验方式,可以更加多元化,比如引入社区服务、志愿者服务、行为禁止令或行为实施令等,可以建立的制度包括:

1. 强制戒毒。在毒品犯罪人(包括因使用毒品而犯罪、毒品的使用助长了犯罪行为、使用毒品是实施犯罪行为的原因等犯罪行为人)实施的轻、微刑事犯罪时,对其实行强制戒毒,戒毒成功的可以不起诉。

2. 先行医疗。对间歇性精神病人实施的情节较轻的犯罪可以先行建议予以精神疾病治疗,行为人同意并接受治疗的检察机关可以暂缓起诉,并根据医疗机构的评估和建议给行为人一个合理的治疗期,治疗期结束后,由医疗机构出具意见,检察官根据该意见评估是否需要起诉。

3. 校园矫正。对在校学生犯罪主要依托所在学校共同制订和实施矫正计划。通过强化检校合作,对在校学生犯罪的,检察机关可会同学校成立矫正小组,根据学生的具体情况确定合理的矫正期,并有针对性地制订详细矫正计划要求学生执行,学生能够完成矫正计划的,矫正期结束后,由检察院和学校共同对学生的社会危险性和再犯可能性进行评估,对于确实已经纠正自己行为的犯罪人,检察官可以做出不起诉决定。《中小学法治副校长聘任与管理办法》实施以来,我国已经有很多基层检察院都派员在各级学校担任法治副校长,为开展校园矫正计划奠定了良好的实践基础。①

4. 合规计划。刑事合规是当前我国对治理企业犯罪新的探讨,自 2020 年 3 月起,最高人民检察院在上海、江苏、山东、广东等地开展企业合规改革试点,2021 年 4 月下发《关于开展企业合规改革试点工作的方案》,其后各基层检察院纷纷开始对企业合规改革的探索,合规不起诉进入人们视野。所谓"企业合规不起诉制度",是指检察机关对于那些涉嫌犯罪的企业,发现其具有建立合规体系意愿的,可以责令其针对违法犯罪事实,提出专项合规计划,督促其推进企业合规管理体系的建设,然后作出相对不起诉决定的制度。②

（四）协商的引入

附条件不起诉协商发生在案件移送审查起诉之后提起公诉之前,公诉人和被追诉人均可以提起协商动议,该阶段协商要遵守认罪认罚协商的一般规则,比如被追诉人要得到律师帮助、公诉机关应当同辩方协商充分听取意见等。在被追诉人表示愿意认罪认罚的前提下,这种协商可以围绕三个问题进行:第一,是否适用附条件不起诉;第二,"附条件"的内容、执行方式等;第三,考察考验期限。经过协商达成的一致意见应当写入《认罪认罚具结书》并由被追诉人在律师见证下签署,同时被追诉人要提交《"附条件"完成计划》作为具结书的附件,并在检察机关或其他监管机关的监督下执行。

（五）反悔

签署具结书以前被追诉人反悔的,案件按照非认罪认罚案件或者认罪案

---

① 2021 年 12 月 10 日教育部第 3 次部务会议审议通过《中小学法治副校长聘任与管理办法》,并经最高人民法院、最高人民检察院、公安部、司法部同意,自 2022 年 5 月 1 日起施行。该法第三条规定"本办法所称法治副校长,是指由人民法院、人民检察院、公安机关、司法行政部门推荐或者委派,经教育行政部门或者学校聘任,在学校兼任副校长职务,协助开展法治教育、学生保护、安全管理、预防犯罪、依法治理等工作的人员"。

② 陈瑞华:《企业合规不起诉制度研究》,《中国刑事法杂志》2021 年第 1 期。

件处理,由人民检察院依法提起公诉。被追诉人在考验期内反悔的,包括以明示的方式撤回认罪认罚或者不履行《"附条件"完成计划》,人民检察院应当撤销附条件不起诉决定,依法提起公诉。

为维护被追诉人的权利,除非在考验期内被追诉人再犯罪或者发现有其他犯罪应当追究刑事责任,人民检察院不得对协商合意做出反悔。在没有出现可撤销情形的情况下,人民检察院在考验期内对被追诉人提起公诉的,人民法院应当不予受理。

第十章　认罪认罚协商自愿性保障机制的完善对策

　　自愿是所有协商性司法制度适用的起点。协商性司法因被追诉人放弃权利而开启,如果放弃权利不是被追诉人的自愿选择,对正当法律程序的适用规避就不具备正当性。

　　时至今日,被追诉人协商自愿性的保障始终是困扰我国认罪认罚从宽制度的主要问题,它既关系到认罪认罚协商程序本身的正当性,又影响着该制度的顺利推进适用。《指导意见》表明最高司法机关已经在制度实践中发现了这一问题,因而在《指导意见》中做出两个方面的努力:一是补充、完善了值班律师制度,主要是扩充了值班律师的权利范围;二是倡导办案机关探索建立证据开示制度,但在第七章本文已经对这两项制度在保障被追诉人认罪认罚自愿性方面存在的不足进行了分析,本章将首先针对这两项制度的完善尝试提出对策,然后努力对非自愿性认罪认罚的救济机制做出探讨。

一、依托公职律师设置公设辩护人

(一)理想与现实差距过大的值班律师制度

　　获得律师帮助是被追诉人自愿协商的保障,没有律师帮助的自愿极有可能是一种"虚假自愿"。我们日常对自愿的理解,往往是从相反方向来界定,即没有受到强迫就是自愿,"自己愿意"基本是自愿的语义重复,而对"自愿"的有价值解释是"没有受到他人强迫地去做"。如果我们按照这一标准理解认罪认罚中的"自愿",那就是只要被追诉人没有受到强制就是自愿,但认罪认罚从宽制度中的自愿不能这么简单理解。

我国的认罪认罚从宽制度源自"坦白从宽"的刑事司法政策,显示的是国家对犯罪行为人的"宽大胸襟",基本理念是犯罪行为人认罪服法,心甘情愿接受改造,国家给予宽大处理以释放宽容和善意。因此该制度追求的自愿认罪认罚并不是被追诉人不受强制的"消极自愿",而是发自内心的、真诚并伴随一定行动的"积极自愿"。如果被追诉人表示自愿认罪认罚是在对案件事实、法律后果"一无所知"的状态下做出的意思表示,这种意思表示看似没有受到强制,实际上并不一定是被追诉人真实的意愿,因此自愿性和明智性是必然联系在一起的要求。只有被追诉人在充分认识到自己的案件事实,充分理解行为性质和后果并经过专业人员提供帮助之后深思熟虑做出的认罪认罚才是真正有价值的"自愿认罪认罚",也只有这种认罪认罚才具有稳定性。因此在被追诉人自愿认罪认罚项下就产生提升被追诉人"明智性"的需求,律师帮助是实现这种需求的路径,在认罪认罚中要求有律师加入,不仅仅为了维持"被追诉人获得专业人士帮助"的形式外观,更是为了让协商的一方参与者——被追诉人获得"理性参与者"这一协商正当性必需的品质。

因此在每个认罪认罚案件中,律师都是必不可少的辅助者。在辩护律师不能全覆盖所有认罪认罚案件的情况下,刑事诉讼法确立值班律师制度,在被追诉人没有辩护律师时由国家安排值班律师为其提供免费法律帮助,意图以此确保每个案件中被追诉人认罪认罚都是明智和自愿的,为了达到这一目标,我国还通过《指导意见》赋予值班律师各种权利,几乎将其等同于辩护人。

然而,一方面是官方的"殷切希望",另一方面却是值班律师的"意兴阑珊"。值班律师对法律赋予的各种权利不仅不愿意行使,甚至尽力规避行使,导致司法实践中值班律师呈现出十分消极和被动的样态。笔者曾经在所在城市进行过调研，几乎所有案件的值班律师发挥的作用就是在被追诉人签署认罪认罚具结书时在场见证"他没有受到强迫"。

一方面大量认罪认罚案件的被追诉人需要值班律师提供实质性的辩护，另一方面值班律师却往往更易流于形式进行见证，仅仅只愿意扮演"具结见证人"的角色，二者之间的冲突导致大量认罪认罚案件的被追诉人因为事前未得到有效辩护而事后反悔。

那么，值班律师为什么不愿意深度参与认罪认罚？有学者分析认为值班律师制度设计存在逻辑冲突，本身难以实现保障权利的诉求，"值班律师制度以效率为导向，强调的是诉讼资源平铺式分配的广度而非个案投入的深度，因此值班律师制度的法律帮助效果在本源上存在发展瓶颈。值班律师本是改革者追求诉讼效率的产物，依其去弥补另一简化程序中的权利弱化问题，实为功能选择上的错位，在现有制度设计下难以实现"①。这种逻辑冲突是值班律师制度效果不彰的深层次原因，具象化到实践层面，值班律师制度失效最直接的原因有二：

第一，值班律师"无名无分无压力"。"名分"并不是可有可无的东西，俗话说"名不正言不顺"，拥有一个明确的名分，特别是与职位或角色相匹配的名分首先能让人产生自我认同，激发人的积极性和能动性，让人有责任感和使命感，既有动力也有压力，其次名分也是人在交往中获得外部认同的必要形式，通过明确的名分赋予人必要社会地位和尊重更容易获得他人合作。刑事诉讼同样如此，对于诉讼参与者来说，拥有明确的名分既赋予他们行使权利的底气，也要求他们履行相应的责任，从而更好地发挥诉讼活动监督者、辅助者或见证者的角色。我国刑事诉讼的参与主体整体可划分为两类，即国家机关和诉讼参与人，前者是国家公权力的行使者和刑事诉讼的主导者，依照法律规

---

① 程衍：《论值班律师公设化》，《中国刑事法杂志》2023 年第 3 期。

定行使相应的职权,后者是刑事诉讼必不可少的参与者,没有诉讼参与人刑事诉讼就演变为单纯的国家职权行为,回归纠问式诉讼的专制和霸权模式而不再具有现代意义的诉讼性质,缺乏公正性和民主性。对于诉讼参与人,刑事诉讼法第14条以原则性条款确立其主体地位,苛以审判机关、检察机关和侦查机关保障诉讼参与人诉讼权利的义务,且赋予其控告权以对抗办案机关的侵权或人身侮辱行为。尽管我国法律赋予值班律师种种类似于辩护人的权利,但值班律师在刑事诉讼中的身份地位并不明确。从应然角度,值班律师是刑事诉讼参与人,可是刑事诉讼法第108条将诉讼参与人的范围明确界定为当事人、法定代理人、诉讼代理人、辩护人、证人、鉴定人和翻译人员,这其中并没有值班律师。值班律师又不能归属于辩护人之列,因此值班律师在刑事诉讼中既不是国家机关也不是诉讼参与人,事实上处于“没有名分”的状态。名分的缺失一方面让值班律师缺乏自我认同,既没有积极工作的动力也没有认真履责的压力。在与之交际互动的办案机关眼里也处于“可有可无”的状态,导致值班律师在认罪认罚协商中被虚无化和形式化。

第二,值班律师“无利可图无动力”。人具有趋利本性,行为倾向于追求自身利益、寻求满足个人需求和愿望,利益对人的驱动作用是多方面的,它可以影响个人的行为、决策和动机,从而推动人们朝着特定的目标努力。在没有名分的情形下,如果有利可图,值班律师还是会尽职尽责,然而十分遗憾的是,我国刑事诉讼法规定了值班律师各种职责,却没有给予与之相当的利益回报:(1)值班律师报酬偏低,无法为其带来经济收益。自从律师制度改革以后,我国律师事务所基本就成了类似于公司、企业等市场主体的组织,虽然承担着一定的社会公益(主要是法律援助)职责,但盈利是律师事务所的主要追求,而律师更是自负盈亏的个体。从这个角度讲,如果收益可观,值班律师亦会欣然高质量工作。现实却是,值班律师的报酬极低,笔者在所在城市调研发现,当前大部分值班律师见证一个案件的收入是300—500元左右,这个报酬甚至不足以弥补值班律师办理案件的交通费和误餐费等必要的支出,而且也不能及时兑现。如此低回报之下，值班律师毫无认真工作的动力，自然不愿意花费精力在认罪认罚案件当中。（2）值班律师很难获得尊重和认可，无法满足其个人成就感。如前所述，值班律师由于诉讼身份不明确，难以得到办案机关的尊重和认可。另一方面，值班律师介入案件不是当事人自由意志选择的结果，同当事人之间无法形成稳定的信任合作关系，很难得到当事人认可，有时候甚至被误解为"办案机关的说客"而受到抵制。（3）无法为值班律师职业发展提供利益。职业发展利益涉及个人在职业生涯中的成长和进步，包括晋升机会、提升职位、获得专业技能和知识、丰富工作经验等，对这些诉求，当前的值班律师制度均很难给予实现。在丧失了利益驱动的情况下，仅靠职业道德抑或法治情怀很难支撑起值班律师的工作积极性，以至于值班律师法律帮助形式化色彩浓厚，帮助质效较低。

在认罪认罚从宽制度推行之初，尚有多名律师愿意为求"政治名声"而不计报酬、不计名分参与其中，一旦这种动力丧失，认罪认罚案件可能会面临找不到或请不动值班律师的困境，当然，依靠司法行政机关对律师的管理职权能够避免这种局面，但靠强制力驱使律师参与认罪认罚案件法律帮助会更加弱化值班律师的帮助效果，最终使该制度背离初衷，陷入恶性循环。

（二）依托公职律师设置公设辩护人：法律援助的有效完善方案

问题已经引起多方面的关注，近两年研究值班律师制度的成果也很多，各种献言建策层出不穷，有学者从完善值班律师制度本身出发提出对策，[①]也有学者提出"构建多元化的法律援助服务提供模式"。[②] 完善值班律师制度和构建多元化的法律援助服务模式都是可行的路径，本文尝试提出另外一种可以

[①] 蔡元培：《法律帮助实质化视野下值班律师诉讼权利研究》，《环球法律评论》2021年第2期；汪海燕：《三重悖离：认罪认罚从宽程序中值班律师制度的困境》，《法学杂志》2019年第12期。

[②] 吴宏耀、余鹏文：《构建多元化的法律援助服务提供模式》，《中国司法》2020年第6期。

考虑的路径,即依托公职律师设置公设辩护人以丰富和充实法律援助供给。

"穷人也有权利获得正义"的理念被普遍接受后,世界各国都建立了刑事法律援助制度。纵观全世界,刑事法律援助的提供方式主要有三种制度形式:指定辩护制度、合同制度和公设辩护人制度。指定辩护是政府以指定的方式确定承担法律援助义务的律师为刑事被追诉人提供辩护,指定辩护是当前我国为刑事被追诉人提供法律帮助最主要的方式。合同制度是国家(通常由政府或法律援助管理机构作为代表)与律师、律师事务所、律师协会及相关非营利性组织等个人或机构,以竞争性投标或协商的方式,签订为被追诉人提供辩护服务的合同,按照合同约定,合同律师具体实施辩护活动,国家以公共财政支付报酬的法律援助模式。① 公设辩护人制度(public defender)则是国家直接雇用律师作为国家公务人员,专职从事辩护服务。②

三种模式都是国家出资为刑事被追诉人提供辩护律师。指定辩护依靠行政命令,实行的是低价购买(近乎免费)律师服务,能够服务的人群十分有限;合同制是完全的市场化模式,依靠政府和律师事务所签订的合同完成法律援助,这种模式的优点是服务面广、容易获得且服务质量高,但要求律师资源丰富,且对政府财政能力要求很高,否则无法支撑起庞大的需求和相对高额的律师费;而公设辩护人则是国家直接聘用公职律师为被追诉人担任辩护人,公设辩护人相当于是政府的工作人员,从政府领取稳定的工资,并且具有完整的组织模式和健全的运行规则,其工作职责就是为被追诉人提供法律帮助,相当于专职的援助律师。

结合我国的性质和现实国情,本文认为设立公设辩护人是目前较为有效和可行的化解值班律师制度困境的方式。

从宏观上看,公设辩护人制度符合我国人民政府的定位,也符合当前我国

---

① 吴羽:《我国刑事法律援助中合同制度的建构》,《江西社会科学》2017 年第 3 期。

② 谢佑平、吴羽:《公设辩护人制度的基本功能——基于理论阐释与实证根据的比较分析》,《法学评论》2013 年第 1 期。

法治建设"以人民为中心"的理念。执政为民是我国政府的基本定位，司法系统的运行目标亦是"让人民群众在每一个司法案件中都能感受到公平正义"。设立公设辩护人，由国家公职人员专门为刑事被追诉人提供辩护帮助，体现出政府在保障人民基本权利上的责任与担当，也能够更好地兑现国家在保护弱势群体方面的义务。通过公设辩护人参与刑事司法也能够更好地分配正义，司法是正义分配的过程，在这个过程中，每个人都应当得到无差别的对待，律师辩护权涉及公民能否获得公正审判，涉及其生命、自由和财产权能否得到合法保障，没有律师的帮助，被追诉人有可能受到错误的羁押或刑事处罚。如果因为贫富差距导致人们在司法中受到差异性对待，司法对正义的分配就是不公正的，从这个角度出发，国家应尽力给予公民充分保护，并以"国家之力"保障公民被平等对待，公设辩护人制度就能够很好地体现这种"国家之力"。①

具体到认罪认罚协商中来，公设辩护人能够有效平衡控辩双方的协商地位和能力。首先公设辩护人能够淡化控辩双方的"官—民"差别。我国检察官是受国家指派行使控诉权，相比辩方而言地位优势不言而喻，一旦设置公设辩护人为被追诉人提供辩护，公设辩护人作为政府公职人员也是受国家指派参与协商，地位与检察官持平，控辩双方的失衡状态能够有效改善。其次，公设辩护人能够有效提升辩方的协商能力。公设辩护人相当于政府财政供养的专职辩护律师，长期的专门性活动能够让其积累丰富的诉讼经验，一定的准入门槛又能够确保其具有足够的法律知识，能力足以与专司控诉职能的检察机关相抗衡。最后，公设辩护人能有效解决值班律师"无名无分无利可图"的现实问题。公设辩护人很显然是辩护人，享有刑事诉讼法赋予辩护人的一切权利，当然也肩负着辩护人的职责使命，通过制度设计将案件办理质效同公设辩护人的绩效待遇、职务晋升、个人发展等相结合，使之具有紧密关联性，从而将为当事人提供优质的法律帮助内化为其自身的需求和驱动力，提升工作的主

---

① 吴羽：《比较法视域中的公设辩护人制度研究——兼论我国公设辩护人制度的建构》，《东方法学》2014 年第 1 期。

动性、积极性以及能动性,反过来进一步提升法律帮助质效。

公职律师队伍的迅速发展为我国设立公设辩护人奠定了良好的基础。自党的全面依法治国决定提出"构建社会律师、公职律师、公司律师等优势互补、结构合理的律师队伍"后,公职律师在我国得到迅速发展,2018 年 12 月,司法部印发《公职律师管理办法》,正式对公职律师进行了界定,[①]公职律师是律师,同时又是国家公职人员,只不过当前我国对公职律师的职能定位主要是促进依法执政、依法行政、依法管理,预防和化解矛盾纠纷、参与法治公益宣传等。[②] 既然有了这样一个基础和前提,我们完全可以将公职律师中的一部分转化为公设辩护人,专门为虽然不符合指定辩护条件但自愿认罪认罚、没有委托辩护人的刑事被追诉人免费提供法律援助。

(三)公设辩护人制度的具体构想

1. 定位及任职资格。公设辩护人是国家公职人员,身份具有双重属性:首先,公设辩护人是国家工作人员,是通过公务员资格考试和考核具有国家公务员身份、代表国家履行刑事法律援助职责的国家机关工作人员;其次,公设辩护人应具备律师的一般条件。申请担任公设辩护人的人必须通过法律职业资格考试,达到《律师法》规定的执业律师任职条件,具备一定实践经验,并经过审批才有资格担任。

2. 组织体系。公设辩护人具有国家机关工作人员的身份,因此必须有一个机构归属。我国台湾地区一直设有公设辩护人,从组织体系上看归属于法院,相当于法院的一个职能部门。基于大陆地区司法体制的特征以及刑事诉讼流程,本文认为我国的公设辩护人与辩护人一样,应当是诉讼中的独立主体,隶属法院会破坏其公正性,因此公设辩护人应当独立于法院和检察机关,

---

① 该法第二条规定公职律师指任职于党政机关或者人民团体,依法取得司法行政机关颁发的公职律师证书,在本单位从事法律事务工作的公职人员。

② 方华堂:《关于完善公职律师制度的思考》,《中国司法》2021 年第 1 期。

设置在各级司法行政部门是一种较科学的方式,也不会对我国的官僚组织体系产生太大冲击。司法行政部门本身就是律师的管理部门,也是目前公职律师的管理部门,将公设辩护人设置在司法行政部门既能保证其独立行使权利,又能够受到司法行政部门的有效监管。

3. 权利与义务。作为国家公职人员,公设辩护人享受与司法行政部门其他工作人员同样的待遇,其薪酬、晋升、奖惩等均与其他公务人员相同。而在具体案件的刑事诉讼中,公设辩护人就是辩护人,享有一切其他辩护人的权利。

4. 援助范围。公设辩护人设立以后,现行法律规定的指定辩护应当与公诉辩护人合并,原来属于指定辩护范围的案件全部纳入公设辩护人的办案范围;不属于指定辩护范围、被追诉人自愿认罪认罚但没有委托辩护律师的案件也属于公设辩护人的援助范围。

5. 考核评价。司法行政机关应当建立其精细的公设辩护人工作流程,尽可能量化、规范辩护步骤,并制定科学、合理、完备的公设辩护人考核机制,以促进公诉辩护人积极主动、认真负责地履行辩护职责,从而为被追诉人、被告人提供实质性的有效辩护。

需要说明的是,公设辩护人制度设立后,作为"急诊医生"而设置在看守所或者公安司法机关的值班律师仍然有存在的必要性,但其作用应当限缩为临时性为被追诉人提供法律咨询,一旦被追诉人明确表示愿意启动认罪认罚协商程序而又没有委托辩护人时,案件就应当转由公设辩护人处理,公设辩护人在同办案机关协商之前,必须查阅案件卷宗和会见被追诉人。

二、建立系统、完整的证据开示制度

信息对称在控辩平等、自愿、理性协商中的重要作用前文已经反复多次谈到,尽管我国法律在保障控辩信息(主要是案件证据信息)对称方面做过诸多努力,但现有的制度运行效果依然不尽如人意。过分依赖辩护(值班)律师的阅卷制度导致一个逻辑怪论:我(被追诉人)是最关心我自己案件证据材料的人,因为这些材料关系着我的"生杀予夺",我对案件证据材料的了解却需要别人(律师)告诉我。

如果律师不认真履行阅卷职责(相对司法机关而言,阅卷是律师的权利,相对被追诉人、被告人而言,阅卷是其职责,辩护律师有可能怠于行使权利,更有可能疏于履行职责),被追诉人获得的案件证据信息就可能是零碎、片面、散乱的,还有可能发生重要信息缺失或疏漏,不利于被追诉人做出准确的判断,甚至导致错误的判断。如此既不利于保障被追诉人认罪认罚的明智性,也不利于双方平等协商的实现,"两高三部"应该也是注意到这一点才在《指导意见》中明确提出"人民检察院可以针对案件情况探索证据开示制度"。

本文认为,我国应当建立面向认罪认罚协商的证据开示制度。也就是说,我国应针对认罪认罚案件设立专门的证据开示程序。

需要说明的是,在认罪认罚案件与普通刑事案件中开示证据的目的并不相同。普通刑事案件,控辩双方处于对抗状态,刑事诉讼以"争斗和对抗"的形式展开,控方向辩方展示证据的主要目的是赋予辩方与之抗衡的能力以保障在中立裁判者面前进行的"诉讼争斗"是在彼此信息公开的状态下展开,因此,在普通案件中,控方只要在开庭审理前向辩方开示证据即可,控方向辩方开示证据可以是被动的、消极的,即检察机关只需要被动等候辩护人阅卷,他不用主动向辩方开示证据,也不需要向其说明如何使用证据。认罪认罚案件中,控辩双方是合作关系,证据开示的目的是保障信息对称以寻求更好的对话和沟通从而推进协商顺利开展,因而认罪认罚案件的证据开示除了讲求全面性,还应当有及时性和释明性的要求,控方向辩方开示证据应当是主动的、积极的,应当在辩方做出实质性决定之前开示证据,除了开示证据内容,还应当对如何使用证据向辩方作必要的说明,以促使双方更容易达成"合意"。

基于此,本文提出如下构想:

（一）侦查阶段开示证据

我国当前刑事诉讼法并没有赋予辩方在侦查阶段享有阅卷权，侦查机关没有向被追诉人和辩护人展示证据的义务，这也是笔者认为在侦查阶段无法开展实质性的认罪认罚协商的原因，认罪认罚从宽制度在这个阶段的适用效果仅仅只是双方达成一种协商的意向，并不具有实质意义，因而辩方对证据"一无所知"尚不会对公正造成严重影响。

但如果建立污点证人制度，在被追诉人可能转化为污点证人的情况下，协商就会在侦查阶段实质性的发生，此时辩方就有了获取案件证据信息的必要性。被追诉人在放弃自己反对强迫自证其罪权利、答应与侦查（调查）机关合作前，有权利先确认办案机关已经掌握了足以认定其构成犯罪的证据，否则有可能发生"协商诈欺"，也就是污点证人在配合作证以后才知道原来在协商开始以前办案机关并未掌握任何对自己不利的证据，这种情况是违背公正的，也背离了协商性程序正义的要求。需要说明一点，之所以在我国有这种情形出现的可能，是因为我国刑事诉讼主要看卷宗，证人作证发生在侦查、审查起诉和审判的任何阶段，由于我国并没有传闻规则，最终呈现到法庭的证人证言往往是书面的询问笔录，换句话说，在我国，污点证人并不需要等到开庭审理时出庭作证，而是只要在侦查或调查阶段做出陈述、签署笔录并保持陈述的稳定性即可。而在规定有传闻规则的国家，证人必须在法庭上进行陈述才算完成作证义务，一旦发现被欺诈，污点证人可以拒绝出庭作证的形式来维护自己的权益，这算是污点证人最后的"底牌"，但我国污点证人只要做出陈述就等于丢出了自己的所有"底牌"，即使受到欺诈也无从救济。

因此，在污点证人协商启动时，办案机关有必要向辩方开示证据，考虑到案件侦查信息的保密性，此时开示可以做出一定的限制：就范围而言，办案机关仅开示与被追诉人有关的证据，开示的方式是由侦查（调查）人员向辩护律师当面出示证据并作出必要说明，辩护律师可以就证据问题向办案机关提问，也可以查阅证据材料,但不得复制和摘抄。辩护律师得知的案件信息只能用作帮助被追诉人判断是否与办案机关达成"污点证人合作计划",并不得对外传播这些材料信息,否则将承担法律责任。

(二) 审查起诉阶段开示证据

审查起诉阶段的证据开示应当完整、及时。一旦被追诉人提出认罪认罚协商的申请或者接受了控方的协商动议,证据开示就应当立即启动,而且由检察机关依职权启动。要求检察机关承担认罪认罚案件中开示证据的法定职责,意在用检察机关"主动示证"取代"被动配合"的证据信息交换机制,保障被追诉方的证据知悉权,塑造能够进行实质性协商的平等控辩关系。①

1. 认罪认罚答辩。案件移送审查起诉后,检察官应立即讯问被追诉人,并在第一次讯问被追诉人时启动认罪认罚答辩程序,即告知被追诉人相关诉讼权利以及法律关于认罪认罚从宽处理的规定、性质和后果,并询问被追诉人是否愿意认罪认罚。如果被追诉人选择愿意,检察官应当通知其辩护律师,或者为其安排法律援助律师(如果设置公设辩护人后则为转司法行政部门指定辩护人)。

2. 证据开示。证据开示可以两种方式进行:

第一,书面方式。即以《证据开示表》的方式向辩方开示证据,笔者认为这种方式适宜用于案情简单、证据数量不多、被追诉人没有被羁押的案件。检察官在第一次讯问被追诉人时,可以一并向其送达《被追诉人诉讼权利义务告知书》《适用认罪认罚从宽制度告知书》和《证据开示表》。检察机关在《证据开示表》中列明据以指控被追诉人的证据种类、来源、拟证明的内容,同时将副本附于案卷之内,连同案件材料一起提供给辩护律师阅卷。也就是这种方式,检察官只主动向被追诉人开示证据目录,证据具体内容仍然通过辩护

---

① 鲍文强:《认罪认罚案件中的证据开示制度》,《国家检察官学院学报》2020 年第 6 期。

律师阅卷的方式开示，被追诉人有权从辩护律师处查阅案件的证据材料，这样设计的原因是由于被追诉人没有被羁押，可以相对自由地会见辩护律师，其权利能够得到保障。

第二，证据开示会。借鉴美国的预审模式，对案情比较复杂、证据较多或者被追诉人被羁押的案件，检察机关应当组织证据开示会。证据开示会的召集时间应当是辩护律师阅卷以后，被追诉人签署具结书之前，被追诉人和辩护律师应当参加开示会。开示会可以在看守所等羁押机构举行，也可以在检察院通过网络远程开展。在开示会上，由公诉人就指控被追诉人有罪的证据种类、来源、证明的内容向辩方做说明，被追诉人有权要求查看物证、书证、视听资料、电子证据等实物证据，亦有权阅读证人、被害人询问笔录以及讯问笔录等言辞证据；被追诉人可以就证据问题向被公诉人提问，可以要求公诉人宣读证据内容，也可以就证据问题询问辩护律师的意见，辩护律师亦可以就证据中对被追诉人有利的信息向公诉人做出提示和说明。开示会应当制作笔录，在开示会上被追诉人当即表示愿意认罪认罚的，应当记录在卷。

无论是哪一种方式，检察机关都应当全面开示证据，具体包括：诉讼权利和涉嫌犯罪的基本情况、证明犯罪事实的证据、认定量刑情节的证据、司法机关依法作出有关决定的程序性材料、调查核实非法证据的相关内容等。[①] 考虑到价值平衡，检察机关掌握的下列证据无须向辩护方开示：（1）与本案无关的材料；（2）同案人在逃信息；（3）涉及其他案件侦查的证据材料。[②]

另外，证据开示应当是双向的，辩护方亦有义务，除应当及时依照刑事诉讼法第42条向公安司法机关披露"三类"无罪证据之外，在认罪认罚案件中，辩方应当及时向控方展示证明可以对被追诉人从轻、减轻或免除处罚的证据材料，包括但不限于赔偿情况、与被害人和解、取得被害人谅解的证据信息和

---

① 范小云：《认罪认罚案件证据开示制度内容及方式》，《检察日报》2020年07月30日。
② 韩旭：《认罪认罚从宽制度中证据开示制度的构建》，《甘肃社会科学》2023年第3期。

社会调查报告,以方便公诉人在提出量刑协商方案时综合考量。①

三、非自愿性救济机制之探索

我国刑事诉讼关于认罪认罚从宽制度的设计有一个重大疏漏就是没有规定非自愿性认罪认罚的救济机制,仅仅只是在第262条规定法院发现被告人违背意愿认罪认罚的应当将速裁程序转化为普通程序或简易程序,然而法律对何为违背意愿即非自愿性认罪认罚、在非速裁程序中发现非自愿认罪认罚时如何处理、被追诉人如何救济都没有作出规定,缺乏非自愿认罪认罚救济机制导致认罪认罚"自愿性"丧失"兜底保障"。

(一)认罪认罚的"非自愿性"认定标准

关于认罪认罚"非自愿性"的认定标准,学术界有很多讨论,有学者将认罪认罚自愿性的判断标准等同于非法言辞证据的认定标准;②有学者将供述自愿性作为认罪认罚"自愿性"的前提,供述属于非法证据则认罪认罚为非自愿;③还有学者对认罪认罚自愿性做出界定,认为它包括如实供述自己的罪行的自愿性即实质认罪的自愿性、承认指控犯罪事实的自愿性即形式认罪的自

---

① 韩旭:《认罪认罚从宽制度中证据开示制度的构建》,《甘肃社会科学》2023年第3期。

② 比如孔冠颖在《认罪认罚自愿性判断标准及其保障》一文中提出"《刑事诉讼法》为防止办案机关以非法方法获得被追诉人的口供,增设第50条并规定严禁刑讯逼供和以威胁、引诱、欺骗以及其他非法方法收集证据,不得强迫任何人证实自己有罪。仔细研读此法条,可以发现其从反面为被告人认罪自愿性设定了客观判定标准。所谓强迫证实自己有罪正是自愿认罪的反面状态,而刑讯逼供、威胁、引诱、欺骗等非法方式即是强迫的具体表现形式。将自愿性从对被告人主观意志的判定,转为对刑讯逼供、威胁、引诱以及欺骗等非法方式的客观行为的判定,问题则简化很多。"(孔冠颖:《认罪认罚自愿性判断标准及其保障》,《国家检察官学院学报》2017年第1期)

③ 比如潘金贵、唐昕驰认为"被追诉人的认罪供述是认罪认罚程序适用的前提,如果供述被认定为非法证据,据此作出的认罪认罚应认定为属于非自愿的。"(潘金贵、唐昕驰:《被追诉人非自愿认罪认罚的认定与救济》,《人民司法(应用)》2019年第25期)

愿性以及接受处罚的自愿性即形式认罚的自愿性,三者密切相关,不能将三者割裂开来并设置不同的判断标准,应当将非法证据规则的排除标准确立为法定的"非自愿性"认定标准,同时建立裁量性的"非自愿性"认定标准。①

分析上述讨论发现,关于认罪认罚"非自愿性"的认定标准的各种理论争议和实践混乱,均来自理论界和实务界将认罪认罚协商程序的选择自愿即"弃权性"自愿同认罪供述的自愿即自白任意性混淆成为同一个问题,根源在于没有弄清楚认罪认罚自愿性规则的目的或者功能是什么。实务界出现这种混淆可以理解,但理论界竟然也像煞有介事在认罪认罚自愿性的话题中讨论"有罪供述"的自愿性问题实在令人感到遗憾。

作为一项保障人权的重要规定,自白任意性规则在世界各国刑事诉讼中都被认可,绝大多数国家也建立了保障自白任意性的非法供述排除规则,规定被追诉人违背意愿做出的有罪供述不具有证据能力,不能采纳为定罪证据。众所周知,确立自白任意性规则的目的是规范警察权行使,保证国家指控的合法性,涉及的是国家刑罚权的实现手段是否正当。认罪认罚从宽制度中的自愿性规则并不涉及公权力行使的合法性问题,它只是用来判断在公诉具有正当性的前提下,采用协商的方式来解决被追诉人的刑事责任是否具有正当性。言下之意,如果一个案件存在非法逼取口供的情形,涉及该证据是否应该被排除以及排除后是否足以指控犯罪的问题,这个时候被追诉人的罪与非罪尚处于不确定状态(一旦关键性的有罪证据被排除则可能因为证据不足判定被追诉人无罪),因而根本不涉及采用何种方式来处理犯罪的问题,因此,如果案件存在暴力、威胁、引诱等方式取得有罪供述的行为,法官应当做的不是审查被追诉人采用认罪认罚协商程序处理案件是否自愿的问题,而是审查审前取证行为以及指控的合法性问题,只有首先解决指控合法的问题,才能进一步讨论认罪认罚"自愿性"问题。

---

① 杜磊:《论认罪认罚自愿性判断标准》,《政治与法律》2020 年第 6 期。

在本书看来,自白是否自愿不是认罪认罚"自愿性"应该讨论的问题,讨论这个问题等同于讨论"认罪认罚从宽制度是否适用于定罪有疑问的案件",显然与这项制度的适用原则和条件相悖。我国决不允许在定罪有疑问的案件中适用认罪认罚协商,不能以"认罪认罚自愿"掩盖"自白不自愿",一旦在认罪认罚案件中涉及取证合法性问题,比如辩方提出口供系控方非法取得或法院审查发现存在非法取证可能时,案件就应当转入普通程序进行审理,以确保司法公正并保障审判对审前国家权力运行的监督。

在认罪认罚从宽制度中讨论"自愿性"应当关注的是被追诉人"弃权的自愿性",也就是放弃无罪辩解权和普通程序审判权的自愿性,因此应当按照"弃权自愿性"的要求是否得到满足来判断认罪认罚是否自愿。"弃权自愿性"标准包括充分的知悉权和表达意见权以及自由的反悔权,三项权利任何一项没有得到满足即属于缺乏自愿性的认罪认罚,具体而言,"非自愿性"认罪认罚包括:(1)没有获得律师有效帮助的认罪认罚;(2)没有获得明确告知的认罪认罚;(3)被追诉人提出异议的认罪认罚。法院在审查案件时,只要出现任何一种都应该认定认罪认罚属于"非自愿"。

(二)差异化的救济机制

在"认罪认罚"被认定为"非自愿"后,之前的认罪认罚合意归于无效是毫无疑问的,但人民法院是否应当将案件一律转为普通程序进行处理? 答案为否。

在作出认罪认罚时没有获得律师帮助、没有充分了解案件证据或者没有被明确告知相关法律规定并不意味着被追诉人一定不愿意认罪认罚,而是立法基于程序正义的要求推定在这种情况下被追诉人做出"认罪认罚"意思表示可能是不明智、非理性的,可能不是他"深思熟虑"之后做出的选择,这种情形是可以弥补和修复的,因此笔者将没有获得律师有效帮助的认罪认罚和没有获得明确告知的认罪认罚称为"可弥补的非自愿"。人民法院在审查中发现这种情形时，可以先中止审理，然后为被追诉人指派律师或明确告知相关法律规定，之后如果被追诉人仍然自愿"认罪认罚"的，案件依然可以适用认罪认罚协商程序处理。

但对于第三种情形，即被追诉人对认罪认罚提出异议则应当认定为被追诉人反悔，按照反悔规则处理，具体处理方式本书第八章和第九章已在相关部分做了讨论，在此不再赘述。

第十一章 认罪认罚程序的
协商性提升路径

缺乏协商性是当前我国认罪认罚协商程序存在的系统性不足。协商性关系到协商性程序正义的可协商性、可获益性以及最低限度参与等三个要素的实现。

一种协商性司法范式如果不具备足够的协商性,其正当性必然受到质疑。被追诉人放弃了权利,却不能获得与控方对话、沟通以及得到回应的机会,无法通过协商让自己的意见进入"合意"从而对案件的处理结果产生塑造力和控制力,这种放弃就丧失了价值。在认罪认罚从宽制度是协商性司法范式已经确定无疑的情况下,提升该程序的"协商性"势在必行。

"协商性"的核心要义就是"可协商"。对于参与主体而言,一切(包括实体处理方案和程序处理方式)都可以商量,主体均可以充分表达自己的意见并得到对方的回应,各方都应当经过理性思考后作出适度的让步和妥协,最终的处理方案应当是双方合意的结果,围绕这些要求,本章作出如下探索。

一、认罪认罚从宽制度适用中的双重逻辑正位

我国的刑事诉讼具有的鲜明的职权性特征短期无法改变,也没有改变的

必要性。我国的刑事诉讼在惩罚犯罪、维护社会秩序方面具有明显优势，在世界格局动荡不安的今天，稳定的社会秩序尤为重要。因此，嵌入我国刑事诉讼的认罪认罚从宽制度不可避免会一直具有职权性和协商性因素共存的特征，我们所要做的是理顺职权性逻辑和协商性逻辑之间的关系。

当前我国的制度设计和司法适用中却呈现出职权性和协商性两种逻辑的割裂和混乱。一度我国就认罪认罚从宽制度的性质陷入争论，有人认为认罪认罚从宽是检察机关主导的职权性诉讼活动，与辩诉交易有根本不同，不是协商性司法；有人又认为它是平等主体间协商解决纠纷的刑事协商，是中国版"辩诉交易"。立法最终将其定位为检察主导的控辩协商程序，一方面认可了其"协商性"，另一方面又强调其职权性属性，这本来是科学而务实的，然而在进行制度设计时，我国却混淆了两种逻辑的适用范围。

作为以公权力运行为基础的认罪认罚协商程序，职权性逻辑应当主要用以保障案件符合最低限度的司法公正要求，比如对案件基础性事实存在的保障就需要检察机关和法院依职权进行，不能仅仅依靠被追诉人的自认或双方的协商来确认案件存在基础性事实。而协商性司法的逻辑应当是审前控辩双方合意的形成是双方协商和对话的过程，而在审判阶段，为确保协商结果对审判机关具有约束力并保障被追诉人对合意的信赖利益，检察机关应当依职权对法官不当否定协商合意效力的行为进行抑制，也就是应该适用职权性逻辑。我国恰恰颠倒了二者的适用范围，以致在司法实践中引发种种混乱。

我国将审前控辩双方合意的形成界定为检察机关依职权主导的过程，而非控辩双方平等对话、平等协商，强调的是职权性逻辑。检察机关主导着从程序启动到结果确定的全过程，被追诉人只是有限度地被动参与。而协商性逻辑则主要应用在控辩双方的合意对外的形式和效力方面，特别是对审判机关的效力方面，"在认罪认罚从宽制度的适用中，协商性逻辑体现为以认罪认罚从宽制度的合意制度定位为逻辑前提，强调量刑建议在对外形式上体现为确定刑量刑建议，在对外效力方面，审判机关和被追诉人一样也应受合意的拘束,审判机关一般应当采纳检察机关的量刑建议。"①

职权性逻辑在认罪认罚从宽制度适用中主要表现在四个方面:(1)检察机关独享程序的启动权;(2)被追诉方承担着认罪的前置义务;(3)格式化的认罪认罚具结书呈现出十分强力的行政性色彩;(4)量刑建议的提出具有单方性。协商性逻辑则体现为检察机关一般要提出量刑建议,且法院原则上要采纳量刑建议,一旦被追诉人提出上诉(可以视为被追诉人违约),检察机关就会抗诉(类似于索赔),检察机关的量刑建议事实上对案件具有终局性和决定性影响。这种做法明显颠倒了两种逻辑。

职权性逻辑和协商性逻辑的颠倒适用首先造成认罪认罚从宽制度自身的逻辑冲突和适用混乱。在协商参与者内部强调检察职权的主导性,对外却又以"协商合意"要求其他主体(法院)接受协议(认罪认罚具结书)的约束,显然自身难以自圆其说,反而给人一种"以协议之名行检察机关垄断司法权之实"的印象,自然容易引发控审、控辩冲突。

两种逻辑的颠倒还可能不当限缩审判权。在协商性司法中,审判权必须被限缩才能够为"协商合意"的确定力预留空间。如果审判权依然如同对抗式司法那般完整,"协商合意"经常被否定,协商也就失去了存在价值。但审判权对"协商合意"让步的前提是"协商合意"是双方当事人在平等、自愿基础上充分对话和沟通也就是真实性、实质性协商后的结果。两重逻辑颠倒的情况下,检察机关提供给法院的所谓"合意"不过是检察机关行使职权的结果,根本没有被追诉人的任何意见成分,是一种"虚假合意"。审判权对这种"虚假合意"的克减实际上是对检察职权的让步,此时如果将审判权由实质性权力转变为形式性权力,不仅难以确认被追诉人认罪认罚的自愿性和量刑建议的合理性,甚至对案件中是否存在基础性缺陷,比如证据不足、犯罪构成要件事实欠缺等问题都难以发现进而导致冤假错案。审判权

① 杜磊:《认罪认罚从宽制度适用中的职权性逻辑和协商性逻辑》,《中国法学》2020 年第4 期。

的不当限缩也存在着使侦查权脱离规制而加剧权力滥用的风险。以美国为例，形式性审判权使得对侦查行为的挑战变得不再可能，在一些极端案例中，辩诉交易被当作一种清洁手段，来清除酷刑或者不人道的滥权行为对案件的污染，避免这类案件提交到正常的审判中去，正因如此，一些侦查机关和侦查人员不再担心证据或者程序会在法庭上被进行全面的调查，这导致了侦查质量的下降。

另一方面，这种颠倒又会促使检察权不正当扩张。在本该协商的审前程序中，检察机关强调自身的主导地位，利用职权将自己的意志强压给被追诉人，无疑扩张了自身权力；而在审判阶段，检察机关则强调控辩双方的"协商合意"应当得到法院尊重，检察机关的量刑建议应当被采纳，并以此让审判权退让，本质上是检察权的扩张。检察权的扩张是十分危险的，检察机关本身的定位是追诉机关，对被追诉人有强烈的"入罪"愿望，审判权的存在有效地抑制住了这种欲望，防止了检察机关过于积极而使刑事司法系统变成"生产罪犯的流水线"。一旦检察权过分扩张，审判权丧失抑制能力，检察机关就成为刑事诉讼中的主导者，向前可以通过侦查监督指挥公安机关，向后能以协商之名压制审判机关，而面向与之相对的辩方则以职权强行施压，刑事诉讼成为检察机关的单方意见表达，程序对公正的保障功能将丧失殆尽，"审判中心主义"最终沦为"公诉中心主义"。

最后，逻辑颠倒会进一步恶化被追诉人的诉讼地位。在审判丧失对被追诉人庇护作用的情况下，被追诉人只能被动地接受控方意见，本就不高的诉讼地位会进一步恶化，控辩平等将更加失衡。

当务之急是对两重逻辑进行正位。《指导意见》明确使用"协商"一词意味着认罪认罚从宽制度被正式确认为协商性司法模式，既然如此，应当让认罪认罚从宽制度的适用过程回归协商性司法的应然逻辑之中。对于认罪认罚协商程序处理的案件，在审前阶段强调协商性逻辑，控辩双方应当以平等当事人的身份参与到协商中，任何一方都有充分表达自己意见和提出自己诉求的权利,另一方应当尊重对方的意见并及时做出回应,在不接受对方意见时应当给予必要的解释和说明。在审判阶段则强调职权性逻辑,首先是强调法院的司法审查职权,法院依然要担负确保在认罪认罚案件中实现最低限度司法公正的责任,即不冤枉无辜,应当依职权对案件存在基础性事实和协商的自愿性、合法性进行审查。而检察机关,则应当依职权推进"协商合意"被法院接受,以保障被追诉人对协议的信赖利益,比如在人民法院没有正当理由不采纳量刑建议时提起抗诉等。

二、强化践行检察机关客观公正立场以平抑其"控诉基因"

我国人民检察院从建立之初就是为了控诉犯罪。从1951年《中央人民政府最高人民检察署暂行组织条例》以及《各级地方人民检察署组织通则》到1979年《人民检察院组织法》均将对刑事案件提起公诉作为检察机关的重要职权。现行《人民检察院组织法》第二条对检察机关的定位是通过"追诉犯罪"实现维护国家安全和社会秩序等目标,因此检察机关自诞生之日就携带着十分强大的"控诉基因",这种"控诉基因"在认罪认罚协商中如果过于活跃,一方面会破坏协商时控辩双方的平等地位,另一方面又导致检察机关陷入"严惩犯罪分子"的情绪当中而失去"理性",既不利于平等协商,也不利于理性协商。

要让协商在平等和理性的基础上进行,必须对检察机关的"控诉基因"进行平抑,笔者认为,当前有效地抑制检察机关"控诉基因"的方法首先是检察机关应当进行自我调节,应当充分认识到刑事诉讼既要打击犯罪又应当保障人权,检察机关是法律的"守护人""公益的担当者",而不是"打击犯罪的急先锋",甚至"冷酷无情的国家猎人""无所不用其极的追诉者"。而最重要的,则是要强化践行检察官的客观公正立场,淡化"检察官是犯罪的追诉者"这一自我身份定位。

2019 年 4 月，我国对《中华人民共和国检察官法》进行修订，第五条首次正式将检察官客观公正立场写入法律。① 检察官客观公正立场是立法对理论界长期以来对检察官客观义务倡导的回应，它吸收了源自西方的客观义务理论的合理内核，同时也结合中国特色社会主义检察制度的基本定位进行了提升。

此前关于检察官客观义务的探讨虽然在我国一直停留在理论研究和理念宣导层面，但刑事诉讼法从 1979 年就有人民检察院进行刑事诉讼必须遵守"以事实为根据，以法律为准绳"的基本原则，之后经过不断的修改完善，刑事诉讼又规定公安司法机关应当全面收集证明被追诉人有罪或无罪、犯罪情节轻重的证据，人民检察院审查起诉要听取辩方意见等，这些都暗含着检察官客观义务。

在早期系统研究检察官客观义务的学者，比如龙宗智教授看来，检察官客观义务以公正性为核心，其基本含义是指检察官为了发现真实情况，实现诉讼目的，不应站在当事人的立场，而应站在客观公正的立场上进行活动。② 如此，检察官客观义务要求检察官在办理刑事案件的过程中应当超越当事人的立场，既要关注对被追诉人不利的事实和法律，又要关注对被追诉人有利的事实和法律，并可以为被追诉人的利益采取行动。③

龙宗智教授认为检察官客观义务包括以下基本内容：（1）客观取证义务。在收集证据的时候，检察官不能只站在控方立场取证，而是既要收集对被追诉人不利的证据，又要收集对其有利的证据，不仅如此，检察官还应该指导和监督侦查机关客观公正取证；（2）中立审查责任。检察官在审查案件时，不能总

---

① 《检察官法》第五条"检察官履行职责，应当以事实为根据，以法律为准绳，秉持客观公正的立场"。

② 龙宗智：《检察官客观义务论》，法律出版社 2014 年版，第 1 页。

③ 韩旭：《检察官客观义务的立法确立——对检察官法第五条的理解与适用》，《人民检察》2019 年第 15 期。

站在控方当事人的立场,而是要以准司法官的眼光审视案件,既要关注案件中有罪和罪重的信息,又要关注无罪和罪轻的因素,同时还应该发挥"过滤网"作用,对不构成犯罪的案件在审查起诉阶段终结诉讼;(3)公正追求判决。公诉提起后,检察官作为法律守护人,不应当一味追求严惩重判被追诉人,而应当尽力促进审判机关作出不枉不纵的判决。检察官首先要尽力追求有罪判决,但在支持公诉时也应当充分考虑和确认案件中对被追诉人有利的因素,包括主动确认对被追诉人有利的事实和情节,对正当辩护意见的接受和肯定等。不仅如此,在审判中如果证据发生变化或法律做出修改导致被告人应当被认定无罪时,检察官应当及时改变立场,督促法院作出正确裁判以避免冤假错案;(4)定罪救济责任。如果检察官发现对被追诉人有利的定罪错误时,包括将无罪定为有罪、将轻罪定为重罪,检察官应当客观公正为被追诉人的利益寻求救济,包括提出对被追诉人有利的抗诉、启动审判监督程序等;(5)诉讼关照义务。检察官在诉讼中应当充分保障被追诉人的权利,并为被追诉人行使权利提供必要和尽可能的帮助,具体包括:第一,必要信息告知义务,检察官应当对维护被追诉人合法权利的重要信息及时告知被追诉人或其家属,比如向家属通知被追诉人被羁押的原因、时间、地点,告知被追诉人各项诉讼权利;第二,不利情况提示义务。在实施某种诉讼行为可能导致对被追诉人不利的结果时应当及时提示被追诉人注意;第三,证据开示义务。对控方已经掌握的证据,应当提供给辩护律师查阅和复制,尤其是不能隐瞒对被追诉人有利的证据;第四,协助实现权利的义务,比如为辩方取证、阅卷、会见提供必要的帮助等;(6)正当法律程序的维护义务。检察官不仅自己要严格依照法定程序行使职权,还应当监督其他主体依法进行诉讼活动,比如对侦查机关的行为进行监督,及时纠正侦查机关违反法律程序的行为,对侦查机关违法获取的证据及时启动非法证据排除程序等。①

---

① 龙宗智:《检察官客观义务论》,法律出版社 2014 年版,第 118—124 页。

2019 年《检察官法》虽然没有直接移植检察官客观义务,但它充分保留和吸收了检察官客观义务的合理内涵,在此基础上结合我国的法治文化传统和检察机关的时代定位对之进行了本土化"再造",从而确立"检察官客观公正立场"作为检察官行使职权的基本立场。所谓"检察官客观公正立场"是指检察官在履行法律监督职能时,以辩证唯物主义认识论为基础,遵循实事求是、调查研究、群众路线的思想方法与工作方法,以事实为依据、以法律为准绳、以人民为中心,立足实体与程序并重、制裁与保护并重、效率与效果并重,正确认定事实和适用法律,坚持努力让人民群众在每一个司法案件中都感受到公平正义的政治站位与法律站位。① "客观公正立场"论是对"客观义务"论的"扬弃",具有新时代中国特色的理论价值及实践意蕴。②

检察官坚持客观公正立场对认罪认罚协商的展开十分重要:

第一,检察官的客观公正立场是认罪认罚协商程序司法公正目标实现的前提。协商程序一定要建立在基本犯罪事实成立的基础之上,基础事实不成立的协商是不公正的,亦缺乏正当性,我国绝对不允许仅仅靠"协商"和"自认"来认定被追诉人有犯罪事实并给其定罪。检察机关作为案件侦查(调查)材料的最早掌握者和审查者,应当站在客观公正的立场对案件进行全面审查,尤其是要关注案卷中可能证明被追诉人无罪的证据,对证据不足的案件要依法作出存疑不起诉的决定,而不能说服甚至强迫辩方接受认罪协商。

第二,检察官的客观公正立场让平等协商具备可能。如前所述,在我国当前的体制下,检察官的地位优势和能力优势是十分明显的,如果检察官在诉讼中一味地追求对被追诉人入罪甚至严惩,检察官必然会利用自己的地位或能力优势压迫被追诉人,如此一来,控辩失衡就会更加严重,认罪认罚制度甚至会被异化为压制被追诉人认罪的手段。唯有检察官秉持客观公正立场,对强

---

① 贾宇:《检察官客观公正立场的理论彰显和自觉实践》,《人民检察》2021 年第 18 期。
② 贾宇:《检察官客观公正立场的理论彰显和自觉实践》,《人民检察》2021 年第 18 期。

烈的控诉欲望进行自我抑制,才有可能心平气和对待辩方,平等的对话和沟通才有可能实现,也只有如此,检察官才能够认真听取和考虑接受辩方意见并适时调整自己的量刑建议,从而使协商合意具有实质性。

第三,检察官的客观公正立场是被追诉人自愿认罪认罚的重要保障。一方面,当检察官立足客观公正立场时,他会自我抑制公权力的强权因素,不会对被追诉人形成强制和压迫,使被追诉人能够在轻松的、完全自由的环境下做出遵从内心真实意愿的选择。另一方面,也是最重要的一点,当检察官秉持客观公正立场时,他会主动履行客观义务,比如及时告知案件信息、及时对被追诉人做不利境况的提醒、向辩方全面开示证据等,这些行为能够有效帮助被追诉人全面认识案件事实,准确判定行为性质和预估行为后果,最终做出明智的选择和决定。

第四,检察官的客观公正立场能有效保障协商协议确定力实现,保护被追诉人的信赖利益。认罪认罚具结书虽然只是被追诉人一方签字确认,但它总归是一种协商合意的书面确认,可以认为是协商达成的协议,被追诉人在签署具结书之后,会对具结书产生契约法意义上的信赖利益,基于检察院的国家机关性质,被追诉人会十分笃定法院会按照具结书的内容出具判决(一般情况下,人们对国家机关有着比其他主体更为强烈的天然信任感)。如果量刑建议被法院否定,则意味着被追诉人的信赖利益落空。这种情况下,检察官基于客观义务可以采取对被追诉人有利的措施(比如提起抗诉),从而使法院尽可能地采纳量刑建议,使被追诉人的协议利益能够得到实现。

《检察官法》将客观义务上升为客观公正立场并写入法律为强化检察官客观义务提供了契机,检察系统应当抓住机会,在所有检察官中开展教育以帮助检察官树立客观主义观念,坚定客观公正立场,在认罪认罚协商中真正成为"法律的守护人"。

三、协商"筹码"的供给增补：
科学配置检察裁量权①

针对控辩双方用以协商的"筹码"有限进而导致协商"内驱力"不足的问题,前文已经提到废除刑事诉讼法第 120 条关于如实回答义务的规定,有限度地承认被追诉人的沉默权以及提升普通程序复杂度,以增加辩方协商"筹码"供给,因此这里只讨论检察裁量权的扩充问题,适度扩充检察裁量权,既是补充控方"协商筹码"的需要,也是检察机关参与犯罪治理的需要。

通过审视我国认罪认罚从宽制度在实践中的运行,我们可以发现,在协商性司法范式的实践过程中,检察裁量权发挥着十分重要的作用,它既是控方参与协商的"筹码",又是辩方参加协商的"驱动力",在我国的认罪认罚协商中还是检察机关发挥主导作用、实现审前程序分流的最重要手段。本文第七章已经分析了我国检察裁量权配置存在的不足,此处将专门讨论在认罪认罚协商背景下我国检察裁量权的科学配置思路。

（一）重塑公诉案件的起诉标准

我国刑事诉讼法对检察机关提起公诉的标准规定在第 176 条。根据该条,检察官在审查案件是否足以提起公诉时有两个判断维度:证据是否达到认定被追诉人构成犯罪的标准即证据的充分性;是否需要追究刑事责任即追责的必要性。显然,我国检察官在做出起诉决定时是不需要考虑提起公诉是否符合公共利益以及是否符合诉讼经济要求的。在过去我们习惯于通过刑罚适用来达到社会一般预防目的的背景下,只要达到标准就提起公诉是有必要的,时至今日,刑法的功能已经从注重一般预防转向特殊预防,犯罪治理手段更加多

---

① 该部分的部分内容作者已经撰写《检察裁量权的再配置——在"认罪认罚从宽"背景下展开》一文发表在《苏州大学学报（哲学社会科学版）》2020 年第 6 期。

元化,审判应当不再是治理犯罪的唯一路径,加之当前我国面临的"案多人少"矛盾日趋尖锐,在司法资源有限的情况下,对犯罪的治理也需要做"投入产出率"的权衡。

在刑法进入轻罪时代的背景下,"有犯罪不一定必须有审判"的观点已经被世界各国普遍接受,我国亦有必要对刑事案件的公诉标准进行重塑,公共利益和投入产出比应该成为检察官提起公诉时的考量因素。我国对可以起诉标准进行重塑,增加公共利益标准和起诉必要性标准,规定检察官在审查起诉时,除了审查案件事实是否清楚、证据是否充分、被追诉人是否应当承担刑事责任,还应当审查起诉是否符合公共利益需要,以及审判是否是处理案件的最好方式,本书认为可以将以下情形作为考量因素:(1)非刑事化处理比刑罚更能有效地解决问题,例如采取较轻的纪律、行政、民事处罚;(2)犯罪后果轻微或无损害性后果,诉诸刑诉显著过重,对被告人不公平且浪费公共资源;(3)综合考虑全案情况,对未成年人、老年人、健康欠佳者、积极赔偿人、初次犯罪者等采取刑罚处罚并无十分必要;(4)提起诉讼将与维护安全、和平与秩序的法治愿望相违背;(5)起诉将损害已获得赔偿的被害人利益。

(二)适度放大检察官的不起诉裁量权并简化适用程序

刑事诉讼法虽然在1996年接受起诉便宜主义赋予检察官对轻微刑事案件享有起诉裁量权,但裁量不起诉的适用范围非常窄,不仅裁量不起诉被严格控制在情节十分轻微的案件中,而且适用程序还非常烦琐,同时裁量不起诉又受到各种监督制约,以致司法实践中裁量不起诉权几乎处于"冻结"状态,检察官普遍不敢用、不愿用、不会用裁量不起诉。[①]

在认罪认罚协商中,对轻、微犯罪的被追诉人仅仅给予量刑从宽有时候并不具备吸引力,尤其是被追诉人的情节本就十分轻微、基本刑很低的案件。当

---

① 童建明:《论不起诉权的合理适用》,《中国刑事法杂志》2019年第4期。

然，如果只是从惩罚犯罪的角度考虑，我们并不特别需要被追诉人认罪，但从化解矛盾、修复社会的角度也就是恢复性司法的目标出发，被追诉人认罪认罚具有特别重要的意义。以司法实践中发生最多、最常见的轻伤害案件为例，这类案件通常发生在熟人比如邻居、亲戚、朋友之间，而且一般都由日常生活琐事引发，犯罪行为人通常出于一时冲动而实施犯罪，主观恶性较低，社会危害性亦较小。且这类案件的被害人并不十分追求重判被追诉人的结果，他最主要的诉求往往是弥补自己的经济损失和精神损害，相对于让被追诉人承担刑事责任，他更希望得到赔偿和赔礼道歉。但站在被追诉人的立场，如果赔偿和道歉后仍然要承担刑事责任且刑罚并没有十分明显的降低，认罪认罚没有"红利"，被追诉人可能更愿意选择接受正式审判，尤其是在经济条件不佳的情况下，被追诉人不会努力去赔偿被害人的损失，结果是被追诉人被判处刑罚，国家法律的权威性虽然得以实现，但被害人的损害没有修复，社会矛盾仍然存在并且可能引发新的纠纷。

将裁量不起诉扩大适用可以有效解决这种困境，对这类案件，检察机关可以通过被追诉人协商，如果他认罪认罚并赔偿被害人的损失，获得谅解，可以对其不予起诉，不追究刑事责任。对大部分人而言，如果积极地修复犯罪后果能够免除刑事责任都会选择积极寻求和解、认罪认罚。从这个意义上讲，扩大裁量不起诉是推动认罪认罚协商在轻微犯罪案件中适用的最有力措施，因此本文认为可以将裁量不起诉的适用范围扩大至所有轻罪案件。对法定刑在三年有期徒刑以下的犯罪，人民检察院可以综合评估犯罪嫌疑人的社会危险性、再犯可能性以及认罪认罚态度，甚至起诉是否符合公共利益需要，依法裁量决定是否起诉。

另一方面，从简化程序的角度将裁量不起诉决定权下放给员额检察官，由员额检察官自行做出决定，为防止权力滥用，推行适用检察听证制度逐步实现对裁量不起诉决定程序的诉讼化改造。裁量不起诉权的下放可分两步来完成：第一步是限缩提交领导审批及检委会研究的案件比例及范围，规定一般情形下,检察官可以自行做出不起诉决定,检察官对是否做出裁量不起诉存有疑问,或者案件社会关注度较高的才提交检察长决定或检察委员会讨论决定。第二步是全面放开,所有的裁量不起诉均由检察官自行做出决定。为防止检察官滥用裁量权,同时也为分担检察官在做出不起诉决定中面临的职业风险,可以将公开听证常规化,并做诉讼化改造。笔者认为需要对《人民检察院审查案件听证工作规定》(下文简称《听证工作规定》)做如下修改:(1)放宽裁量不起诉召开听证会的条件,规定符合两种情况就可以召开听证会:第一,承办检察官将案件提交检察官会议讨论时出现分歧、不能达成一致意见的;第二,犯罪嫌疑人及其辩护人提出正当理由请求适用裁量不起诉并申请召开听证会的。(2)规定听证以言辞方式进行,赋予犯罪嫌疑人及其辩护人参加听证会并充分表达自己意见的权利,一方面能够让听证员充分听取当事人的意见,另一方面也有利于听证员及承办检察官全面评估犯罪嫌疑人的社会危险性和再犯可能性。(3)规定裁量不起诉的听证会应当有七名听证员参加,并赋予听证决定一定的确定力。听证员在一定程度上能够代表民意,人数越多代表民意越广泛,认为对裁量不起诉案件应当一律由七人听证员听证。听证会结束后,听证员在承办检察官不在场的情况下立即展开讨论,经讨论一致决定适用裁量不起诉检察机关应当做出不起诉决定;听证员的多数意见为裁量不起诉的,检察机关一般应当采纳听证意见,不采纳意见的可以在报检察长同意后做出决定。[①]

(三)扩大附条件不起诉的适用

在第九章对审判外协商程序进行探索时,已经就扩大附条件不起诉制度的适用做出较为详细的阐述,扩大附条件不起诉制度的适用既是建立审判外协商程序的一种探索,也是扩大检察裁量权的路径之一,附条件不起诉无疑给

[①] 贺江华:《裁量不起诉权激活路径研究——基于 H 省 Y 市调研数据》,《三峡大学学报(哲学社会科学版)》2021 年第 6 期。

检察机关处理案件增加了一种选择，由于之前已有论述，在此不再赘述。

（四）赋予检察机关有限的选择起诉权

作为行使起诉裁量权的另一种形式，应当允许检察官选择性起诉（亦可表述为选择性不起诉）。所谓选择起诉是指检察官有权在起诉时依据法律和职权决定何人、何行为应当被起诉或不起诉的活动，包括对犯罪人的选择和对犯罪行为的选择。允许检察官对案件选择起诉是分流刑事案件的重要手段，在实行起诉便宜原则的国家，都允许检察官在何人、何行为应否起诉问题上自由裁量。

选择起诉是检察裁量权在数个犯罪人或数个犯罪行为中的区别运用，具有科学性和合理性。在共同犯罪中，不同地位的犯罪行为人，社会危险性和再犯可能性不同，认罪认罚态度也不同，应当允许检察机关以犯罪人的主客观情况为基础，综合考虑惩罚犯罪和预防犯罪，适当考虑诉讼效率和经济，对不同的被追诉人做出起诉与否的不同决定。另外，在一人犯数罪的情形中，也应当允许检察机关选择罪行起诉，比如可以选择重罪起诉，放弃轻罪。刑事诉讼法第182条规定经过核准"可以对涉嫌数罪中的一项或者多项不起诉"，实质上是在特定案件中赋予检察院选择起诉的权力。① 选择起诉也是污点证人制度存在的前提和基础。

四、轻松协商环境的营造：
被害人救助制度之完善

被害人权利保障一直是认罪认罚从宽制度推进中的一个矛盾点，《指导意见》第16条规定办理认罪认罚案件要听取被害人的意见，第18条又规定被

---

① 贺江华：《检察裁量权的再配置——在"认罪认罚从宽"背景下展开》，《苏州大学学报（哲学社会科学版）》2021年第6期。

害方不同意对被追诉人从宽处理的不影响适用。将两条规定结合起来就是在认罪认罚协商中,被害人有权利表达意见,但他的意见不影响协商的开展。这一规定不仅不能起到保障被害人权利的作用,反而会激化被害人的不满。认罪认罚协商中,由于被害人和被追诉人利益的对立性,法律对二者很难兼顾,过于注重被害人的利益保护则会损害被追诉人认罪认罚的积极性,过于注重被追诉人认罪认罚利益实现又会导致被害人的利益受损。平衡二者的有效路径莫过于国家担负起对被害人受到伤害的修复责任,从制度上主要表现为建立完善的被害人救助制度。

（一）被害人救助制度对认罪认罚协商的重要意义

前文提到,协商性司法和恢复性司法是手段与目的的关系,协商性司法含有修复社会关系的应有之义,认罪认罚协商也应当是一个平复社会矛盾的过程。犯罪引发的矛盾体现在两个方面:一是正常社会秩序被破坏,国家与犯罪行为人之间基于刑罚的适用产生冲突;二是被害人正当权益被损害而与加害人之间形成对立。① 两个矛盾都得到解决才能认为修复性正义得到了实现。

认罪认罚协商如果仅仅只是在控辩双方之间进行,只关注国家刑罚权的实现而忽视被害人利益诉求,忽视对被害人的修复,司法过程对受损社会关系的修复功能不仅没有完全实现,反而给被害人造成二次伤害,协商的正当性大打折扣。因此,无论是对抗式司法还是协商性司法都应当关注被害人的利益保障问题,而且在协商性司法中,由于被害人本身也是司法结果的利害关系人,他应该参与协商中并有权以自己的意见去影响协商的结果。

在具备足够能力的情况下,被追诉人往往能够通过努力,比如充足的经济赔偿、真诚的赔礼道歉等求得被害人的谅解,使被害人转而成为被追诉人与控

---

① 贺江华:《再论以检察院为中心刑事被害方救助机制之构建——以台湾地区被害人保护制度为启示》,《湖北民族学院学报(哲学社会科学版)》2017 年第 3 期。

方协商的配合者。但在很多情况下,由于被追诉人的能力有限,或者不具备充分的经济赔偿能力,或者没有人愿意替他在被害人处斡旋(在被追诉人被羁押的情况下,往往是亲属向被害人表达道歉、赔偿的愿望),他就无法得到被害人的配合,甚至被害人会十分强烈地反对检察机关提出的对被追诉人从宽处罚的建议。这就导致了一种不公平,不同的被追诉人会因为经济原因、家庭原因、社会地位等在认罪认罚协商中面临不同的待遇,同时对被害人也不公平,因为他们被侵害后的创伤能否得到修复完全取决于"有没有好的运气遇到一个有能力的被追诉人"。

实行被害人救助能够矫正这些不公平。被害人救助制度是让国家承担起对被害人的修复责任,任何被害人受到任何人的犯罪损害,只要符合救助条件就能够得到同样的国家救助,被害人的损伤能够得到同等的修复。当被害人的损伤都能得到同等修复时,即使这种修复不是来自被追诉人,他对被追诉人的敌对情绪亦会缓解。因此,被害人救助制度对认罪认罚协商的最大价值在于它能够为协商提供一个宽松的外部环境,通过国家担负起一定的责任,让时而配合协商时而反对协商的被害人退出协商过程,使认罪认罚协商完全处于一种控辩双方"就事论事"的轻松氛围当中,有利于"协商合意"的有效达成。

(二) 我国当前被害人救助制度的不足

早在 2004 年,我国就展开对刑事被害人救助的探索,2009 年最高人民法院公布《人民法院第三个五年改革纲要(2009—2013)》提出将建立刑事被害人救助制度,同年中央政法委联合八部委发布《关于开展刑事被害人救助工作的若干意见》,2014 年发布《关于建立完善国家司法救助制度的意见(试行)》(下文简称《救助意见》)。①

从这些文件的规定,结合司法实践观察,当前我国的被害人救助存在的不

---

① 贺江华:《检察视角下刑事被害方救助机制研究》,《江南论坛》2011 年第 9 期。

足主要包括：

1. 对被害人救助只是国家的辅助性责任。依据法律,刑事被害人获得赔偿的渠道首先是提起刑事附带民事诉讼或者借助刑事和解,只有在无法通过诉讼获得有效赔偿时才能够申请国家救助。这也就意味着,国家的救助只是辅助性和补充性的,对国家救助刑事被害人的原因,理论界基本一致认为因为国家不允许公民携带武器防备犯罪攻击,因此,国家对其国民负有防止犯罪发生、保护人身和财产安全的责任。在发生犯罪致使公民遭受损害的情况下,国家因"未能给国民提供安全的生存环境",应对其损失给予补偿。因此,国家应该是补偿的责任主体,而不是弥补被追诉人赔偿能力不足的"后备军"。①

2. 救助金数额偏低且审批流程复杂。《救助意见》没有规定救助金的下限,只规定上限为上一年度职工月平均工资的 36 倍,并要经过严格的审批流程,而且具有相对滞后性。同时,将救助义务完全下放到地方,导致资金来源缺乏稳定保障,地区间差异过大,在少数财政困难地区救助基金形同虚设。

3. 救助形式单一。尽管《救助意见》规定支付救助金是主要方式,还应当与心理治疗、社工帮助等多种方式相结合,但实践中还是主要表现为金钱救助,导致被害人的心理伤害以及社会评价缺损等无法修复。

4. 缺少专门的救助机关。我国既没有专门针对被害人的救助机关,也没有相关的社会公益组织,《救助意见》将救助的责任赋予办案机关,作为办案机关的一种附随义务存在。由于刑事案件是在公、检、法三机关之间流转,办案机关不断发生着变化,结果就出现"人人都管,人人都不管"的局面,导致被害人求助无门。

（三）以检察院为中心建立完善的被害人救助机制

确立专门救助机关将责任归口是当前完善被害人救助制度首先要解决的

---

① 贺江华：《再论以检察院为中心刑事被害方救助机制之构建——以台湾地区被害人保护制度为启示》,《湖北民族学院学报(哲学社会科学版)》2017 年第 3 期。

问题,结合刑事案件的特点以及我国机构改革现状,将检察院设置为救助被害人的专门机关是较为可行的方案。检察机关在刑事诉讼中参与流程最广,向前可以提前介入侦查,向后参与审判,参与案件的时间最长,也最容易全面掌握被害人情况,正确评估救助的必要性。监察体制改革让检察机关释放出一部分人力资源,可以实施救助工作。因此可以在人民检察院设立刑事被害人救助中心,专门负责与刑事案件被害方救助相关的工作,职责包括审查、发放救助金,对被害方进行心理辅导、审查司法援助申请等。

另外,还要对救助制度作如下完善:

1. 扩大救助的对象。救助对象不仅仅包括经济困难的刑事被害人,应当扩大到为遭受重伤尤其是致残的被害人;死亡被害人的近亲属;性犯罪的被害人;遭受一般侵害,但经济特别困难的被害人。

2. 完善救助金制度。设置不同类型的救助金,包括重伤救助金,救助对象为因犯罪导致重伤的被害人;遗属救助金,救助对象为死亡被害人的近亲属;性侵害救助金,救助对象为遭受性侵害的被害人。救助金的数额应当按照补足原则,根据刑事被害方的实际损害后果、家庭经济状况、收入状况、劳动力状况、维持最低生活水平必需的支出以及经济负担等确定。

3. 建立先行支付制度。在损害发生以后,救助中心可以先行垫付医药费、死亡被害人的丧葬费以及向生活陷入困境的被害人或其近亲属先行拨付生活费。

4. 拓宽救助金的来源。除了政府预算拨款,还可以将监狱开办企业产生利润的一部分用作被害人救济,同时也可以从被告人支付的罚金、没收的赃款赃物及违法所得中提取一部分,同时鼓励社会捐赠。

5. 完善其他救助形式。救助中心应当配备具备心理学专业知识的工作人员或借助心理医疗机构,为被害方提供心理救助,同时在就业、求学、诉讼等方面为其提供帮助。

（四）救助中心对认罪认罚协商的支持：赔偿代付制度

检察机关成立救助中心以后，一方面，可以在犯罪发生之后立即介入对被害人或其家属启动各种救助机制，比如心理干预、经济资助、生活安顿等，尽可能降低犯罪对被害方的"次层伤害"，降低被害方对被追诉人的仇恨以及"反社会"情绪。

为解决被追诉人愿意赔偿但暂时缺乏能力的问题，可以救助中心为依托建立赔偿代付制度。所谓赔偿代付制度，是指在刑事案件中，由于被追诉人的犯罪行为给被害人造成损失，被追诉人愿意赔偿但暂时不具备赔偿能力的，经其申请并承诺在一定期限内归还后，救助中心代为向被害人支付赔偿的制度。

赔偿代付的具体操作程序为：在认罪认罚协商启动以后，被追诉人通过真诚向被害人赔礼道歉，并承诺给予被害人一定的赔偿，被害人表示接受道歉、同意谅解被追诉人。但被追诉人因为经济困难暂时无法支付赔偿的，被追诉人或其近亲属可以向救助中心提出赔偿代付的申请，并制订明确的偿还计划，有条件可以提供担保，比如提供担保人、房产抵押等，救助中心经过审查，对自愿认罪认罚、真心悔改的被追诉人可以先行代为向被害人支付赔偿金，之后再由被追诉人或其近亲属向救助中心还款。

赔偿代付制度类似于银行贷款，相当于给被追诉人提供了一个分期付款的机会，但它的适用要受到严格的条件限制，一般只适用于被追诉人的处罚较轻、能在较短时间内回归社会的案件。

认罪认罚从宽制度框架下的

未竟篇

协商程序之构建

第十二章　设立刑事预审程序之构想

行文至此,对认罪认罚从宽制度的探讨也接近尾声,整篇论文的完成过程中,笔者脑海里一直困扰着一个问题:在认罪认罚从宽制度框架下,中国式的协商程序究竟应当如何构建? 在对抗性司法中,已经公认没有审判程序的刑事诉讼是不公正的,同理,在协商性司法中,没有协商程序的刑事诉讼也应当是不公正的。无论是"可协商性"目标的实现,还是"当事人最低限度参与"的保障,协商性程序都是控辩双方开展协商必需的平台和载体,没有这个程序载体,协商始终缺乏达致司法公正的形式外观,因此完善我国的认罪认罚从宽制度必须解决的一个问题就是构建认罪认罚协商程序。

然而笔者发现了这个问题,却因为时间和水平限制,一直没有办法思路清晰地解决这个问题。在我国这样的刑事司法体系下,究竟设计一个什么样的程序既能保证控辩双方展开协商,又不影响刑事司法的效率提升,笔者认为是一个难题,因此作为本文未竟的篇章,本章将这个问题提出来,以期引起更多学者关注和思考。本文仅仅延续第八章的思路,就刑事预审程序的构建略作探讨。

一、刑事预审程序的概念界定

应当说,我国刑事诉讼有所谓刑事预审程序,但它是在侦查环节处理案件的一种程序。"预审"一词在我国刑事诉讼法中出现在第三条,在对刑事诉讼中的国家机关专门职权进行划分时,规定刑事案件的预审由公安机关行使。基于此,刑事预审在我国是指公安等侦查机关的专门人员,依法对犯罪嫌疑人进行讯问和调查,以查明案件全部事实真相,决定是否移送审查起诉或者作出其他决定的侦查活动。① 这种预审发生在侦查阶段,预审的主体是以公安机关为主的侦查机关,其功能主要是收集和审核证据、审讯犯罪嫌疑人、终结侦查和准备公诉、监督侦查以及保障人权。②

我国的预审概念与国际通行的"预审"有很大差异。预审程序最早出现在 1808 年法国刑事诉讼法中,当时的法国刑事诉讼仍然采用的是纠问式诉讼程序,法官可依职权主动调查案件,兼具侦查权和审判权,这遭到启蒙思想家的猛烈批评,之后法国进行改革对法官职权予以明确,规定预审权由预审法官行使,审判权由审判法庭负责。③ 最初预审程序在法国发挥的主要是查清事实以保证顺利惩罚犯罪,但随着司法公开化和民主化改革的开展,法国分别于 1959 年、1993 年、2000 年和 2007 年对预审制度进行了四次改革,④时至今日该制度的主要功能已经转变为查明起诉是否成立以保证被追诉人免受毫无根据的审判。这项制度后来被英美国家借鉴,英国法律规定凡可诉罪,无论以简易程序还是以起诉程序进行审判必须进行预审,预审由治安法官负责,目的是审查起诉证据是否充分,若证据不足以定罪就应当撤销案件并释放被告人。美国的预审程序与英国大体相同,且更注重对被追诉人权利的保障。⑤ 可见,在世界其他主要国家,刑事诉讼中的预审都是指法院在正式开庭审判前对案

---

① 洪浩:《从"侦查权"到"审查权"——我国刑事预审制度改革的一种进路》,《法律科学(西北政法大学学报)》2018 年第 1 期。

② 洪浩:《从"侦查权"到"审查权"——我国刑事预审制度改革的一种进路》,《法律科学(西北政法大学学报)》2018 年第 1 期。

③ 洪浩、罗晖:《法国刑事预审制度的改革及其启示》,《法商研究》2014 年第 6 期。

④ 张晶:《法国预审制度在司法改革中的角色变迁》,《铁道警察学院学报》2019 年第 4 期。

⑤ 杨金山:《预审制度辨异》,《当代法学》1988 年第 2 期。

件进行预备性审查，①预审程序位于起诉以后正式审判开始以前，预审主体是法官，目的是查明起诉是否正确，以避免无辜公民陷入错误审判。因此，本文所称的预审程序是指这种意义上的预审程序，而不是我国刑事诉讼法中的预审。

二、预审程序的设置理由

本书提出设置类似世界主要国家的刑事预审程序，并不是盲目地因为其他国家有，所以我们就应当设置，而是在以审判为中心诉讼制度改革和认罪认罚从宽制度背景下，设置审判前刑事预审程序确实具有必要性。

首先，提升普通程序的"精细化"需要设置预审程序。

在本书第八章已经讨论了普通程序的精细化的必要性，它既是在一般案件中实现证据裁判的需要，也是推进认罪认罚从宽制度的需要。普通程序的精细化需要设置程序之诉，需要为审前侦查机关的违法行为提供司法审查的渠道，也需要为审判合法性提供审查载体。基于此，本书第八章提出构建审前预审程序来承载程序违法的司法救济功能，在审前程序中对警察取证行为的合法性和开启审判的合法性进行审查。

其次，预审程序可以承载认罪认罚协商程序。

因为法律没有规定协商程序导致我国认罪认罚从宽制度在推行中始终缺少一个控辩协商的形式载体。"协商"一词的当然理解是参与主体面对面的对话和沟通，应当以言辞方式开展，但当前我国司法实践中所谓的协商大多是以书面形式开展的。虽然法律规定被追诉人表示愿意认罪认罚的，检察机关要听取辩方意见，按这个规定"听取"应当是当面以言辞的方式进行，但由于法律并没有作出明确规定，亦没有规定"听取"意见后要即刻做出回应，因此

---

① 杨金山：《预审制度辨异》，《当代法学》1988 年第 2 期。

很多检察官都按照传统的办案模式要求辩护（值班）律师提交书面意见，将"听取"意见转换为"阅读辩护词"，协商实际上以书面形式进行，很难保证充分性和相互妥协性。

当然，以认罪认罚协商需要设置协商程序来论证设置预审程序的必要性显然理由并不充分，因为在审查起诉阶段也可以设置协商程序。但笔者的看法是，基于刑事案件分类处理程序构建之后，应当区分不同的案件设置协商程序，轻罪、微罪的协商程序可以设置在侦查（污点证人协商）、审查起诉阶段，但对重罪案件，由于笔者主张在这类案件中主要的追求依然是司法公正，因此应当将协商程序设置在审判环节。

将重罪案件的协商程序设置在审判环节具有以下优点：

第一，保证重罪案件中控辩双方充分对话和沟通，这是所有协商程序的功能，就不赘述。

第二，在重罪案件中强化司法对案件的审查以确保司法公正。法官在认罪认罚中究竟应当扮演什么角色，是"协商合意"的确认者，还是公正司法的审查者，这个问题在当前认罪认罚从宽制度适用中始终是一个困扰。过于强调司法审查会导致认罪认罚案件与普通案件办理没有任何区别，提审诉讼效率的功能得不到实现，如果只是确认"协商合意"又无法保证司法公正，制度设计进入"两难"。笔者依然延续类型化处理的思路，在不同类型的案件中法官扮演不同的角色，在轻、微犯罪案件中追求诉讼效率，因此法官的身份是"协商合意"的确认者，侧重于协商自愿性审查；在重罪案件中追求司法公正，法官的身份依然是公正司法的审查者，侧重于案件裁判正确的审查，将重罪案件的协商程序设置在预审阶段由法官主持能够有效保障这一功能实现。

第三，有利于提升"协商合意"对裁判的约束力。"法院一般应当采纳量刑建议"的规定在当前认罪认罚从宽制度适用中引发种种纷争，说到底是"协商合意"对裁判缺乏约束力，其负面作用在本书第七章已经做过论述。法院不愿意采纳量刑建议，一方面是出于捍卫裁判权，另一个十分重要的原因是法官没有参与量刑建议形成的过程,对检察官的结论是否正确存有异议或疑虑,前者是"不放权",后者是"不放心",设置预审程序可以有效解决这两个问题。首先,协商在法官主持下进行,"协商合意"在其权力影响下进行,意味着法官依然行使了一定程度的裁判权。其次,法官参与了协商,了解了"协商合意"形成过程及理由,对量刑建议自然也就不再有疑虑而愿意采纳。但这种思路有一个问题就是,预审程序和审判程序如何协调,如何防止预审程序取代审判程序? 笔者对这一点没有清晰的思考,暂且作为一个未竟的问题搁置。

三、预审程序的设置构想

(一) 适用范围

不是所有案件都必须经过预审。预审程序适用两类案件:适用普通程序审理的案件和被追诉人愿意认罪认罚的重罪案件。认罪认罚的轻微犯罪案件不需要经过预审,由法院直接开庭确认协商合意。

两类案件的预审程序承担功能的不同。在普通程序中,设置预审程序后,现行法律规定的庭前会议功能可以纳入预审程序,主要承担以下功能:第一,整理控辩双方存在争议的焦点问题;第二,进行必要的庭审准备工作;第三,解决程序性争议问题,[①]尤其是解决侦查取证的合法性和审判启动的合法性争议,即进行非法证据排除审查和管辖异议审查。在认罪认罚案件中,预审程序主要是主持控辩双方展开协商。

(二) 组织形式

预审程序由预审法官主持进行。在法院内部均设立独立的刑事预审法庭

---

① 　陈瑞华:《刑事诉讼法》,北京大学出版社 2021 年版,第 422 页。

专门负责刑事预审,预审法庭与审判法庭均应属于刑事业务庭,相互之间没有隶属关系,[1]预审法官属于预审法庭,不能参与审判法庭的工作,审判法官亦不得参与预审。

预审程序一般由预审法官独任审理,但依据普通程序审理的案件,如果辩方提出非法证据排除动议的,应当组成合议庭进行审理。

(三) 审理过程

1. 普通程序。普通程序的预审程序由公诉人和辩护人参加,被追诉人亦可以参加预审。预审由双方以言辞方式开展,一般情况下,预审程序的审查范围为当前我国刑事诉讼法规定的庭前会议的审查范围。[2] 如果预审程序中辩方提出非法证据排除申请或管辖权异议申请,预审法官作出裁决后,被追诉人不服可以提出上诉,上诉结束后案件才能进入正式审判程序。

2. 认罪认罚协商程序。在重罪案件中,被追诉人愿意认罪认罚的,公诉人向法院起诉时告知这一信息,法院启动预审程序,控辩双方展开协商,协商由法官主持进行,必须有辩护(值班)律师参加。在协商中,控方应当向辩方展示和说明证据,如果辩方认为不需要可以不展示。

在协商过程中法官要注意审查指控犯罪事实是否清楚、证据是否充分,被追诉人是否自愿认罪认罚,协商之后就被追诉人的定罪量刑问题达成一致意见的,由法庭记入笔录,后被追诉人签署书面的《认罪认罚具结书》。如果协商不成,则案件进入正式审判程序。

---

① 洪浩:《从"侦查权"到"审查权"——我国刑事预审制度改革的一种进路》,《法律科学(西北政法大学学报)》2018年第1期。

② 根据最高人民法院司法解释,庭前会议围绕以下问题开展:(一)是否对案件管辖有异议;(二)是否申请有关人员回避;(三)是否申请调取在侦查、审查起诉期间公安机关、人民检察院收集但未随案移送的证明被告人无罪或者罪轻的证据材料;(四)是否提供新的证据;(五)是否对出庭证人、鉴定人、有专门知识的人的名单有异议;(六)是否申请排除非法证据;(七)是否申请不公开审理;(八)与审判相关的其他问题。

关于预审协商达成合意的案件下一步如何处理,笔者认为可以尝试进一步区分,对量刑在十年有期徒刑以下的案件进入审判法庭按照速裁程序处理,对量刑在十年有期徒刑以上、无期徒刑或死刑案件,协商达成合意后,案件依然进入审判法庭按照简易程序进行审理。当然,这些构想都只是笔者的初步思路,需要进一步科学论证。

参 考 文 献

一、著作类

《世界各国刑事诉讼法》编辑委员会:《世界各国刑事诉讼法(欧洲卷·上)》,中国检察出版社 2016 年版。

《世界各国刑事诉讼法》编辑委员会:《世界各国刑事诉讼法(欧洲卷·下)》,中国检察出版社 2016 年版。

蔡国芹:《刑事调解制度研究》,中国人民公安大学出版社 2010 年版。

陈家刚:《协商民主》,上海三联书店 2004 年版。

陈家刚:《协商民主与国家治理——中国深化改革的新路向新解读》,中央编译出版社 2014 年版。

陈金钊:《司法的、方法与和谐社会的建构》,北京大学出版社 2009 年版。

陈瑞华:《刑事辩护的艺术》,北京大学出版社 2018 年版。

陈瑞华:《刑事诉讼的中国模式》,法律出版社 2018 年版。

陈瑞华:《刑事程序的法理(上、下卷)》,商务印书馆 2021 年版。

陈瑞华:《刑事诉讼法》,北京大学出版社 2021 年版。

陈瑞华:《企业合规基本原理》,法律出版社 2022 年版。

陈瑞华:《有效合规的中国经验》,北京大学出版社 2023 年版。

陈业宏、唐鸣:《中外司法制度的比较(上、下册)》,商务印书馆 2015 年版。

段厚省:《司法的困惑:程序的双重张力》,中国法制出版社 2018 年版。

樊崇义:《诉讼原理》,法律出版社 2009 年版。

范愉:《多元化纠纷解决机制与和谐社会的构建》,经济科学出版社 2011 年版。

何家弘、李学军：《美国刑事诉讼规则》，中国检察出版社 2003 年版。

何荣功：《刑法与现代社会治理》，法律出版社 2020 年版。

胡婧：《刑事审判程序分流研究》，中国社会科学出版社 2019 年版。

胡铭：《认罪认罚从宽制度的实践逻辑》，浙江大学出版社 2020 年版。

胡云腾、董彦斌：《司法改革》，社会科学文献出版社 2016 年版。

胡云腾：《认罪认罚从宽制度的理解与适用》，人民法院出版社 2018 年版。

江必新、程琥：《国家治理现代化与公正司法》，中国法制出版社 2015 年版。

江必新、程琥：《国家治理现代化与依法执政》，中国法制出版社 2016 年版。

江必新、鞠成伟：《国家治理现代化比较研究》，中国法制出版社 2016 年版。

江必新、刘伟：《国家治理现代化与社会主义核心价值体系》，中国法制出版社 2015 年版。

江必新、王红霞：《国家治理现代化与社会治理》，中国法制出版社 2016 年版。

江必新、王红霞：《国家治理现代化与制度构建》，中国法制出版社 2016 年版。

江必新：《国家治理现代化与法治中国建设》，中国法制出版社 2016 年版。

江必新：《国家治理现代化与行政法治》，中国法制出版社 2016 年版。

江国华：《常识与理性：走向实践主义的司法哲学》，生活·读书·新知三联书店 2017 年版。

兰跃军：《以审判为中心的刑事诉讼制度改革》，社会科学文献出版社 2019 年版。

李拥军：《司法的普遍原理与中国经验》，北京大学出版社 2019 年版。

刘全娥：《陕甘宁边区司法改革与"政法传统"的形成》，人民出版社 2016 年版。

龙宗智：《检察官客观义务论》，法律出版社 2014 年版。

罗豪才等：《软法与协商民主》，北京大学出版社 2007 年版。

马克思主义理论研究和建设工程重点教材《刑事诉讼法学》编写组：《刑事诉讼法学（第三版）》，高等教育出版社 2019 年版。

马明亮：《协商性司法——一种新程序主义理念》，法律出版社 2007 年版。

马啸晨：《刑事程序分流机制的中国模式及构建研究》，中国政法大学出版社 2019 年版。

潘申明、刘浪、周耀凤：《量刑建议：前言理论与实践技能》，中国检察出版社 2016 年版。

屈文生：《普通法令状制度研究》，商务印书馆 2011 年版。

施鹏鹏：《现代刑事诉讼模式对话与冲突》，中国政法大学出版社 2021 年版。

侣化强：《形式与神韵：基督教良心与宪政、刑事诉讼》，上海三联出版社 2012

年版。

宋世杰：《外国刑事诉讼法比较研究》，中国法制出版社 2006 年版。

苏力：《法治及其本土资源（第三版）》，北京大学出版社 2015 年版。

孙道萃：《认罪认罚从宽制度研究》，中国政法大学出版社 2020 年版。

孙谦：《司法机构与司法制度》，中国检察出版社 2013 年版。

孙谦：《刑事起诉制度（外国刑事诉讼有关规定）》，中国检察出版社 2017 年版。

孙长永：《探索正当程序——比较刑事诉讼法专论》，中国法制出版社 2005 年版。

王海明：《新正义论——国家制度与国家治理价值标准体系》，商务印书馆 2022 年版。

王兆鹏：《美国刑事诉讼法》，北京大学出版社 2005 年版。

魏晓娜：《背叛程序正义：协商性刑事司法研究》，法律出版社 2014 年版。

吴建国：《中国回应型司法的理论逻辑与制度建构》，厦门大学出版社 2019 年版。

吴立志：《恢复性司法基本理念研究》，中国政法大学出版社 2012 年版。

武延平、刘根菊：《刑事诉讼法学参考资料汇编（上、中、下）》，北京大学出版社 2005 年版。

谢冬慧：《中国刑事审判制度的近代嬗变》，北京大学出版社 2012 年版。

熊秉元：《正义的效益》，东方出版社 2016 年版。

徐磊：《污点证人制度研究——以美国为蓝本兼及中国污点证人制度的构建》，中国人民公安大学出版社 2016 年版。

杨宝国：《公平正义观的历史·传承·发展》，学习出版社 2015 年版。

易延友：《沉默的自由》，中国政法出版社 2001 年版。

二、译著类

［奥］汉斯·凯尔森：《法与国家的一般理论》，王哲译，中国大百科全书出版社 1945 年版。

［德］恩斯特·康托洛维茨：《国王的两个身体——中世纪政治神学研究》，徐震宇译，上海社会科学院出版社 2020 年版。

［德］古斯塔夫·拉德布鲁赫：《法哲学入门》，雷磊译，商务印书馆 2019 年版。

［德］卡尔·拉伦茨：《法学方法论》，黄家镇译，商务印书馆 2020 年版。

［德］卡尔·施米特：《合法性与正当性》，冯克利、李秋零、朱雁冰译，上海人民出版社 2015 年版。

［法］阿德玛·埃斯梅因：《欧陆刑事诉讼史》，郭烁译，法律出版社 2023 年版。

［法］贝尔纳·布洛克:《法国刑事诉讼法》,罗结珍译,中国政法大学出版社 2009 年版。

［法］让·雅克·卢梭:《社会契约论》,何兆武译,商务印书馆 2017 年版。

［古希腊］柏拉图:《理想国》,张俊译,商务印书馆 1986 年版。

［美］艾伦·德肖维茨:《最好的辩护》,唐交东译,法律出版社 2014 年版。

［美］爱德华·S.考文:《司法审查的起源》,徐爽译,北京大学出版社 2015 年版。

［美］本杰明·卡多佐:《司法过程的性质》,苏力译,商务印书馆 1997 年版。

［美］彼得·德恩里科:《法的门前》,邓子滨译,北京大学出版社 2012 年版。

［美］戴维·J.博登海默:《公正的审判:美国历史上刑事被告人的权利》,杨明成、赖静译,商务印书馆 2009 年版。

［美］吉姆·佩特罗、南希·佩特罗:《冤案何以发生:导致冤假错案的八大司法迷信》,苑宁宁、陈效译,北京大学出版社 2012 年版。

［美］伦道夫·乔纳凯特:《美国陪审团制度》,屈文生、宋瑞峰、陆佳译,法律出版社 2013 年版。

［美］罗斯科·庞德:《美国刑事司法制度》,黄涛译,商务印书馆 2020 年版。

［美］门罗·弗里德曼:《对抗制度下的法律职业伦理》,吴洪淇译,中国人民大学出版社 2017 年版。

［美］压力山德拉·纳塔波夫:《无罪之罚——美国司法的不公正》,郭航译,上海人民出版社 2020 年版。

［美］虞平:《争鸣与思辨:刑事诉讼模式经典论文选摘》,郭志媛译,北京大学出版社 2012 年版。

［美］约·埃尔斯特:《协商民主:挑战与反思》,周艳辉译,中央编译出版社 2009 年版。

［美］约翰·罗尔斯:《正义论》,何怀宏、何包钢、廖申白,中国法制出版社 2001 年版。

［美］约翰·罗尔斯:《正义论》,徐震宇译,中国社会科学出版社 2018 年版。

［瑞士］萨拉·J.萨默斯:《公正审判》,朱奎彬、谢进杰译,中国政法大学出版社 2012 年版。

［英］丹宁勋爵:《法律的正当程序》,李克强、杨百揆、刘庸安译,法律出版社 2011 年版。

［英］格里·约翰斯通:《恢复性司法:理念、价值与争议》,郝方昉译,中国人民公安大学出版社 2011 年版。

[英]琳达·赫什曼:《温柔的正义》,郭烁译,中国法制出版社2018年版。

[英]麦高伟、切斯特·米尔斯基:《陪审制度与辩诉交易——一部真实的历史》,陈碧、王戈译,中国检察出版社2006年版。

[英]梅特兰:《普通法的诉讼形式》,王云霞等译,商务印书馆2015年版。

[英]萨达卡特·卡德里:《审判为什么不公平》,杨雄译,新星出版社2014年版。

三、外文文献

Carolyn M. Hendriks, André Bächtiger: *Deliberative Democracy in Practice*, Cambridge University Press, 2011.

Christian Hunold, Corporatism: *Pluralism and Democracy*: *Toward a Deliberative Theory of Bureau-cratic Accountabilit*, Governance: An International Journal of Policy and Administration. Vol. 14, No.2, Blackwell Publishers, 2001.

Christopher R. Drahozal: *Procedural Due Process*: *A Reference Guide to the United States Constitution*, Greenwood Publishing Group, 2004.

Christopher Slobgin: *Lessons from inquisitorialism*, Southern California law review. Vol. 87:699.

Cynthia Alkon: *Plea Bargaining as a Legal Transplant*: *A Good Idea for Troubled Criminal Justice Systems?* Transnational Law & Contemporay Problems. Vol.19:355.

Douglas Beloof: *The Rights of the Accused*: *The Justices and Criminal Justice*, Praeger, 1997.

Frank J. Remington, Douglas W. Vick: *The Plea Bargaining System*: *A Contemporary Critique*, University of Chicago Press, 1974.

Gary E. McCuen: *Restorative Justice*: *How It Works*, Thomson Wadsworth, 2005.

George Fisher: *Plea Bargaining's Triumph*: *A History of Plea Bargaining in America*, Stanford University Press, 2003.

Howard Zehr: *The Little Book of Restorative Justice*, Good Books, 2002.

James Bohman: *Deliberative Democracy*: *Essays on Reason and Politics*, MIT Press, 1996.

John Klofas, Alex Piquero, Stephanie Fahy: *The New Criminal Justice*: *American Communities and the Changing World of Crime Control*, Routledge Press, 2017.

John Wesley Hall Jr: *The Rights of the Accused under the Sixth Amendment*: *Trials, Presentation of Evidence, and Confrontation*, Thomson Reuters, 2013.

Ken Strutin: *Truth*, *Justice*, *and the American style Plea bargain*, Albany Law Review [Vol] 77. 3.

Lorraine Mazerolle, Elise Sargeant, Jacqueline Davis, Kenneth Polk: *Procedural Justice and Legitimacy in Policing*, Springer Publishing Company, 2012.

Lorraine StutzmanAmstutz, Judy H. Mullet: *Restorative Justice Today*: *Practical Applications*, SAGE Publications, Inc, 2005.

M. Krans: *The Criminal Trial in Law and Discourse*, Springer Publishing Company, 2008.

Mark S. Umbreit: *Restorative Justice Dialogue*: *An Essential Guide for Research and Practice*, Springer Publishing Company, 2015.

Mdiximo Langer: *Rethinking Plea Bargaining*: *The Practice and Reform of Prosecutorial Adjudication in American Criminal Procedure*, AM. J. CRIM. L. Vol.33: 3.

Richard J. Bonnie, Norman J. Finkel, John Monahan: *Criminal Trials and Mental Disorders*, The Guilford Press, 1997.

Richard Rorty, Martha C. Nussbaum: *Human Rights in Theory and Practice*, Princeton University Press, 2014.

Samantha Besson, José Luis Martí: *Deliberative Democracy and its Discontents*, Ashgate Publishing Ltd, 2006.

Scott H. Belshaw: *Plea Bargaining*: *The Experiences of Prosecutors*, *Judges*, *and Defense Attorneys*, SUNY Press, 1993.

Stephen C. Thaman: *Plea Bargaining in National and International Law*: *A Comparative Study*, Routledge, 2013.

Susan F. Mandiberg: *Why Sentencing by a Judge Satisfies the Right to Jury Trial*: *A Comparative Law Look at Blakely and Booker*, McGeorge Law Review. Vol. 40.

Talia Fisher: *The boundaries of plea bargaining*: *negotiating the standard of proof*, The Journal of criminal law & criminology. Vol.97, No. 4.

Tom R. Tyler, Yuen J. Huo, Steven L. Schulhofer: *Procedural Justice and the Fair Trial*: *A Cross-National Analysis*, Oxford University Press, 2005.

Tom R. Tyler: *Procedural Justice*: *A Psychological Analysis*, Lawrence Erlbaum Associates, 2006.

Tracie Egan: *Rights of the Accused*: *The American Legal System*, Greenhaven Publishing LLC, 2010.

William D. Forsyth：*Trial by Jury*：*The Seventh Amendment and Anglo-American Special Juries*，*Oxford University Press*，2019.

Young，Iris Marion：*Inclusion and Democracy*，Oxford：Oxford University Press，2000.

四、期刊论文

鲍文强：《认罪认罚案件中的证据开示制度》，《国家检察官学院学报》2020 年第 6 期。

卞建林：《排除非法证据的制度反思》，《当代法学》2023 年第 3 期。

蔡元培：《法律帮助实质化视野下值班律师诉讼权利研究》，《环球法律评论》2021 年第 2 期。

曹东：《论检察机关在认罪认罚从宽制度中的主导作用》，《中国刑事法杂志》2019 年第 3 期。

陈家刚：《协商民主：概念、要素与价值》，《中共天津市委党校学报》2005 年第 3 期。

陈岚：《论检察官的自由裁量权》，《中国法学》2000 年第 1 期。

陈瑞华：《意大利 1988 年刑事诉讼法典评析》，《政法论坛》1993 年第 5 期。

陈瑞华：《程序正义论——从刑事审判角度的分析》，《中外法学》1997 年第 2 期。

陈瑞华：《定罪与量刑的程序分离——中国刑事审判制度改革的另一种思路》，《法学》2008 年第 6 期。

陈瑞华：《留有余地的判决——一种值得反思的司法裁判方式》，《法学论坛》2010 年第 4 期。

陈瑞华：《"认罪认罚从宽"改革的理论反思——基于刑事速裁程序运行经验的考察》，《当代法学》2016 年第 4 期。

陈瑞华：《刑事诉讼的公力合作模式——量刑协商制度在中国的兴起》，《法学论坛》2019 年第 4 期。

陈瑞华：《论协商性的程序正义》，《比较法研究》2021 年第 1 期。

陈瑞华：《企业合规不起诉制度研究》，《中国刑事法杂志》2021 年第 1 期。

程衍：《论值班律师公设化》，《中国刑事法杂志》2023 年第 3 期。

董坤：《认罪认罚从宽中的特殊不起诉》，《法学研究》2019 年第 6 期。

杜磊：《论认罪认罚自愿性判断标准》，《政治与法律》2020 年第 6 期。

杜磊：《认罪认罚从宽制度适用中的职权性逻辑和协商性逻辑》，《中国法学》2020 年第 4 期。

方华堂:《关于完善公职律师制度的思考》,《中国司法》2021 年第 1 期。

冯果、段丙华:《公司法中的契约自由——以股权处分抑制条款为视角》,《中国社会科学》2017 年第 3 期。

高一飞:《陪审团的价值预设与实践障碍》,《北方法学》2018 年第 4 期。

顾永忠:《量刑协商须以控辩平等为基础》,《人民检察》2020 年第 16 期。

郭烁:《认罪认罚背景下屈从型自愿的防范——以确立供述失权规则为例》,《法商研究》2020 年第 6 期。

韩旭:《检察官客观义务的立法确立——对检察官法第五条的理解与适用》,《人民检察》2019 年第 15 期。

韩旭:《认罪认罚从宽制度中证据开示制度的构建》,《甘肃社会科学》2023 年第 3 期。

韩轶:《认罪认罚案件中的控审冲突及其调和》,《法商研究》2021 年第 2 期。

贺江华:《再论以检察院为中心刑事被害方救助机制之构建——以台湾地区被害人保护制度为启示》,《湖北民族学院学报(哲学社会科学版)》2017 年第 3 期。

洪浩、罗晖:《法国刑事预审制度的改革及其启示》,《法商研究》2014 年第 6 期。

洪浩:《从"侦查权"到"审查权"——我国刑事预审制度改革的一种进路》,《法律科学(西北政法大学学报)》2018 年第 1 期。

胡铭:《认罪协商程序:模式、问题与底线》,《法学》2017 年第 1 期。

贾宇:《检察官客观公正立场的理论彰显和自觉实践》,《人民检察》2021 年第 18 期。

蒋兆康:《契约自由及其法律制度基础——一种法律经济学观点》,《法学》1992 年第 11 期。

金健:《契约自由、国家干预与中国合同法》,《法学评论》1998 年第 6 期。

孔冠颖:《认罪认罚自愿性判断标准及其保障》,《国家检察官学院学报》2017 年第 1 期。

兰跃军、李欣:《德国的处罚令程序及其借鉴》,《犯罪研究》2020 年第 4 期。

李鑫:《实用主义司法方法论:主张、成就与不足》,《兰州大学学报(社会科学版)》2014 年第 6 期。

理查德·波斯纳:《法律经济学与法律实用主义》,陈铭宇译,《北大法律评论》2003 年第 1 期。

刘传稿:《参见轻重犯罪分离治理的体系化建构》,《中国刑事法杂志》2022 年第 4 期。

罗猛：《"污点证人"制度在我国的适用》，《人民法治》2015年第8期。

马克昌：《宽严相济刑事政策自议》，《人民检察》2006年第19期。

聂志琦：《协商性司法：刑事司法的新选择》，《法律适用》2006年第9期。

潘金贵、唐昕驰：《被追诉人非自愿认罪认罚的认定与救济》，《人民司法（应用）》2019年第25期。

祁建建：《美国辩诉交易中的有效辩护权》，《比较法研究》2015年第6期。

施鹏鹏：《法国庭前认罪答辩程序评析》，《现代法学》2008年第5期。

宋英辉、吴宏耀：《任何人不受强迫自证其罪原则及其程序保障》，《中国法学》1999年第2期。

孙长永：《日本的起诉犹豫制度及其借鉴意义》，《中外法学》1992年第6期。

童建明：《论不起诉权的合理适用》，《中国刑事法杂志》2019年第4期。

汪海燕：《构建我国污点证人刑事责任豁免制度》，《法商研究》2006年第1期。

汪海燕：《三重悖离：认罪认罚从宽程序中值班律师制度的困境》，《法学杂志》2019年第12期。

汪华亮：《合同自由的历史与未来》，《兰州学刊》2007年第10期。

魏晓娜、杨振媛：《七人合议庭在刑事案件中的适用——对〈人民陪审员法〉第16条第1项的法教义学解释》，《中国政法大学学报》2023年第2期。

吴宏耀、余鹏文：《构建多元化的法律援助服务提供模式》，《中国司法》2020年第6期。

吴羽：《比较法视域中的公设辩护人制度研究——兼论我国公设辩护人制度的建构》，《东方法学》2014年第1期。

吴羽：《我国刑事法律援助中合同制度的建构》，《江西社会科学》2017年第3期。

伍俊斌：《协商民主的价值分析》，《北京科技大学学报（社会科学版）》，2011年9月第3期。

夏菲：《辩诉交易强迫认罪问题对认罪认罚从宽制度的警示》，《东方法学》2021年第4期。

谢小剑：《认罪认罚从宽制度中被追诉人反悔权研究》，《江西社会科学》2022年第1期。

谢佑平、吴羽：《公设辩护人制度的基本功能——基于理论阐释与实证根据的比较分析》，《法学评论》2013年第1期。

徐静村、潘金贵：《"污点证人"作证豁免制度研究》，《人民检察》2004年第4期。

徐静村：《刑事审判模式之比较与改革》，《现代法学》1994年第6期。

闫召华:《检察主导:认罪认罚从宽程序模式的构建》,《现代法学》2020 年第 4 期。

闫召华:《论认罪认罚案件量刑建议的裁判制约力》,《中国刑事法杂志》2020 年第 1 期。

杨金山:《预审制度辨异》,《当代法学》1988 年第 2 期。

张进德:《德国的协商性司法——兼与美国辩诉交易的比较》,《人民检察》2010 年第 17 期。

张晶:《法国预审制度在司法改革中的角色变迁》,《铁道警察学院学报》2019 年第 4 期。

张凌、李婵媛:《公法契约观视野下的刑事和解协议》,《政法论坛》2008 年第 6 期。

张文显:《坚持以人民为中心的根本立场》,《法制与社会发展》2021 年第 2 期。

张旭、李峰:《论刑事诉讼中的选择性起诉》,《法学评论》2006 年第 4 期。

甄贞:《英国附条件警告制度及其借鉴意义》,《法学家》2011 年第 4 期。

周新:《认罪认罚从宽制度立法化的重点问题研究》,《中国法学》2018 年第 6 期。

后　　记

　　2002 年 9 月,24 岁的我第一次站上大学讲台,主讲刑事诉讼法,那一年国内正好发生了"辩诉交易第一案",引起法学界和诉讼法学界热议,也诱发我对辩诉交易制度的好奇心,从此开始关注它。此后十余年,我持续不断学习和探索辩诉交易制度,也持续不断思考和分析这个制度到底能不能在中国实行,它与中国既有的刑事诉讼模式究竟有什么冲突,也陆陆续续把一些想法撰写成论文发表在各级期刊上。尽管当时最高人民检察院对辩诉交易制度给出了否定性的态度,但我始终相信它最终一定会对我国的刑事司法产生影响。

　　2011 年出于了解刑事诉讼实务的需要,我成为一名专司刑事辩护的兼职律师,其间切身感受到"案多人少"带给法官和检察官的冲击,也亲身经历坦白政策执行随意给辩护方造成的无可奈何,当时就想:要是我国也有一个类似于辩诉交易的协商制度,既可以分流一部分刑事案件减轻司法机关的压力,也可以给控辩双方提供一个对话和沟通的机会,让认罪被告人真正能得到宽大处理,该有多好!

　　时间转瞬走到 2014 年,党的十八届四中全会发布《中共中央关于全面推进依法治国若干重大问题的决定》,我欣喜发现,党中央除了提出以审判为中心诉讼制度的改革构想,还提出完善认罪认罚从宽制度的要求,那一刻,我敏锐认识到,构建中国特色控辩协商制度的时机已经到来。2015 年 9 月我到重庆大学学习,师从侣化强教授,12月他鼓励我申报国家社科基金项目,对于当时只有讲师职称的我而言,国家社科基金项目显然是遥不可及的星月,但我一向是个听话的好学生,老师布置的作业必须完成。于是我阅读大量相关文献资料,结合自己过去十多年的思考提交了一份申报书。获批立项实属意料之外,以至于拿到立项通知书的时候我十分忐忑,很担心自己无法完成这样一个宏大的课题。

之后认罪认罚从宽制度立法推进的速度是超乎我想象的。2015年最高人民法院发布"四五改革纲要"对认罪认罚从宽制度做出初步界定,2016年9月全国人大常委会授权部分省市开展试点,同年11月"两高三部"联合颁布试点工作办法,两年试点期未满,也就是2018年10月26日刑事诉讼法第三次修正就将认罪认罚从宽制度写入总则第一章第十五条,第二年"两高三部"指导意见对其进一步明确和细化,紧接着最高检以各种形式在各级检察院推进认罪认罚从宽制度"应用尽用"。快速入法并全面推进反映出我国司法对诉讼效率提升的迫切需要,但在实现"中国速度"的同时,较为快速的立法和实践模式还是暴露出该制度的种种不足,这种速度也打乱了我申报课题时的研究计划,最初设定的以立法构想为重点的研究计划不得不调整为认罪认罚从宽制度的实践审视和制度反思。

好在磕磕绊绊最终还是完成了项目报告,也顺利通过专家鉴定,本书是在该项目研究报告的基础上,结合党的二十大报告提出的新要求做出修改之后形成。书稿的出版得益于三峡大学研究生课程建设培育项目《刑事诉讼法专题》(项目编号:SDKC202314)给予资金支持并有望作为该课程特色教材,在此向三峡大学研究生院表示感谢。

走到最后必须表达感谢之情!书稿的完成,得益于很多人的帮助,恩师侣化强教授从项目申报到课题论证以及之后的研究写作给予我全方位指导;经恩师引荐2018年我结识了我的学术偶像——北京大学的陈瑞华教授,并得到陈老师的亲自指点,受益匪浅;宜昌市人民检察院陈杨林专委、宜昌市中级人民法院刘元梓副院长、马丽娟庭长毫无保留地为我提供实践素材以及调研协助；三峡大学法学与公共管理学院唐祖爱书记、骆东平院长、黄利红副院长在项目完成以及书稿写作和出版过程中给予我最大的支持与帮助，同事胡莲芳博士、余倩棠博士、方康澜博士不断给我提供新的思路和视角；我的研究生徐亚同学为书稿的校对费心尽力，在此一并感谢！最后也要感谢家人的大力支持，尤其要感谢我的女儿，完成项目研究的五年覆盖她初中三年全阶段，我因为外出学习、赴台访学以及忙于写作，有时长达半年不在家中，但她小小年纪能够在寄宿学校管理好学习和生活一切事务，最终也以优异的成绩考入省级示范高中。

路漫漫其修远兮，我将心怀感恩继续不懈求索。

贺江华

2024 年 6 月

于三峡大学求索溪畔

责任编辑：詹　夺
封面设计：石笑梦

图书在版编目(CIP)数据

认罪认罚从宽 ：一种协商性司法范式 ／ 贺江华著. -- 北京 ：
人民出版社，2025. 6. -- ISBN 978 - 7 - 01 - 027179 - 8

Ⅰ. D925. 210. 4

中国国家版本馆 CIP 数据核字第 2025MT5115 号

认罪认罚从宽 : 一种协商性司法范式
RENZUI RENFA CONGKUAN YIZHONG XIESHANG XING SIFA FANSHI

贺江华　著

人 民 出 版 社 出版发行
（100706　北京市东城区隆福寺街 99 号）

北京九州迅驰传媒文化有限公司印刷　新华书店经销

2025 年 6 月第 1 版　2025 年 6 月北京第 1 次印刷
开本 :710 毫米×1000 毫米 1/16　印张 :17.75
字数 :244 千字

ISBN 978 - 7 - 01 - 027179 - 8　定价 :125.00 元

邮购地址 100706　北京市东城区隆福寺街 99 号
人民东方图书销售中心　电话 (010)65250042　65289539